U0797104

民国岳父

宋查理

陈廷一 著

人民东方出版传媒
東方出版社

图书在版编目（CIP）数据

民国岳父：宋查理／陈廷一 著. —北京：东方出版社，2018. 1
（百年人物）
ISBN 978-7-5060-9735-2

Ⅰ.①民… Ⅱ.①陈… Ⅲ.①宋嘉树（1863—1918）—传记 Ⅳ.①K827=6

中国版本图书馆 CIP 数据核字（2017）第 262539 号

民国岳父：宋查理
（MINGUO YUEFU：SONGCHALI）

作　　者：陈廷一
责任编辑：李　烨
出　　版：东方出版社
发　　行：人民东方出版传媒有限公司
地　　址：北京市东城区东四十条 113 号
邮　　编：100007
印　　刷：北京京都六环印刷厂
版　　次：2018 年 1 月第 1 版
印　　次：2018 年 1 月第 1 次印刷
开　　本：640 毫米×940 毫米　1/16
印　　张：24. 5
字　　数：307 千字
书　　号：ISBN 978-7-5060-9735-2
定　　价：52. 00 元
发行电话：（010）85924663　85924644　85924641

版权所有，违者必究
如有印装质量问题，我社负责调换，请拨打电话：（010）85924602　85924603

序　言

百年中国，百年梦想

2016年11月12日是伟大的民族英雄、伟大的爱国主义者、中国民主革命的伟大先驱孙中山先生诞辰150周年纪念日。为缅怀孙中山先生为民族独立、社会进步、人民幸福所建立的历史功勋，学习、继承和发扬孙中山先生的爱国思想、革命意志和进取精神，巩固和发展海内外中华儿女的大团结，巩固和发展最广泛的爱国统一战线，维护两岸关系和平发展，共同推进祖国和平统一大业，最大限度地把全民族的力量凝聚起来，致力于实现“两个一百年”奋斗目标和中华民族伟大复兴的中国梦，中国人民政治协商会议第十二届全国委员会常务委员会决定届时举行隆重的纪念活动。人民东方出版集团潘少平先生策划了纪念孙中山诞辰150周年的“百年中国传记丛书”，我看很好，有重大纪念意义。

细看了一下目录，其中不少书目是我在任上的畅销书、获奖书。比如孙中山的传记《共和之路：孙中山传》曾获得首届华侨文学纪实类最佳作品奖，同时亦获新闻出版总署的畅销书奖；还有“宋氏三姊妹”的书，值得一提的是《宋庆龄传》，是当年青岛出版社的名牌看家书，一版再版，最多一年6次重版，社会效益和经济效益都是相当可观的。许世友的书一直占据着畅销书的排行榜，可谓是中国青年出版社的看家书，印数达百万册之多。此书也得到了刘白羽、王愿坚、唐达成老作家，以及李德生、杨成武、王首道、罗应怀老将军的首肯。还有很多书目，我都有印象。大浪淘沙，把好的，或者说闪光的出版物传承下来，变成经典，是时代赋予现代出版的使命。因此我愿意为此丛书作序。尤其是对百年中国要实现百年梦想，是一笔不可忽视的精神财富。中国百年梦想，不仅仅是经济指标，还有精神指标和文化指标等。

再者，这套丛书的作者陈廷一先生，也是我多年的老朋友，他今年已近七旬，仍笔耕不辍，应该说这是他一生的写作精华，抑或心血。他已经出版108部书（含修订重版）。去年9月获得上海基尼斯传记类书最多纪录，用他夫人的话说："一生笔耕苦作乐，留下藏书任评说。"我很欣赏陈廷一的笔耕精神和他惊人的毅力，他正像一头黄牛，马不停蹄地写作，已留下3700多万字的纸质出版物，这是何等的壮观！去年10月26日，13家文化（文学）单位在中国现代文学馆联合举办他的百部书纪念座谈会，也是对他笔耕精神的最大褒扬。今年又出版这套"百年中国传记丛书"，正如他自己所说："这十六书倾注了自己一生心血，紧追时代脚步，紧扣时代主旋，囊括自己写作路上的中国梦、图强梦、复兴梦。"我相信这是他的真心话。他写作梦的实现，也是中华民族复兴梦的雏形，因此这套"百年中国传记丛书"，应该是对伟人孙中山150周年诞辰最好的纪念、最好的礼物、最好的天时。用"机遇给有准备的人"来形容，最为贴切不过了。

是为序。

于友先

2016年2月　北京

目　录

第一章

宋家大树韩家根

浓郁的乡风民俗和丰厚的民族文化底蕴拥抱着一个神秘的家族

3 月的海南，椰风习习，天蓝地绿，海天一线。俯视海岛，海南就像一只不沉的航空母舰。它背靠祖国大陆，面朝南海群岛，与越南毗邻，与香港同伴。处处郁郁葱葱，真可谓是绿色之乡、绿色之岛。

海南自古就是中国的领土。

在这座中国的第二大岛上，有一座历史文化名城——文昌。

文昌，望名生义，就令人想到这是一个重视文化教育、以昌盛祖国文明为其传统的乡地。

它位于海南岛的东北角，像一颗珍珠，镶嵌在海岛的前沿。古人预言，这里背后有靠，出路开阔，是一块能出伟人的宝地。的确，这里出过海瑞——明朝的一块硬“骨头”。他藐视权贵，刚直不阿，爱民如子，执法如山。他甚至敢冒犯龙颜，对皇帝直言相骂，也会利用下象棋之机，耍弄花招，诱骗皇帝减免天下赋税。文昌人历来把海瑞视为敢斗恶势力的化身，视为当地的一大骄傲。

尽管海瑞从前一直是文昌的第一名人，可在今天中国大力发展商品经济的时代，那些为了发财致富跑到海南，又绕道文昌想来拜佛取经的人，兴趣却不在“海青天”身上。他们要朝拜的，是文昌也是中国近代史上有名的人物——宋查理及其一家。宋查理依靠自己的信念和努力，一步步发展成为拥有许多著名企业的大富翁。他目光远大，慷慨资助和积极参与孙中山领导的民主革命，功勋卓著，名扬天下。他对子女的精心培养，使他们一个个成为中国政坛上的风云人物。他的长子宋子文几度出任国民党行政院院长，次子宋子良、幼子宋子安也都事业有成。他的三个女儿，对一个家庭来说，尤其是亘古未有的一个奇迹：她们不仅一个个天生丽质，受过良好的教育，而且在爱情上有独特的眼光和追求。三姐妹中一个嫁的是国民党行政院院长、四大家族之一的孔祥熙；一个成为伟大的民主革命的先行者、中华民国第一任总统孙中山先生的伴侣，被尊称为"国母"；一个嫁给了先后统治中国大陆和台湾近半个世纪的蒋介石，成为第一夫人。在那样一个因袭着沉重的封建传统、妇女地位还十分低下的时代，她们却能成功地实现其人生目标，成为女性中的佼佼者：爱钱的，生财有道，一生敛积的财富，据说超过百亿美元，不仅堪称中国首富，在世界富豪榜上也可名列前茅；爱国的，为人民的解放奔走呼号，为人民幸福殚精竭虑，受到亿万人民的尊敬爱戴，成为中华人民共和国的名誉主席；爱权的，在国民党统治全国的二十多年里，参与了政治、军事、外交等几乎一切重大国事的决策活动，在蒋氏政权退到台湾后的惨淡岁月里，他们夫妇仍然牢牢地控制着这个海岛上的一切。文昌的这一家人，尽管政治倾向有所不同，但从他们自身的追求来说，却一个个都是事业成功的象征。他们吸引初到海南闯世界、打天下的人前来膜拜，就自在情理之中了。

海风拂面，椰香扑鼻。在文昌，人们还有幸瞻仰新近修葺竣工的宋氏祖居。祖居保持着原有风貌，近似北京的四合院。在院内的石桌上，三姐妹的堂弟、88 岁高龄的韩裕老人讲述了这片圣土的神秘，讲述了宋氏家族的兴衰，讲述了一方水土养育一方人的故事。在文昌，人们深为这里纯朴的乡风和浓郁的民俗文化培育出的吃苦耐劳的文昌人而感到惊奇。在文昌，出现影响中国近现代史的宋氏家族一点也不足为奇。

一本古拙的家谱，把人们带进了历史深处；一本古拙的家谱，揭开了一个古老的谜

在文昌市，当你乘船溯清澜湾徐徐而上，前往椰儿院——宋氏家族故居时，仿佛是隐进了历史深处。当初沿湾两岸，文昌农民从事耕作的身影，历历在目。他们的耕作水平，和今天的差不多。他们耕作的土地，是最早占据肥沃的清澜湾的神秘的客家人耕作过的土地。客家人，像我们星球上其他最有才干的民族一样，是各部族和个人的混合体。他们背井离乡，有的充军，有的刺配，还有其他的原因，来自环境优越的内陆，来自黄河两岸，来自民族文化的发祥地。

他们操着同一种乡音，面朝黄土背朝天，在同一片土地上——清澜湾（又名清澜港），重建家业。

清澜湾虽是客家人的第二故乡，那种乡情别绪，那种乡风民俗，那种民族文化的氛围，像是一种无形的绳索，连着客家人的心，纵是大海、纵是鱼米之乡的清澜湾也难以割断。这种情思维系了一代又一代——直至他们生命的终极。他们中的大多数人，由于交通困难，没有再回故乡一趟，但他们至今仍保持着故乡的风俗，过节过年，红白喜事，与故乡无异。

笔者曾来到宋氏家族的故居——椰儿院，那是一个红霞碎开的傍晚。天上一个太阳，海中一个太阳，是椰儿院一天中最美丽的时光。

海风习习，平缓的海滩，浪花在嬉戏，海鸥在追逐；高高的椰林中，还能看到几棵槟榔树，碎开的红霞，在释放着最后的能量；七彩金针银针，在林中家舍的炊烟中，变幻着各种颜色，非常好看。

椰儿院，虽经装点修葺，仍保持着南北建筑风格之妙处。由于这里日照时间长，属于亚热带地区，住房一般比较高阔，且房顶有通风天井。据说这种房子冬暖夏凉。房檐都有出顶，多则一米，少则半米。院子里，几只母鸡在觅食，神态安然。即使人们走近，它们也不肯躲开。

说明来意，宋查理的堂侄——88 岁的韩裕老人主动取出珍藏很久、封面已经斑驳的韩氏家谱。

一本古拙的家谱，把人们带进了历史深处；

一本古拙的家谱，揭开了一个古老的谜。

椰儿院的韩氏家谱

宋氏家族当年本姓韩，宋查理原名韩教准。

宋查理的先祖是河南安阳人。

汉代志书载，刘邦麾下有一位贤才名叫韩信，又称“胯下将军”。这便是韩氏家族在历史上可查证的最早的杰出人物。韩信后来之所以得到刘邦青睐重用，源于一段“萧何月下追韩信”的传说。韩信有才，萧何爱才。这一追一赶，演变成千古流传的活剧，名传天下，发人深省。

韩信下世，韩姓从此一蹶不振。待到宋朝，出现了韩琦大将军。传说韩琦是韩信的化身，令韩姓后人笃信不疑。此人可与韩信齐名。

北宋韩琦为相州安阳人。相传韩琦将军统军抵御西夏入侵，正是一个飞沙走石之日，风借人势，人借风勇，如入无人之地，以一当十，锐不可当，建有赫赫战功，从此官运亨通，被封为魏国公，享尽荣华富贵。但好梦不长，北宋衰亡，韩琦以泪洗面，举家南迁广东，投靠曾任廉州太守的族人——韩显卿门下，受到热情的接待——这便是韩氏家族的第一次南迁。

1197年，待到韩显卿官星陨落，韩姓家族便在海南文昌落下脚来生息繁衍。传到宋查理曾祖父韩儒循这一代时，已有20代了。宋查理的祖父韩锦彝、祖母吴氏生有二子——鸿翼和鹏翼。

宋查理的父亲韩鸿翼是一位喝过墨水、能写方块字的文化人，在文昌颇有盛名。每逢过年贴春联时，东家请西家求；谁家出现红白喜事，他便是当然的主持；谁家出现纠纷，他又是不请自到的调解人。文化人尊称他为秀才、举人；经商人尊称他为先生；当地百姓尊称他为老师，实际上他没有教过一天书。他只是在城里开了一个店铺，经营米粮。因他为人忠厚，自然生意兴隆。

母亲王氏，知书达理，出身于秀才之家。后来家境衰败，待她长大成人时，便有姓无名了。据考证，王姓家族的根也在内陆，要比韩姓迁居文昌早上百年。传说宋元之交，王姓一族的上贤因参加抗元，心向宋室，激怒了龙颜，王家才被迫南迁。还有一说，王家是被皇帝充军到海南的。明末清初，王家又举旗反清，结寨五指山，血染万泉河，使清军闻风丧胆。当年，宋查理的母亲不过十二三岁，也学着先祖之胆，手执木棍上阵，扮演了军中巾帼女杰的英雄形象。王家之所以选定韩家为亲，主要是看中了韩家乃文化之家、儒商之家。

在宋查理幼小的心灵中，父亲是他心中巍峨的五指山——坚毅崇高；母亲则是他心中碧波粼粼的万泉河——柔情似水。这一刚一柔，刚柔相济，给小查理的成长营造了一个有屈有伸的空间。他能享受严父的管教，又能尽享慈母的温存。在这个家庭中，兄妹三人，他既不像弟弟致准那样无拘无束，又不像妹妹伫三那样自来娇惯。他2岁时，已能独立穿衣起床了。3岁时，在妈妈的教授下，他已能大段大段熟诵唐诗宋词了，并且会读会写。妈妈的故事也成了他的故事。5岁时，他能亲口编讲自己的故事了。他讲的神话故事，多是扬善除恶，恶有恶报，善有善报，因果报应。那故事中透着善良，透着骨气，透着坚强。所有这些，日后都影响着小查理的成长。

父亲韩鸿翼只有一个弟弟韩鹏翼，比父亲小 5 岁，也和父亲一样，继承爷爷的职业——做米店生意。按当地风俗，长子立门单过，老人则随小者生活。待父亲韩鸿翼成家立业后，爷爷奶奶便随叔叔韩鹏翼一起生活了。

叔叔韩鹏翼，自幼不爱上学，自然没有父亲韩鸿翼喝的墨水多。男大当娶。18 岁那年，由爷爷做主，一台花轿抬来了宋家姑娘为妻。宋家亦是当地的一个大家族，出洋打工做生意的较多。单说婶母宋氏的一个哥哥就在美国经商赚了大钱。婶母过门韩家时，仅陪送的嫁妆就拉了三马车。婶母宋氏常以出洋的大哥引以为自豪。和宋查理妈妈唠起家常来，咯咯的笑声总掩饰不住内心的高兴劲儿。

小查理伏在妈妈王氏身上问："妈妈，婶婶为啥笑得这样响？"

"她高兴呗！"妈妈说。

"啥事？"小查理瞪大了眼睛。

"你一个舅舅在美国做生意赚了大钱。你瞧你婶婶脖子上的金项链都是你舅舅买来的，多漂亮！"

"妈妈，等我长大了，也出洋打工，也给你买金项链。"

"好吧，妈妈等着这一天。"

"阿虎，"婶母说话了，"等你舅舅回来了，让他带你一起去，好吗？"

"好啊。"宋查理笑了。

"正好，你舅舅缺儿子，干脆你就给他当儿子好了。"婶母又说。

"不，我是爸爸的儿子。"宋查理不解地说。

妈妈道："傻孩子，你可不知道，婶婶是抬举你。要是别家的孩子，给你舅舅，你舅舅还嫌碍事呢。"

殊不知，妯娌间这番平常而又平常的家常话，竟影响到小查理今后的一生——包括他改韩姓宋。

英雄爷爷韩锦彝

宋查理，乳名阿虎，学名韩教准。

文昌虽是昌文之乡，但千年的封建传统，孩子的乳名、学名包括个人的婚姻大事，皆由父母一手包办。宋查理也不例外。

说起宋查理的乳名阿虎来，似有昌文不足、尚武有余的意思。阿虎出生在 1863 年 2 月，比孙文出生早三年。这一文一武，反映出两家人对文、武的深思和反省。阿虎出生这年，恰逢清廷腐败，民不聊生，义军四起，天下大乱。1840 年，英法联军用洋枪洋炮轰开中国大门，由于大清王朝对内一律镇压，对外一味求和，一场瓜分中国领土、割让通商口岸的丑剧开始了。从此，揭开了中国近代史上最黑暗的一页，外国资本主义势力开始侵入中国，中国从一个独立的封建国家，逐步地沦为半殖民地半封建国家。

哪里有压迫，哪里就有反抗。中国人民在社学的组织和领导之下，掀起了一系列的反侵略斗争，其中规模最大的是反对英国侵略者进入广州城的斗争，它也波及海南文昌城。

那时，阿虎的爷爷韩锦彝是文昌城的教书先生，在当地有一定影响，在社学中大小是个头目。

阿虎一岁生日那天，全家异常热闹，一家六口人围在圆桌旁，边吃团圆饭边逗孙子乐。阿虎一会儿喊爷爷，一会儿喊奶奶，乐得爷爷抱起阿虎，直在屁股上亲痒痒。阿虎美得咯咯地笑，爷爷乐得把阿虎放在掌心上托得老高。

正在全家尽享天伦之乐的时候，猛地闯进一个人，口喘粗气地向爷爷报告说："韩大人，不好了，英军要进文昌城了！"

"从哪儿听说的？"爷爷放下手中的阿虎问。

“刚才我从海湾回来，看到很多舰队在海湾编组。一个英军士兵端着枪冲着我吼：‘你们不投降，就叫你们灭亡！’”

“此话当真？”

“没有半点假话。”

“不对啊？”爷爷摇摇头，“早上知县刘淇还通知我，他们不听知府的命令，拒绝英军进城。看来刘淇是不是又耍什么新花招？”

“情况紧急，那我们该怎么办？”来人道。

爷爷韩锦彝下了命令：“你快通知社学人员到学校集合。我到刘淇那里走一趟，然后在学校汇集。”

“好！”

两人一前一后地出了家门。

爷爷来到知县衙门，扑了个空。原来，刘淇情知不妙，鞋底子抹油——溜了。爷爷怒气冲冲地来到学校后，社学人员已经到齐。他一个箭步跳到讲坛上，像打机关枪似的讲道：

“英军要进城，刘淇这个时候跑了。我不多说，你们也能猜出其中之谜。”

在爷爷讲话的当儿，一个叫韩风的男青年嚷道：“刚才，我还见刘淇在文昌酒店打牌。娘的，他跑了和尚跑不了庙。我把他擒来就是！”说完，便三步并作两步离开了会场。

“事情很急，容不得与大家商量了。”爷爷扫了会场一周，望了大家一眼又道：“我现在分一下工，兵分三路，一路到海港堵海口，一路到城东堵进城道，这两路有家伙的带上家伙，以防疯狗咬人；另一路，敲锣打鼓上街，搞好宣传，动员群众，务必齐心杀绝，不准入城一步。”

接着，爷爷清点了一下人头，分了工。

“大哥，我把他擒来了！”大家正要动身之际，韩风便把一个核桃脸的老头拖进了会场，他就是知县刘淇。会场一阵骚动。

“刘淇卖国投敌，把他废了！”

“刘淇出卖我们文昌，应千刀万剐！”

“拉出去！拉出去！”

刘淇浑身颤如筛糠，拱手扑倒在地，抱着爷爷的腿，像抓了根救命稻草一样，磕头求饶道：“老爷饶命！老爷饶命！我该死，我该死，请你饶我一命。我家里有80岁的老母，还有妻儿挂肠，求求你们放过我吧！”

“不行，说什么也不能放过他。”众人高呼道。

“不能宽容他，不能怜悯豺狼的眼泪！”有人道。

“不要杀我，不要杀我！我改，我改。”刘淇像鸡啄米似的把头磕得嘭嘭响，脑袋上渗出血来。

“你怎么个改法？”爷爷厉声道。

“你们叫我怎么做，我就怎么做，只要饶我不死。”

“好，英军要进城，给你个立功赎罪的机会。韩风你带着他，跟我走！”爷爷灵机一动道。

“好，我、我、我去！”

此时的清澜湾，在枪和炮的威胁下，已失去往日的美丽和宁静。蓝色被灰色掩盖，温柔被凶煞占领。一艘艘军舰停在海湾里，黑色的炮口对着县城的建筑。无际的沉寂隐藏着它不可告人的罪恶。

爷爷带着社学人员赶到海湾的时候，英军用洋枪发出了警告。

爷爷捅了捅刘淇的后背：“快喊话！”

“我是知县刘淇，请不要开枪！”

对方道：“刘淇，你不是让我们今天进城吗？怎么又变卦了？”

刘淇道：“不是我说话不算数，我还得与全县父老商量。”

“刘淇，你不要忘了我们这里是洋枪洋炮，你们那里是赤手空拳。你要站到哪一边，请放明白点！”

“……”

“刘淇，怎么哑巴啦?”

“快说，民意不可欺!”韩风道。

“快说，人民的力量胜过洋枪洋炮!”爷爷道。

等刘淇把这番话全传过去时，对方的大炮响了。第一发炮弹落在队伍前方，第二发炮弹在人群中开花。英勇的韩风首先倒下了。

枪声就是命令。全城父老倾城赶来，黑压压地站满了海湾，大海起潮了。在十万父老面前，英军的大炮却哑巴了。

接着，全城父老在爷爷的指挥下，登上了那艘开炮伤人的军舰，宰杀了炮手——杰克逊。

全城人心为之大振。

第二天，社学人员在爷爷的带领下，张贴告示，警告清朝官府，如允许英人进城，“义民攫官而杀之”。之后，社学群众几千人打进知府衙门，很多官员跳后墙狼狈逃走。群众烧了他们的官服、靴帽。英国侵略者害怕文昌人民的力量，退到香港，不敢再提入城的要求。

韩家子孙智慧星

自阿虎的爷爷韩锦彝参加社学，与知县、英军结下生死之仇以来，文昌人的反抗就没有一天停止过，而知县和英军的勾结是这场反抗的导火索。

阿虎的爷爷杀人那年，英军还不敢进城妄动。事隔三年零两天，事情则翻了个个儿。在上至清廷下至知县的纵容下，英军不但开进清澜湾海港，而且还占领了文昌城。

文昌，同许多城市一样沦为洋人的殖民地。

在殖民地何以谈人权？向来标榜人权自由的英国人，在金钱面前，在丰富的文昌资源面前，能抢则抢，能掠则掠。侵略者的嘴脸一览无余地暴露在文昌人面前。他们满口仁义道德，可做的净是偷鸡摸狗之事。“广东的姑娘海南美，海南的姑娘数文昌。”文昌的妇女被他们糟蹋的何止上千！中国近代史上的“沈崇事件”，曾激怒了北京、上海、南京的学生，从而揭开了一场争人权、争自由、反侵略斗争的序幕。而处于天高皇帝远的文昌，这里的事件比“沈崇事件”要早、要严重，可是中国近代史中却很少反映。

我们有责任记下文昌这段历史。

这是一个似同于“沈崇事件”而又有别于“沈崇事件”的文昌事件。

事情发生在阿虎 7 岁上学那年春天。文昌以教育繁荣著称海南，这是人人皆知的。望子成龙的文昌人，他们以自己超前的远见影响着整个海岛。

孩子上学，就像基督教里的重要圣礼——洗礼和圣餐礼一样隆重。提前由母亲做好书包，提前做好新衣，提前到学校报名，提前给上学的孩子过生日、吃团圆饭。聪明的父母，通过这些活动，似在教育要上学还没有上学的孩子——给他们一种新鲜、一种求知欲、一种人生价值的追求。

阿虎的学校，当时亦称学堂，坐落在县城中心。这里分初级班、中级班和高级班，学堂建设和教学条件堪称海南一流。学校椰树遮天蔽日，环境幽雅。学堂大门的两侧书写着：“山静竹色韵，池清兰自香。”

与阿虎学堂一墙之隔，有一所女子师范，又称“女师”。这是一所担负文昌女生教育的“高等”学府。就在父亲韩鸿翼带领阿虎上学的第一天傍晚，在这里就读的一名女学生韩琼，在英军的武力威胁下，被一名叫杰克的英国军人在小树林中强奸了。

碰巧，这一丑闻被韩家族人——一位名叫韩明的青年人发现。青年人一时激愤，三拳两脚，便把杰克打倒在地。意想不到的事情发生了。也许那脚那拳重了些，打到了杰克的致命处，杰克再也没有爬起来，片刻便一命呜呼。

消息报到韩鸿翼处，是在黎明的当儿。

韩鸿翼听了着实吃一惊："本来我们有理的事，却让这拳给打跑了，这脚给踢飞了。"

"问题还不仅在这，"韩鸿翼在室内踱着脚步，思索的眉头拧成了一朵花，他没有怪罪韩明这位青年，只是说，"让英人知道，问题就大了，想不到的问题就会出现。不光是韩明的性命问题，怕连我们也躲不过。"

"那该怎么办呢？"来人显得很焦急。

韩鸿翼没有答话，他在就近的竹椅上坐了下来，手抚额头，沉默了一会儿，最后睁开双眼："是福不是祸，是祸躲不过。这样吧，你先回去，想办法向英人封锁消息，给我点时间。"

来人走后，韩鸿翼整衣戴帽，穿上礼服，就匆匆赶到知县衙门。

却说这时的知县已不是当年的刘淇了，而是刘淇的儿子刘咸丰。刘咸丰当政，换汤不换药，并不比刘淇强多少。好在刘咸丰吸取了父亲的教训，与当地的百姓关系还处得好些，脸面上还有些笑容。

韩鸿翼来到知县衙门，刘咸丰刚起床，仆人告说韩大人来了，有急事要见。刘咸丰也没说别的，抬一抬手道："让他进来。"

"韩大人，是哪阵风把你吹来了？坐下，坐下。"刘咸丰坐在太师椅上，抽着烟斗。

韩鸿翼寻了个就近的椅子坐下，正言回答："英军一个士兵强奸了一位女学生，你可曾知晓？"

"我刚刚听说，你来前不到一刻钟。"刘咸丰道。

"士兵被我手下的人打死了，你可知晓？"韩鸿翼又问。

"我知道了。"

“知县有何处理方案？”

刘咸丰反问他：“不过这事情闹大了。你来了，我倒想问问你。”

“你真要听我的意见？”

“是，我真要听你的意见。”

这时，韩鸿翼站起身来：“你现在跟我走一趟吧！”

“到哪儿去？”刘咸丰瞪大了眼睛。

韩鸿翼道：“快到港英当局汇报，再晚就来不及了。若等他们怪罪下来，我担心你的知县就难保了。”

“有这么严重？”刘咸丰搔搔头。

“这是秃子头上趴虱子，明摆着的事嘛！”

“见了他们怎么说？”

“我自有妙计。”韩鸿翼大声说完，又向刘咸丰耳语一番。

刘咸丰伸出拇指笑道：“妙，妙！”

文昌县府属清澜湾港英当局所辖。一个叫者汰的港督在这里主事。太阳刚刚升起，英军士兵刚刚起床洗漱，军港显得一片沉静，只有浓浓海雾笼罩着港湾里的军舰和军舰上的大炮。

通往港督者汰的门，全都为知县刘咸丰敞开着。

当韩鸿翼在知县刘咸丰的引导下，穿过三门警卫，上了一个山包，左拐100米，便进了者汰的会客厅。寒暄了一番后，刘知县又把韩鸿翼介绍给港督者汰。

者汰操着不太熟练的中国话道：“刘知县，今天破例不坐轿，步行而来，有何急事？”

“是有急事！”刘咸丰向韩鸿翼扫去一眼，“让韩大人直说吧！”

“总督，我告状来了！”韩鸿翼开门见山。

“慢慢说。”者汰欠一下身子。

韩鸿翼一字一板道：“当然不是告你。你领导的英军，训练有素，纪律严明，文昌人妇孺皆知。可是也不可否认，你军中却有个别人，影响着贵军和你的名誉，我很伤心。”

“何人如此胆大妄为?”耆汰催促道。

韩鸿翼直言相问：“你们三中队是不是有一位名叫杰克的士兵?”

“有。”

“昨晚，他归宿了没有?”

耆汰回答：“没有。”

“按军纪，没归宿者该怎样处理?”

“降为列兵。”

韩鸿翼哈哈笑道：“英军果然纪律严明。听了主事一番话，胜读十年圣贤书啊。”

接着，韩鸿翼又问：“大概长官还不知这位叫杰克的士兵干什么去了吧?”

耆汰摇摇头：“说下去。”

“昨晚，他没干好事，他强奸了我们女师的一位学生。被我们当场抓获。”

“有此事?”耆汰瞪大了眼睛，腾地一下从椅子上弹起来。

韩鸿翼郑重地回答：“不光有此事，还有人证物证俱在。我今天来，想向大英长官讨回一句话!”

“快说!”耆汰拂下袖子，显得火爆。

“英军一向以治军严明著称于世。对这样破坏两国人民友谊、败坏军纪军风的人，我想问你该杀不该杀？请你当着刘知县的面，对着全县六万人民说个明白!”

“败类，败类。该杀！该杀！该杀!”耆汰怒气冲天连喊三声“该杀”。

韩鸿翼立时“扑通”一声跪下，一拱手道：“长官英明，长官英明。我已替你们斩除了这个败类杰克。请长官速速查看现场!”

“噢……原来如此。”耆汰长叹一声。

君子一言，驷马难追。此时，他再反悔，为时已晚，只好哑巴吃黄连——有口难言。

从此，在文昌留下一句千古名言——韩家子孙智慧星，人到文昌莫乱动。

第二章

血色少年

他最记恨父亲的一件事：父亲不让妹妹上学

少年时期，父亲不让妹妹上学，宋查理一直记恨在心。后来宋查理一次在与孙中山相遇后，唠起子女的家常事时，不无感慨地讲起那件事。

阿虎是家中的长子，妹妹伫三为次，弟弟致准为末。兄妹三人中，仅有妹妹伫三没有读过书。

妹妹伫三是位聪明的姑娘，长得十分可爱，跟俊俏的妈妈像一个模子里铸出来似的。眼睛长得大大的，眼珠棋子黑，定神时如清水，闪动时像星星。头发滑溜溜的，衣服干净净的。成日价雨淋日晒，就是淋不萎、晒不黑，脸盘白白净净，眉眼清清亮亮。笑起来，嘴瓣儿像恬静的弯月；说起话来，声音赛似铜铃。

说不清什么原因，阿虎十分疼爱妹妹，妹妹也最喜欢他。每逢阿虎下学时，妹妹总是到校门口去接他。节假日，他总是领着妹妹到海边、到椰林、到田园去玩耍。一天，他们路过学校门口的时候，妹妹突然问阿虎道："哥哥，你能跟爸爸说说，让我上学吗？"

关于妹妹上学的事，阿虎不是没有向爸爸提起过。妹妹 7 岁那年，他曾提醒爸爸：妹妹已经到了入学的年龄。爸爸没有吭声，他也不便再问。待到弟弟致准上学时，阿虎终于憋不住了，再次问爸爸："爸爸，为什么不让妹妹上学？"说话时眼睛瞪得大大的，显得极为认真。

爸爸漫不经心地回答："这是我们大人的事，小孩子家懂什么？"

阿虎十分不高兴："爸爸，我只知道伫三是我的妹妹。妹妹的事也是我们家庭的事呀！"

爸爸的态度十分生硬，扔出一句："都上学，家务谁来做？"

阿虎道:“只要让妹妹上学,我和弟弟也可以分担家务嘛!做家务不就是烧火做饭,洗盆刷碗,谁不会?”

爸爸道:“再说,妹妹大了,已超过学龄,女孩子毕竟不像你们男孩子嘛。”

阿虎满脑子不理解,因为在这个世上,他还没有明白这个千年封建社会的枷锁——男女有别。不过他已懂事了。在大人面前,没有再和爸爸争论下去。妹妹重提这个话题,他感到有必要再说服爸爸,哪怕爸爸发火。

“妹妹,你真想上学吗?”阿虎问。

妹妹点点头,泪水在眼眶里打转转,显出几分委屈。

“好妹妹,爸爸委屈你了。这次我好好跟爸爸讲,一定让你上学!”阿虎说这番话时鼓足了勇气。

傍晚时分。

鸡鸭都进了圈,光线暗了下来,全家人吃了晚饭,在院里乘凉聊天。只有妹妹在屋里静静地刷碗,妈妈在扫地。锅碗的碰撞声传到院子里,给小院增加了几分生机。

阿虎觉得机会到了,主动向爸爸面前凑一凑:“爸爸,伫三想上学,她不敢跟你讲,让我再跟你说说。”

“这是老皇历了。”爸爸摇着头说。

“老皇历的事,再翻翻有什么不好?”阿虎道。

“你没看见吗?上学的都是贵族家庭的女孩子。我们这个家庭只指望你和弟弟了,这叫男女有别。”

阿虎又问:“爸爸,男孩子和女孩子,都是你的孩子。你这样做不感到遗憾吗?”

爸爸哈哈笑了,道:“人家都是这样做,我有啥遗憾!我感到心安理得。”

阿虎不同意这种说法:“爸爸,你不能这样!妹妹很聪明,她要上学的话，一定比我和弟弟强。”

爸爸显得不耐烦了：“算了，这事不要再说了。”

阿虎步步紧逼：“爸爸，你讲不出道理了，才说这话对不对？”

爸爸腾地站起来：“你说什么？你敢教训爸爸？”

阿虎不急不躁：“我哪敢教训你，只是不管谁都得讲道理。”

“你才读几天书，敢在老子面前摆起道理来啦！道理在哪里？只许州官放火，不许百姓点灯，这是道理吗？”爸爸也借题发挥起来。

“不管怎么说，反正我觉得不让妹妹上学是不对的。”

这番话，传到屋内正在收拾碗筷的妹妹伫三耳里，她胸脯一起一伏，泪水像断了线的珍珠直往下掉。妈妈跑过来安慰伫三道：“伫三，听妈的话，让哥哥教你识字，也是一个办法。妈妈像你这般大时，也想上学，和你现在一样的心情。没办法，我也是拜你二舅为师的，如今我也认得不少字。”

“妈妈，我知道，在这个世上，我们女孩子生来就不如男孩子。妈，你当初不该生我呀！”说完便抱头痛哭起来。

哭声传到院子里，院子里一阵沉默。

沉默使爸爸理智。

沉默使爸爸反省。

好一会儿，爸爸才说话，口气已不像先前那般生硬了：

“妹妹想上学，这也好办。阿虎你来教她吧，既省学费又省书钱，何乐而不为呢？”

阿虎不答话。

不答话的阿虎，在无路可走的情况下，只好认了——当了妹妹的家庭教师，开始了兄妹学文化的历程。妹妹聪明伶俐，很快会认方块字了。当她会认会写自己的名字时，当她会读会背《百家姓》《三字经》《千字文》《弟子规》时，当她会唱学校的歌曲时，爸爸妈妈脸上也露出了由衷的笑容。

这笑容荡在父母的脸上，也甜在阿虎的心里。直到妹妹出嫁后，长大成人的阿虎特意给妹妹送了一条金项链、一枚金戒指，表示他对妹妹当年求学的安慰和奖励。

这件事虽然过去若干年了，给阿虎却留下不泯的遗憾，但反过来又影响了阿虎反思做人的道理。矫枉必须过正，不过正不能矫枉。以致后来反叛的宋查理，把自己三个女儿首先送到美国求学；三姊妹也不负父望，各凭自身的素质，成就了一番事业，为中国的近现代史写下了辉煌的一页。

心中的女神

妈妈王氏，是阿虎心中的女神。

妈妈王氏不仅长得漂亮，而且有一颗善良的心。作为儿子，不能不为自己的母亲自豪。在大人面前，他不止一次听到人家夸奖妈妈俊美。每逢听到此话，他心里总像在流蜜。

阿虎曾这样猜想过：爸爸爱上妈妈，也许是因为她的善良和美丽。

听说爸爸和妈妈结婚时，妈妈的嫁妆整整拉了五马车。妈妈是大户人家的姑娘，知书达理，而且又会描龙绣凤，绣出的那花、那鸟、那草，经妈妈白皙的手一点缀，活生生、水灵灵的，像是有了生命——呼之欲出。

“妈妈，你绣的花太美了。”阿虎不止一次被妈妈的心灵手巧所折服。

“妈妈，我什么时候也能像你那样绣出这样的花草呢？”妹妹伫三插言道。

“等你长大了，会比妈妈有出息得多，妈妈这点手艺算什么。”

妈妈脸上泛出红润。

“妈妈，等我长大了，你能给我找个会绣花的媳妇吗?”阿虎又问。

“能啊，妈妈一定给你找个最最漂亮的。”

“不，找个像妈妈那样的。”阿虎已经以妈妈的标准来要求此事了。

“哥哥，你说妈妈长得好看吗?”妹妹问。

“当然好看啦!”阿虎点点头笑了。

妈妈也笑了。

全家人都笑了。

说话间，门外响起一阵急促的脚步声和敲锣声。一群伢子追赶着一个疯老头向阿虎家奔来。

疯老头名叫唐大。人生有三大不幸——少年丧母，中年丧妻，老年丧子，他全撞上了。现在人老了，他无依无靠，疯了。因阿虎妈待他好，给吃的、穿的，所以阿虎家成了他的栖身处。

为此，阿虎的爸爸曾埋怨过妻子，孩子们也有不同看法。可是后来他们都被她的善良征服了。

妈妈说:“人来到这个世上不容易。尤其是到了这个分上，不同情他也是一种罪过。”

“这是谁说的?”弟弟问。

“是主——耶稣说的。”妈妈回答。

爸爸说:“施舍得有一定的条件。为了这个家，我没黑没夜地干。”

妈妈说:“施舍不等于同情，同情不等于施舍。关键得有那份诚心。花无百日红，月无三日圆。假如我们到了这个分上呢?没人管没人问你看能行吗?”

“好了，好了，我真服了你。大道理我讲不过你。”爸爸只好低头认输。

在这个家庭里，只有阿虎理解妈妈的为人。听到唐大的锣声，阿虎自动跑出去，打开院门，把唐大迎进门，把伢子关在门外——两只小眼睛在门缝中向院子里张望。

唐大光着脚，穿了条磨破了的旧土布裤子，光着脑袋，披着破了领子的肮脏的印花布衬衫，领口露出精瘦的、褐色皮肤的骨节。从那有点花白的乱蓬蓬的头发和凶悍瘦削的面孔来看，他一定是刚刚睡醒。他个儿又高又瘦，背有点驼，在阿虎的引导下慢慢地走向堂屋。

进了屋，他见了阿虎妈就双手抱拳："阿妈！我要吃，我饿了。"他对受尊敬的阿虎妈一向这样称呼。日子长了，谁也不在乎了。

"伫三，快端盆水去，让你爷爷洗洗脸。"妈妈指挥道。

"哎，我马上就来。"伫三道。

"阿虎，你去锅里拿饼子，多拿点来，让你爷爷吃饱。"妈妈又道。

"爷爷，洗脸水来了，你快洗洗脸。"伫三道。

等唐大洗了脸，阿虎也把饼子拿来了："爷爷，你快吃吧！"

唐大也不客气，手指像五指大耙，左手、右手都不闲着，各拿一个饼子，就大口大口地吃了起来，并且吃得津津有味。片刻就风扫残云，杯盘狼藉，吃了个精光。

接着，他用袖子擦擦嘴，扯扯阿虎妈的衣襟道："阿妈，裤，裤烂了。"

阿虎妈又取出针线来，在唐大裤角上缝了起来。

妈妈缝得认真，阿虎看得仔细。

一针一线缝进了妈妈的怜悯、妈妈的善良、妈妈的真诚；一针一线，又把妈妈的怜悯、善良、真诚缝进了阿虎的心里。阿虎长大后，他又以博大的情怀，把怜悯、善良、真诚奉献给孙中山所领导的中国革命，不惜自己的一切财力，甚至可以倾家荡产。

清澜湾的涛声铸就坚定的反叛个性

随着年龄和学识的增长，阿虎开始对文昌的社会现实进行思考了：中国为什么落后？洋鬼子为什么敢在中国土地上横行霸道？当地官府为什么又与洋鬼子串通一气？人民为什么不起来反抗？

开始，他把希望寄托在自己崇拜的父亲身上，自从他和父亲在妹妹上学一事上发生分歧后，他认为父亲只不过是个封建卫士而已，决不能担当此大任。于是，他便带着这些百思不解的问题，发奋读书。书中自有黄金屋，他相信读书能给他一把金钥匙。然而，就在他潜心读书的时候，一件意想不到的事在阿虎身边发生了——一位长辫子姐姐投海自尽了。

长辫子姐姐是阿虎的邻居，是他们学堂里的一位高年级学生。每天他们一块儿上学，一块儿下学回家。寒暑假时，他们还结伴旅游过。长辫子姐姐曾给他讲过无数个色彩斑斓的故事。长辫子姐姐投海前一天，他们还在一块儿捉迷藏。想不到这一次竟是与长辫子姐姐的最后诀别。

当长辫子姐姐的尸体被人们从海中打捞上来时，几千人在岸上围观，阿虎也去了。他只流眼泪不说话。

据说长辫子姐姐投海前被“红毛匪”（洋人）强奸了，她无脸见人，才走这一绝路。

长辫子姐姐的新坟，埋在通往学堂的路旁。阿虎每天上学时，总是带来一束新采的鲜花，献在长辫子姐姐的坟头，以示哀思。

长辫子姐姐投海自尽的这年冬天，疯老头——阿虎家的常客唐大也被“红毛匪”用刺刀捅死了。唐大的坟离长辫子姐姐的坟不远。

这使阿虎更多了一份哀思，多了一层思考。

这一年，阿虎爸爸的米店生意，不但没赚到钱还赔了本。爸爸一气之下把店门关了，自己也病倒了。一连数年的吃药治病，家里多年的积蓄荡然无存。就连阿虎和弟弟致准上学所支付的学费、书费都难以维持了。

“爸爸，我不上学了。”阿虎望着卧床不起的爸爸说。

“是妈妈不让上学的？”爸爸睁开眼问。

“不，是我自己。”阿虎回答。

“我的病可以不治，学不能不上！”爸爸发了脾气，“你再敢说一句不上学，我就打断你的腿！”

“孩子他爹，不能怪孩子，是我的意思。”妈妈流着眼泪说。

“你，你，你让我怎么说你好呢？不让孩子上学，长大有啥出息？你是越活越糊涂了！”爸爸气得浑身发抖。

人若倒霉，喝口凉水都塞牙。就在阿虎向父亲宣布不上学的那晚，爸爸的米店也被海盗砸了，财产被一盗而空。

案子报到知县刘咸丰那里，刘咸丰笑了：“韩鸿翼的米店，不是早倒闭了吗？”

“是，大人。”阿虎道。

“倒闭了，还有什么值钱的东西可偷？”刘咸丰笑里藏刀。

“不，屋里还有爸爸的账单，包括官府和各界欠我们的米款都在上面记着呢！”阿虎道。

“都没有了？”

“是，都没有了。”

“还有什么东西？”

“还有一些家什杂物。”

刘知县听后哈哈大笑：“欠账还钱，这是天经地义的事。官府不会赖账的，看在我与你父亲私交的分上，就派两个人查一查吧。你先走，人随后就到。”

阿虎欲走时又道：“有人看到，是‘红毛匪’干的！”

刘知县道：“那你亲自给办案人说吧。”

刘知县派的办案人员确实来了，现场观察异常仔细认真。临走时，说三天后到衙内听信，可是三个月过去了也没消息。此事不了了之。

阿虎恨透了官府。他认为这里面有“猫腻儿”——什么欠账还钱，天经地义，纯属是销证赖账，无耻之极！

这是一个伸手不见五指的夜。

月亮和星辰被“天狗”吞掉，天如墨染，地似炭涂。

两千多平方公里的文昌县被沉重的夜幕笼罩，全然失去白昼的风采。突然，暴雨倾盆，清澜湾潮起，大海扬波作浪。

一道神秘的刀光，迎着黎明，刺破夜天，在婆娑绰约的椰林下，闪了几闪，旋即消失在夜空中。

海涛夹着狂风，扯着嗓子吼鸣着。

突然间，在海涛吼鸣停息之际，一股青锋刀光又出现了，不一会儿，那神秘莫测的刀光再次消失，使这阴沉之夜更添几分神秘杀机。过不久，刀光闪烁地离开刚才的古槟榔树，向前方的古庙闪去。那青锋刀光，似萤火虫般地闪耀，时亮时暗，或高或低，跳跳跃跃，不长时间又消失在夜幕中……

少顷，青锋刀光又从古庙里跳出，似是祈祷了神灵，又似领旨而出。这次青锋刀光比刚才两次再现似乎时间更长。从古庙到县衙三里多路，一直跳跳跃跃，没有消失。

“刀光”在知县后院墙下停留片刻，接着跳跃到一座高墙深宅下。只见青锋刀光又像银河系中的流星一样，在离地七尺高的空中“腾”地一闪，落入高墙深院内……

这座搭城傍郊的高墙深宅，就是知县刘咸丰的家。刘咸丰自从当了知县后，认贼作父，勾结洋匪，搜刮民脂民膏。一年知县官，十万雪花银。有钱能使鬼推磨。刘咸丰发家后，为显示自己的威风和能耐，便精心设计建造了这座院落。院落坐北朝南，后有椰林相依，前有修竹相映。清一色的十八间房屋，一律是用青石所砌。前院套后院，外加七尺高墙相围，使得小院落严严实实，密不透风。前院有吃水深井，后院有花木林园，中间以拱门相通。

前院吃水深井旁，有一棵果实累累的大荔枝树。此时，那闪入院后的青锋刀光，正在这棵枝叶茂盛的树上闪耀，持刀的人正目不转睛地盯着刘咸丰卧室的动静……刘咸丰的卧室井字形木格窗紧闭着，左边门前还有一条看门的大狼狗，蜷曲在门槛旁睡着。院中漆黑一团，只有东厢房中还忽闪着一缕昏暗的松油灯光。那是马厩室，马吃草嚼料的“沙沙沙”声不时地传到院子里来，偶尔传来几声夜鹰的叫声，看家狗被其声音偶尔惊醒，侧耳细听，少刻又俯首睡下去。

待这一切观察清楚，那“青锋刀光”跳下大树，闪电般地避开门前的大狼狗，悄悄拨开刘咸丰卧室紧闭的木格窗户，越窗闪进了屋内。这一切都做得干净利索无声无息，以至于屋外嗅觉灵敏的狗、屋内酣睡的人都没有发觉。

卧室是两间大房，内有夹山相隔。刘咸丰住在外屋，里屋住着他的妻室儿女。这个流氓淫棍，把妻室有意安排在里屋，外屋便成了他的淫室。多少良家民女在这间屋内被奸淫后，含恨忍泪，撞石而死。

三个月前，刘咸丰勾结“红毛匪”砸了阿虎家的米店，抢走了拖欠的票据和东西，刘咸丰还在这里专门为“红毛匪”摆宴压惊，又抢来了三个姑娘陪床。

“青锋刀光”闪跃到刘咸丰床边时，但见这人间野兽刚行完房事，光着身子，带着满足，睡死梦中。霎时间，青锋刀光一闪，刀尖已对准了他那起伏的毛茸茸的胸膛。刘咸丰“啊哟”一声没有喊出来，白刀子已戳进了他那发黑的心胸。刘咸丰像只放了气的皮球，鲜血随着气声“嘟嘟”地流了出来。与此同时，那位手握青锋刀的人，也随着放血声出了一口长气。这便叫善有善报，恶有恶报，不是不报，时候不到，时候已到，马上就报。欲问这握刀人是谁？正是疾恶如仇、反叛现实的英雄少年——韩阿虎。

1875 年：恐惧的蒙面人

却说阿虎那一刀并没有结果刘咸丰的性命，大难不死的刘知县随即大肆追捕“凶手”。凡是可疑的人都被抓来了，唯独没有 12 岁的阿虎。阿虎是幸运的。

在这时，阿虎的妈妈信了基督教。她昼夜祈祷，保佑儿子平安无事。

父亲的病愈加重了。

全家事务只靠小脚妈妈承担。家里家外，妈妈跑上跑下，不停地忙活着。阿虎真担心，妈妈有一天会倒下来。如果真倒下来，家将不成为家了。

妈妈是坚强的。坚强的妈妈用她那坚强的意志书写了韩家这段最困难时期的辉煌。留在阿虎脑子里的、被阿虎称作“恶魔作祟的时期”，反映在他成人后的一次与友人的书信里：

> 我六七岁的时候，记得母亲有时背着柴火，有时背着茅草，老是在傍晚的田地小路里，迈着疾步回家。现在我才悟到：看来总是那么轻快的脚步，全是惦记家里等着吃奶的婴孩。母亲就这样在田野上奔走，直到她累得倒下来的前一天。

第二章
血色少年

每天母亲从田里或是从海边回来，我总哄着饿得哭闹的小妹妹，在半路迎上去。母亲就“哦哦”喊着，加快一步赶过来了。有时妹妹哭得厉害，母亲不及到家，就把背往地边石旁上一靠，急忙解开胸襟。她舔湿指头，揉一揉那胀乎乎的乳房，奶水就像水枪似的滋出来，娘儿俩都乐得欢笑起来。

……

在写到父亲病故前后，他讲述了一个生动的故事，表达了他对母亲人格的敬仰。

那是阿虎12岁那年。

全家要过圣诞节了，爸爸的病复发了。这一次比以往任何一次都吓人。死神笼罩着父亲，恐惧折射到弟妹的脸上。妈妈用她那娇小的、在孩子们看来弱不禁风的身体，像母鸡一样张开翅膀，庇护着孩子，安慰着病中的父亲。

妈妈在灶前为爸爸熬药。火苗一跳一跳地，像盏要被吹灭的灯。三个孩子紧紧地围在妈妈的身后，不敢出一口大气——生怕吹灭父亲这盏终极的“灯”。一天，两天，三天，一直守了七天七夜。

故事发生在第四天半夜子时，院子里传来了动静。起初声音很小，像是有人扔石头到院子里，接着传来拨动门闩的声音。

“谁啊——”妈妈浑身是胆，挺身走出屋，心想一定是贼。

也许是贼听到了主人的喊声，缩回了头。

当时的文昌，海岸线207公里，清澜湾便坐落其中，是海上丝绸之路必经之港。各种船只经过这里，其中不乏越货之盗。加上当地官逼民反，秩序混乱，又不乏拦路杀人、偷鸡摸狗之贼。且说这翻墙越门者，不是海盗，正是当地民贼，又称土匪。他们误以为韩家当年是光宗耀族，还有积蓄的黄货，故来纵火打劫。

妈妈望了望夜色，空中有几颗星星，像是鬼眼一样在闪烁，然后走回屋，平静地吩咐三个孩子道：“看来，我们家要招贼啦。你们不要怕！有妈妈在，他们不敢吓着你们的！”

本来就恐惧的孩子，听妈妈一说，心都跳到嗓子眼儿。

接着，妈妈又吩咐道：

“阿虎，你把大锣准备好，三伢把哨子装在兜中，伫三把棍子和菜刀准备好。等贼到门口，听我的命令，敲锣的敲锣，吹哨的吹哨，招来乡邻把盗贼捉拿住！大家都记住了吗？”

“记住了！”孩子们回答。

不一会儿，院子又有了动静。三个蒙面人越墙后，蹑手蹑脚地到了东屋角，点上一支火把，扔上屋顶，火苗腾地着了起来。

“有人放火啦！”

随着妈妈的一声喊，阿虎“咣咣咣”地敲起了大锣，致准“嘟嘟嘟”地吹起了紧急的哨子。

“捉贼啊——”

“乡亲们都快来啊——”

“毛贼，你往哪里逃！”

……

随着锣声、哨声、喊声响起，妈妈挥起棍棒，首先带领孩子们向蒙面人扑过去，展开了厮杀。这阵势着实让蒙面人意想不到，他们不敢恋战，纷纷越墙而逃，正好被赶来助阵的乡邻擒拿归案。火焰也很快被来人扑灭了，韩家保住了。妈妈王氏从此声誉鹊起，人们称她为“巾帼之杰”。妈妈去世后，村人还为妈妈立了碑。

这件事不仅影响了宋查理的一生，而且也影响了宋查理的后代——宋氏三姊妹的成长以及性格的形成。尤其是二女儿宋庆龄，宁汉分裂后，在蒋介石的白色恐怖和政治高压下，所表现出的泰山压顶不弯腰的大无畏气势，颇与她的奶奶相似。宋查理每次向孩子们讲述这段故事时，脸上总掩饰不住对妈妈崇敬的神情。

离家，踏上大洋的浪尖

阿虎离乡，是在一个金色的秋天。

春华秋实，秋天是收获的季节。

八月十五月儿圆。这个传统的团圆佳节，有多少游子登上车船，奔波在回家乡的路上；有多少家人在翘首盼望着游子的归来，期待着那感情的“会餐”。

文昌，虽是弹丸之地，却是全国闻名的侨乡。据不完全统计，分布在全球各地的文昌籍华侨，大大超过文昌本土的人。

这一年，阿虎的堂舅宋明山从美国回来了。

他是农历八月十四下的船，八月十五便到阿虎叔叔、婶婶家做客。叔叔、婶婶又请来阿虎的一家，欢迎款待了他。

八月十五，是最热闹的一天。早晨，人们还未起床，就能听到孩子们的鞭炮声在空中零星作响，一直持续到晚上，鞭炮声连成一片，文昌成了鞭炮声的海洋、鞭炮声的世界。

晚上，椰影婆娑，明月当空。全家切饼赏月时，舅舅才讲起异国的风土人情，讲起他的奋斗史，讲起他如何挣钱养家糊口，并向在座的赠送了礼物。大人多是衣服首饰之类，小孩多是玩具。阿虎得到了一辆他梦寐以求的载重汽车。

“舅舅，这载重汽车，中国能造吗？”阿虎不解地问。

舅舅摇摇头：“至少现在还造不了。”

“美国那里多吗？”

“多啊，大街上有的是。”

“你会开吗？”

“我还开不了，不过我已有了一辆。”

……

阿虎打破砂锅问到底，舅舅尽量回答他提出的问题。在他那小小的心灵中，外面的世界对他还是个未知数，未知的世界也是神秘的世界。因此，舅舅的每句话，包括遣词用语，在他看来都是新鲜有趣的。

“大哥，干脆这次回去，就把阿虎带回去给你开车吧！”婶婶望了一眼阿虎妈道。

阿虎妈笑笑说：“那正合我们虎子的心意哩。”

舅舅笑道：“我和你舅母还没有儿子，你愿意给我们当儿子吗？”

阿虎的妹妹高兴地催道：“虎子哥，你快表态啊！妈妈同意了，舅舅同意了，就差你一票了。”

“我，我，”阿虎搔了搔头回答，“去就去，只要让我学开车！”

殊不知阿虎在下这个决心的时候，多是被外面的世界、异国的风光所吸引，他并没多想给舅舅当儿子所需要的付出，包括姓氏的改变、亲情的分配。

再说舅舅答应收留阿虎，并非全部出自亲情。他这次回来，有“招兵买马”之意，找两个帮手，扩大他在异国的经营。

事情就在说说笑笑中定了下来。可是阿虎真要走了，他们包括阿虎的妈妈，都感到有点舍不得。

行前，没有隆重的仪式，没有鼓声锣声，没有拜祠堂里的祖先牌位和天妃庙中的妈祖娘娘，没有请来高朋贵友。这些都因舅舅过于紧张的安排而取消了。

阿虎离乡是在一个夕阳西下的傍晚。

12 岁的阿虎，挎着一个由妈妈草草收拾的小红包袱，直到跟着舅舅登上轮船时，方从幻想回到现实中来。看到全家人的眼泪，再看看身后咆哮的大海，这种骨肉分离的痛苦已不像老师所讲的童话那样美丽、动听。

第二章
血色少年

客轮要起航——汽笛发出了一声长鸣。

“阿虎，要听舅舅的话！”

“阿虎，要照顾好自己！”

“哥哥，路上要小心！”

“哥哥，包袱中有妈妈煮的鸡蛋，不要压碎了！”

伫立在甲板上的阿虎，望着这悲壮的场面，望着亲人的眼泪，听着亲人的呼唤，挥动着小手。

“你们都回去吧，我会照顾好虎子的！等虎子再回来，会有出息的，会给你们一个惊喜！”舅舅宋明山挥动着手在向家人告别。

客轮慢慢驶出海港，进入清澜湾；岸上的人影愈来愈小，直到看不清面目。阿虎跑进船舱，抱头痛哭起来。任凭舅舅百般劝解也无济于事。

大海以博大的胸怀迎接了阿虎，未来的路怎么走，却是对阿虎的严峻考验。

阿虎有晕船症。开始他站在甲板上，尽情地饱览大海的风光。发疯似的海浪，像山峰一般，一个接一个地向客轮涌来。客轮与大海相比较，显得愈加渺小。海浪一会儿把客轮推向峰顶，一会儿又重重地甩进峰底。客轮在征服高高的巨浪，每前进一步都要付出代价。人的生命，不就像这客轮在大海中航行吗？阿虎发出由衷的感叹。

舅舅在不知不觉中来到阿虎的身旁，道：“虎子，没有险就炼不出一身胆。以后的日子就像这大海上的浪、苍天下的云，处处有起伏，时时有风险。记住，鸟靠翅膀兽靠腿，人靠智慧鱼靠尾。只要苦干，事成一半。不灰心，不绝望，拼着命去闯，才能逢凶化吉、遇难成祥。常言说，不下汪洋海，难得夜明珠。”

阿虎使劲地点点头，似是悟出了什么。

好景不长，阿虎忽然感觉有点头晕脑涨了。舅舅催他到座位上休息，阿虎刚站起，还未到座位，就“哇哇”地大口大口地吐了出来，甚至连自己的五脏六腑也感到长得不是地方，想一吐为快。可是他吐不出来，再吐便是胆汁了。苦苦的胆汁更呛他的嗓子，令他痛苦不堪。

等他稍微清醒时，再看看整个船舱里，有 80% 的人都像他“哇哇”地大吐起来。吐物的酸臭弥漫在舱底，发出一股刺鼻的呛味，更令人作呕。阿虎心想，唐僧去西天取经时，经过了九九八十一难，难道这也是对我的考验吗？

多少年后他娶妻生子，让自己三个弱不禁风的“千金”出洋留学，“享受”这海的考验，表现了他的先知先觉和智慧，这与传统的中国父母“温室育花”形成了鲜明和强烈的对比！

三天后的一个碎霞纷飞的早晨。

海鸥在海空中飞上飞下，海上一个红日，海中一个红日，万顷大海，金碧粼粼。往日凶恶的大海今天显出格外的柔情。原来大海也是“两面人”。

“舅舅，这是什么地方？”阿虎问。

“大的方位叫太平洋，具体在太平洋哪个方位，我也说不清了。”舅舅望着大海竭力寻找着方位。

“舅舅，你常说的加勒比群岛，从这里到那里还有多远？”

舅舅道：“远着哪！还要经过秘鲁国、智利海域向南航行，再经过拉丁美洲南端的麦哲伦海峡，进入南大西洋，再沿阿根廷海岸北上。这比凿通巴拿马运河以后的航线要长差不多一倍的路程。”

“巴拿马运河什么时候凿通啊？”

舅舅摇摇头：“不知道。”

客轮经过三日的航行，阿虎的晕船症基本得到控制，海上的生活渐渐适应。

舅舅道：“适应大风大浪的海上生活也是一个难关啊！”

阿虎道:“这一关总算闯过去了!”

“下一关路途比较远，说不定哪一天大海还要和我们过不去!”舅舅道,“基督教教义上讲：人不吃苦，死后灵魂就上不了天堂。修炼就要吃苦，吃足了苦头，我们的灵魂就能升上天堂了。”

“基督是什么?”阿虎不解地问。

“基督就是耶稣，耶稣就是基督。他是一个完全的人，也是一个完全的神。据说耶稣降生前后，犹太人因受罗马帝国的压迫，盼望弥赛亚降临，拯救以色列民众脱离苦难。但对以受苦仆人形象降临的神子——基督耶稣，犹太上层却拒不接受，并借彼拉多之手置他于死地。正是被他们钉在十字架上的这位耶稣，由于结束了死的痛苦，神才正式立他为主、为基督了，普度众生出苦海。”

“舅舅，你信基督吗?”

“我信，但我还没有洗礼和吃圣餐宴。到了美国，信基督的人很多。我们船上也有啊。”舅舅说到这里，向四周扫了一眼，给阿虎使了个眼色，努努嘴:“呶！那位长者就是一位基督教徒。”

阿虎顺舅舅的示意望去，果然看见一位鹤发童颜、闭目打坐默祷的长者，他是在祈祷上帝保佑他一路平安无事。

“基督能保佑我们吗?”

“能!”舅舅肯定地回答,“信则灵，心诚则灵。”

接着，舅舅向阿虎讲述了西方的信仰、耶稣的一生，讲述了道成肉身、旧约先知、施洗约翰、最后晚餐等有趣的《圣经》故事，阿虎听入了迷。船还没到美国，阿虎已成半个基督徒了。

“如果基督能救中国，我也要信基督。”

“能。”舅舅点了点头。

客轮不分昼夜继续前行，再往前就要驶出太平洋，到麦哲伦海峡了。

天气愈来愈冷了。舅舅赶快取来衣服，让阿虎穿上，以抵御麦哲伦海峡的寒流。阿虎却急于听麦哲伦海峡的传说。

“麦哲伦海峡到了！”不知谁喊了一声，很多人便跑出船舱，涌上甲板，饱览麦哲伦海峡的风光。

“瞧，那是什么？”

“是麦哲伦海峡的浮冰，从极地来的！”

浮冰很大，看不到边，飘飘然向客轮迎来。

“不好了，船要撞浮冰！”有人呼叫。

舵手急忙掌舵，企图从浮冰右边绕过，可是终因浮冰太大，也太隐蔽，客轮撞上了浮冰。

不一刻工夫，舱底有人急喊：“不好，船舱被撞破了！漏水了！”

漏水意味着什么？每一位乘客都能掂出它的分量。

海水汩汩流入船舱，人们手忙脚乱地用被褥衣物堵，用盆碗往外舀流进舱里的海水。全船人员同心协力，谱写了一曲生与死的颂歌。后来，宋查理在回忆这次遇险时，多次向孩子们讲述了这次经历：“船总算没有立时沉下去，主要是我们这种抗击精神感动了上帝。”

给阿虎记忆最深的是那位基督徒长者，当失去控制的船随风向南极漂去，又无法与岸上的人联系，情况严重、死神招手、大家濒于绝望之时，老人却沉静异常，视若无事，站在船头，不慌不忙地在胸前画着十字，口中默祷着《圣经》箴言：“神啊！因为你救我的命脱离死神。你岂不是救护我的脚不跌倒，使我在生命之光中，行在神的面前吗？……”

阿虎向舅舅道：“如果这次上帝能保佑我们平安，我也坚决信基督耶稣了！”

舅舅没有立时回答他。

客轮在海中漂流三天，终于搁浅到南极圈内的一座无名小岛上，再也动不了了。搁浅虽是坏事，却赢得了修补的时间，更重要的是赢得了生存。虚惊一场，命运真会跟人开玩笑。

后来，宋查理很幽默地向子女们讲述这段传奇经历，描述了南极的风光见闻：憨态十足的企鹅、会唱歌的大鸟、长花角的海龟、留胡子的海豹……讲到动情处，他便索性模仿起这些动物的动作、歌声来，令子女们捧腹啼笑不已。

在子女们笑他的时候，他却格外严肃：

“笑什么？不到汪洋海，能得夜明珠吗？没有这次生死考验，我能有福气到南极一游吗？”

孩子们的笑声更响亮了——爸爸要给自己的启迪，全部包含在这亦庄亦谐的交谈中了。

落霞时分到达美国波士顿

在家天天好，出门日日难。

客轮由于搁浅维修，在南极滞留了近一周时间。

南极风光是美丽的，美丽的南极风光，却无法让人留恋。这里的天气极其恶劣，平均温度达零下 40℃，连手脚都伸不出来，让人热恋不起来；这里风大，平均风力达 6 级以上，寒风刺骨，让人出不了舱门；这里冰天雪地，刮起风来，雪如沙飞，很容易让人葬身于雪丘。船到这里不到一周时间，就有七人长眠于这里的雪丘，再也回不来了。阿虎是幸运者。

宋查理日后在回忆时，不无感慨地说：“南极确实是一个好地方，不可不去，但又不可多去。虽是第一次去，但愿是最后一次。”

经过修补的船，几经劫难，化险为夷，终于闯出了气候极其恶劣的南极圈。美丽的南极，留下了他难以忘怀的足迹。

当客轮再次驶进麦哲伦海峡时，这里气候好了、变暖了，却又遇到了西班牙名叫“黑剑帮”的海盗。

夜半时分，船在大海上航行时，多日南极之行疲劳不堪的人们还在睡梦中，一帮海盗手持凶器，突然闯进了船舱。高喊道：

“谁也不许动!”

“举起手来!”

等海盗看清大家都举起手来的时候，八名海盗中的五名以枪监视，三名海盗开始了搜身取银。当搜到阿虎的时候，见阿虎是唯一的没举手者，且双目射出怒火，一个海盗抬手给他一个耳光。初生牛犊不怕虎，阿虎突然咬住了对方的手。

对方“哇”的一声：“小东西，你敢咬我！我非送你到大海喂蟹不成!”阿虎舅舅见势不妙，赶忙走过来，护着阿虎说：“他还是个孩子，放过他吧!”

“你是谁?”

“我是他的舅舅!”

……

趁大家吵闹之机，那位基督徒长者，急中生智，趁机关闭了船舱里汽灯的开关，顿时舱里漆黑一团。

“快抓坏蛋啊!”阿虎首先喊道。

“不要让他们跑了!”阿虎的舅舅接着喊。

“乘客们，不要怕!”

……

于是，黑暗中，乘客与海盗展开了一场搏斗。毕竟乘客人多，海盗被制服了。被扔下海的不是阿虎，而是海盗。

事后，阿虎感动地向那位基督徒长者行中国大礼，拱手作揖，表示感谢。

长者面无表情地道：“恶人自有恶报，一切都是上帝的安排。”

阿虎问：“你是怎么想到汽灯开关的?”

长者回答："我也不知道。你是命不该死，该死的是海盗。"

阿虎又道："难道是上帝救了我？"

长者道："让我们一起感谢上帝吧！"

长者在胸前画着十字，口诵《神之行彰显其荣》。

在长者的感化下，在《圣经》的熏陶下，阿虎自己好像已经在冥冥中产生了对上帝的朦胧的信仰。不是吗？每次遇险时，他头顶都显示着上帝对他的庇护——那不是长者的手而是上帝的手。

正如他自己日后所言：

"我到达美洲时，已经是上帝的信徒了，虽然我还未受洗礼、领圣餐。"

远涉重洋的客轮，到达美国南部佛罗里达州的迈阿密港，是在一个明媚的早晨。客轮经过检修，确认不能再航行了，急需大修。

消息传来，大多数还没到达目的地的乘客感到震惊。

这时的阿虎在经过麦哲伦海峡时，由于受到寒流侵袭和海盗惊吓，患上了疟疾，身上发冷，盖几床被子都无济于事。

阿虎舅舅十分发愁：到美国北部的波士顿还有一段遥远的路，改船或改车，阿虎都是受不了的。此时他已经以养父的身份对阿虎倍加爱护了。无奈中，他只好将阿虎送到当地的福利医院诊治一段时间，在确认阿虎能经得起长途颠簸时，便乘车上路，回到了舅舅的第二故乡——美国北部的波士顿城。

第三章

扬帆在异国

大洋此岸的中国仔，大洋彼岸丝茶店的实习生

波士顿，一座神话般美丽的海滨城市。

阿虎在舅舅宋明山的带领下，下了汽车，踏上波士顿的土地，迎接他的是一幢幢拔地而起的高楼，一座座机器轰鸣的工厂。高耸云天的烟囱，冒着袅袅升腾的青烟；长街两旁，店铺林立，霓虹灯的招牌变幻着颜色，令人眼花缭乱；街道上的行人脚步匆匆；各种形状奇异的汽车川流不息。这一切都体现着资本主义工业文明的新生，令阿虎的两只眼睛都不够用了。

舅舅边走边给阿虎介绍，美丽的波士顿给阿虎留下了美好的印象。

在一个蘑菇形的电话亭里，舅舅拨通了家里的电话，让舅母准备晚餐，欢迎这个从没见过面的儿子。

当舅舅和阿虎迈进家门的时候，舅母已伫立在家门前迎接他们了。

“这就是你舅母。”舅舅介绍道。

“舅母，您好。”阿虎礼貌地问好。

“这就是阿虎。”

“我的孩子，让你吃苦了。”舅母道。

……

与波士顿这座美丽的城市相比，舅母在阿虎心目中的印象稍嫌逊色。与中国传统的农家妇人比，她虽然穿着华贵的衣服，但似乎缺少一份仁慈。她的身材不高，脸庞瘦削，尤其是眼睛、眉头和鼻子似乎长到了一起，像一朵没绽放的花朵，给人一种不舒服的感觉。

舅舅的房子四室一厅。大大的客厅、向阳的卧室，加上宽敞的

阳台和布置典雅的洗漱间。这在住房十分紧张的波士顿来说，已大大超越工薪阶层了，初出茅庐的阿虎两眼充满了羡慕。

“虎子，快吃饭吧！”舅母已在饭厅招呼阿虎了。

“虎子，快洗洗脸，吃饭！”舅舅又交代。

饭是阿虎爱吃的中国家常饭——四菜一汤，外加鸡蛋炒米饭，还有些西餐供阿虎品尝。

舅舅、舅母、阿虎三人围在圆桌边，有说有笑地吃了起来。

“虎子，家里能吃到这些吗？”舅母问。

“过年过节还行，一般时候是吃不到这些的。”阿虎认真地回答。

“虎子，喜欢吃饺子吗？”舅母又问。

“喜欢。”阿虎边吃边点头。

“明天，舅母给你包！是芹菜馅的水晶饺。”舅母道。

“还爱吃什么，只要你说出来，舅母都会做出来的。”

“谢谢舅母。”

“阿虎初来，语言不通，是不是还要给他请一位家庭教师？”舅舅与舅母商量。

“三楼的林地小姐，是大学的就读学生，英语说得特别流利和标准，我看就请她好了。”舅母推荐道。

“让虎子先适应适应环境，以后再说吧。”

“好吧。”舅母顺从地说，“阿虎，快吃呀！”

“好的。舅舅，你的丝茶店在哪里？”阿虎问。

“在最繁华的林肯大街上，明天我带你去。”舅舅道，“从明天开始你就在那里工作了。”

“生意怎么样？”阿虎又问。

“一招鲜，吃遍天。因为我们店是专营中国特产，是打进美国东部的第一个专营丝茶外贸的中国商行。我们提供的中国丝绸和茶叶，以质优价廉而赢得波士顿消费者，著称于美国东部，同时也辐射到其他各州，被当地誉为北美华商先锋。”舅舅越说话越多，实际这是他的生意经，亦是他发财的秘诀。他开始向阿虎传授了。

“竞争求生存，用中国的一句话说就是货比三家。在美国开丝茶店的不只是我们一家，南部、西部几乎每个城市都有，真正能与舅舅我相比的，屈指可数。虎子，你就好好在这里干吧，舅舅的家产今后还不都是你的吗？”舅舅笑了，阿虎也笑了。

第二天一早，阿虎乘坐丝茶店的送货专车，与舅舅一起来到了位于林肯大街的中国丝茶专卖店，高兴地见到了在这里帮助舅舅经营的两位海南老乡。

布置得古色古香、典雅漂亮的店堂，宛如中国古老文明的一个缩影，令立国才百十年的美国人刮目相看、流连忘返。一种民族氛围笼罩着店堂。那漂亮的丝绸，如天上的织锦，令顾客百思不解——这丝是如何纺出来的？这图案是如何织出来的？东方民族，对于他们来说是一个千古不解的谜。坐在迎宾室里围炉品茗的顾客们，对古老中国的茶道、茶文化，以及礼仪之邦的中国人，发出了余味深长的慨叹。

“从今天开始，你就在这里上班了。这两位老乡就是你的师傅，有什么不懂的地方，问他们就是了。”舅舅道。

阿虎点点头。

“师傅老乡，让我做点什么？”阿虎问。

“关照顾客，介绍茶种，推销我们中国的丝茶。”

就这样，从大洋这边到大洋那岸，几经磨难的小阿虎便成了舅舅丝茶店的实习工。

店堂里多了一个阿虎，多了一份生机。从此，人们便看到一个几乎与柜台同高的小伙子，每天骑着飞车，第一个来到店堂，打开房门，清扫卫生，迎接贵客。

阿虎的勤奋和诚诚恳恳的服务态度，迎来了“上帝”的信任，也迎得了师傅的赞誉。这种赞誉，传到舅舅舅母的耳朵里，映在脸上的则是一种甜蜜的笑。

像一位新娘“嫁”给了宋家

阿虎来波士顿三个月后的一天。

在顾客和帮手的赞誉声中，舅舅舅母已暗暗筹备阿虎的过继仪式了。

他们先给文昌的阿虎父母写了一封长长的征求意见的信，信中称赞了阿虎的吃苦能干和举行过继仪式的确切时间。鸿雁传书，很快，大洋那边回了信儿。

过继仪式被安排在中国传统节日——春节这一天。即使没有过继仪式，远在大洋彼岸的华人们，也仍保持着这一民族传统的节日。为了使过继仪式更加隆重，阿虎的舅舅舅母选择这一天，是独具匠心的。

三天前，阿虎的舅舅，已把帖子送到了亲朋好友那里，亲自设计了菜谱，安排厨子采购；舅母已开始清扫卫生、准备碗筷等。仅庆贺的鞭炮，舅舅就买了五大盘，放在阳台上晾晒。

正月初一这天，舅舅舅母早早地起了床，燃上蜡烛和香火，并帮阿虎换上了新衣新裤，放了开门炮，喜迎贵宾的到来。厨房的厨师也开始忙活起来。

一年复始，万象更新。亲朋好友，在祝贺和拜年声中，陆陆续续地迈进了家门。他们中有男有女，有老有少，不少是夫妻双双，还有的带着孩子，满脸挂笑，祝福声声。

高朋满座，四壁生辉。

早晨 8 点，主持人清点人数后，宣布过继仪式开始。舅舅舅母立在堂前，在鞭炮声中，阿虎行跪拜礼认了父母。舅舅代表舅母讲了话，亲朋好友祝福一番，大家便各就各位吃团圆饭了。

事隔数年后，阿虎回忆说：

> 那一天非常热闹。当时我像一位新娘，来到陌生的异地，在主持人的摆布下，便认了父母。当时宣布我由韩姓改为宋姓时，我还感到突然。过继就过继，何必改姓呢？这不是背叛我的生父生母吗？虽不乐意，生米做成了熟饭。当时，我还真想哭。
>
> 从此，我便有两方父母：一方在大洋的这边，一方在大洋的那边。人生就是这么有意思。

过继仪式结束后第三天，养父、养母又给阿虎请来了一位戴眼镜的美国小姐，来教阿虎英文了。

“阿虎，这位小姐就是你的家庭教师了。”养父介绍说。

“我叫林地，是波士顿大学的走读生。今后我们交个朋友好了。”林地小姐热情地伸出手。

“林地小姐，你好。”阿虎也伸出了手。

阿虎的上课时间安排在每周一、三、五、日，每天一个小时。一周后，阿虎能讲一些简单的生活用语；一个月后，便能与人简单对话；三个月后，阿虎能对着课本给家人写简单的信了。林地小姐及时地表扬了他，阿虎更加用功了。

百尺竿头，更进一步。在不到半年的时间里，阿虎的英语已经讲得十分流利，并能用英语学唱当地的民歌和通俗歌曲了。用林地小姐的话讲，他的英文作文也不亚于波士顿中学生的水平。这使林地小姐十分吃惊，逢人便夸这孩子聪明伶俐，后生可畏。然而，更令阿虎敬佩的是教师的传授方法十分高明。

据宋查理后来回忆说：

第三章
扬帆在异国

林地小姐不但是我的英语教师，而且是我的西方政治、经济和文化的启蒙者。她性格开朗，不像我们中国人那样羞羞答答、遮遮掩掩。她能讲很多很多我从来没听到的故事。比如乔治·华盛顿的故事，从他那孤儿般的姓名、6英尺2英寸的身材、严肃有余活泼不足的个性，以及早年的婚恋、任总统前后的经历和政绩，直到他在办公室处理文件时倒下来。显然林地小姐是美国第一任总统华盛顿的崇拜者。在谈到其功绩时，林地小姐滔滔不绝：华盛顿是美国第一任总统，是当之无愧的英雄。他是一个久经考验的卓越领导人。他的声望超越了联邦党人和那些反对强大的中央政府的人之间的冲突，是一个为独立做出了最大的贡献的人，一个厌恶出风头的谦虚乡绅。他完全控制了政治舞台，以致69个选举团无一投票反对他。在建立我们这个辽阔的大国上，在给予西方世界以独立自由上，他所做的贡献，多于任何别的人，而且只有他一人能做到这些。正是由于林地小姐的介绍，华盛顿也成了我心中的英雄。

一天，阿虎在与林地小姐交谈时，突然问道："华盛顿在创建这个共和国时立下了赫赫战功，你没有感到他还有不足吗?"

"有啊!"林地小姐毫不掩饰地说，"缅怀这位战争中的第一人，和平中的第一人，他的同胞心中的第一人，美国百分之九十以上的人会这样赞誉他。另外还有百分之十的人也会这样批评他：如果一个国家能被某个私人腐化的话，那么美国是被华盛顿腐化了；如果一个国家被某个人欺骗了，那么美国曾受华盛顿的欺骗。让他的行为，成为后世的榜样，让这作为一个警告，没有人能成为偶像。甚至当时反对他的人，公开在大街上抬上他的画像，画像下面写着一行字：这是我的屁股！你不感到滑稽吗?"

"有意思!"阿虎不解地说。

林地小姐接着解释：“我们这个美利坚合众国是一个充分民主和独立的国家，各种言论都可公开发表，上至总统，下至黎民百姓。”

阿虎道：“可我们国家不是这样。只许州官放火，不许百姓点灯！我们那里的人民可苦啦。”

林地小姐道：“希望你也来学我们的华盛顿，当未来中国的华盛顿吧！”

阿虎连连摇头：“这，这可不成。”

说者无心，听者有意。其实这句半似开玩笑的话，竟像一团火投入了阿虎的心中，启发了阿虎，影响了阿虎今后的人生道路的选择——救国救民出苦海。

一石激起千重浪。从此，阿虎不再满足养父交给的丝茶店的工作，他把心投向了另一个更美妙的世界——一个人的幸福绝不是真正的幸福，只有千万人共同幸福才是真正的幸福。

“阿虎，睡觉吧，明天一早还要去港口取货呢！”养父催促他。

“我这本书还没有看完呢！稍等一会儿我就睡。”阿虎回答。

“什么书？”养父不高兴地走过来，“原来是华盛顿的连环画。没意思，快休息吧！”

“不，我要看完！”阿虎固执地说。

“总统与百姓，是井水不犯河水。我们只管做好我们的生意就好了！”养父满脸不悦地走了。

燕雀安知鸿鹄之志哉

物有千变，人有万变，若要不变，黄土盖面。

随着阿虎年龄的增长，实践与书本给了他不少知识。中西文化、中西观念，时常在他脑海里打架。西方国家虽然经济繁荣、人们物质生活提高，毕竟还有不尽如人意的地方；美利坚合众国再好，毕竟不是自己的国家。

阿虎来波士顿的第二年春天，美国东部、南部、西部发生了反种族歧视的大游行。这场运动也波及波士顿，令阿虎大开眼界：人民的力量不可轻视——水能载舟，亦能覆舟。

那天，人越来越挤了，好似从河底下浮起来的气泡一样，有些声音互相响应。呼哨声，口号声，在喧闹的人流中透露出来，令人感到积聚的力量。街的那一头，靠近丝茶店的地方，声音尤其宏大，像水闸似的。警察和士兵拦着去路。大家在那儿不由得挤成一堆，又是叫嚷，又是吹哨，又是唱，又是喊，来发泄自己的不满……

大家越挤越紧，像一堆物品，觉得人群的热气流到了自己身上，所有的人凑成了一个整体，跟巨人勃里阿莱一样。热血的怒潮不时在千首怪物的胸中直冒，眼睛含着仇恨，声音含着杀气。躲在第三四行的人开始向警察扔石子了。这就是正义和公道。

游行示威当天，美国第十八任总统——尤利塞斯·S. 格兰特发表了《种族宣言》的意见书，平息了这场动乱。

阿虎身在异国，对美利坚合众国的种族歧视深恶痛绝。

一天，一伙不三不四的小青年，闯进了他的店堂，说是买东西，可谁也不付钱。当阿虎追出门外时，一个青年给了他一脚一拳：“给，这就是茶钱！”身单力薄的阿虎也不是等闲之辈，他巧妙地躲过对方的一拳，接着趁对方踢脚之际，用手朝天一抬，对方失去了平衡，栽了个嘴啃地皮。

“唿哨”一声，对方围上了一群人，面露杀机：“东方仔，我们较量较量！”这时，养父及时赶上来赔礼道歉，方平息了这场风波。

从此，阿虎沉默了，沉默中他用另一只眼睛看美国。

后来，他见到林地小姐时，讲出了他的苦闷。林地小姐咯咯地笑了，笑得使阿虎吃惊，笑得让人莫名其妙。

“傻小子，你还不晓得美国青年中有一部分人，专门敌视外国人。他们误认为，不这样，美国就不是独立的国家。”

阿虎喃喃地道：“而我们的国家，却是外国列强的殖民地。在那里洋人是主人，我们是奴才。到这里，你们是主人，我们仍是奴才。”

“不过那只是一部分文化素质不高的人，他们代表不了我们这个国家。美国人大多数是友好的、爱好和平的。你不信吗？包括我在内。”林地小姐一指自己的鼻尖道。

“信。”阿虎笑了，笑得很甜。

接着，阿虎又敞开心扉，对林地小姐推心置腹地说：“像我这个年龄，若是在家，还是个背着书包上学的孩子。在这里，我能上学吗？”

“能！”林地小姐正了正眼镜说，“美国的教育法规定，凡是适龄孩子都有受教育的权利。你当然能。”

“可我是中国人。”

“教育法讲的，是居住人口，而没有国籍区分。”

阿虎点了点头。

“回去，可以和你阿爸商量。”

“阿爸是不会同意的，因此我也不用商量。”

“为什么？”

“我若上学，店堂就要关门了，阿爸就挣不了钱了。”

“在美国，素质不高的人，挣钱只能是一时。教育投入的概算，一般是一比三的回报，这是教科书上说的。”

阿虎摇摇头，没再说话。

在阿虎苦闷的日子里，有两位来访者叩开了他的店门。听口音，都是中国人，令身居异国的阿虎喜不自胜。异国遇知音，无话不倾心。

原来这两位来访者，都是年轻人，与阿虎的年龄不相上下。他们两人都是清政府派往美国的公职留学生，一位叫牛尚周，一位叫温秉忠；一个家在上海，一个家在广东。两人西装革履，留着学生分头，派头十足，令阿虎十分羡慕。

"听口音，你是广东人。"温秉忠问。

"不，我是海南人。"阿虎回答。

"海南不是属于广东吗？"牛尚周插话笑道。

"原来我俩是同国同乡，我是广东人。"温秉忠道。

"啊，你也是广东人？"阿虎审视着温秉忠。

温秉忠又指着牛尚周道："这位牛大哥是同国不同乡，他是上海人。"

"在美国，我们都是同国同乡。见了你们，我又有了亲人了。"阿虎高兴地忙去沏茶。

异国遇知音。从此，这店堂就成了他们谈天论地的场合。隔三岔五，他们少不了聚会。《圣经》里称："三生有缘。"想不到这异国的以酒盟誓的"桃园三结义"，在他们回国后，不仅在上海的虹口比邻而居，并且分娶了倪氏的三姊妹为妻，成了姻亲"三连襟"，在上海传为佳话。

正在苦闷中的阿虎，向亲人述说了自己的心酸。牛尚周笑道："每人都有一本难念的经。我们两人虽然是清政府官方留学生，管、卡、压等相当严重，想改专业不行，想单独外出不行，星期天都有人看守，一点自由都没有。这点你总比我们强嘛。"

"那你们二人怎么到我这里来了？"阿虎问。

"说起来话长。1876 年，波士顿举办博览会，全体中国留学生曾集体来过这里一次，当时没有一点自由活动的机会。后来，随着时间的推移，对于清政府的管、卡、压我们也习惯了，就不把它当一回事了。他们也拿我们没办法了。这不，就来了。"

话越说越长，情越叙越深。不觉已到中午，养父见是同乡，特备酒菜招待。席间，阿虎用英文高兴地朗诵了《圣经》箴言：

耶和华是我的牧者，我必不致缺乏。

他使我躺卧在青草地上，领我在可安歇的水边。

他使我的灵魂苏醒，为自己的名引导我走义路。

我虽然行过死荫的幽谷，也不怕遭害，因为你与我同在。

你的杖，你的竿，都安慰我。

在我敌人面前，你为我摆设筵席；你用油膏润了我的头，使我的福杯满溢。

我一生一世必有恩惠慈爱随着我，我且要住在耶和华的殿中，直到永远。

牛尚周开口称绝："阿虎，论你这气质，将来完全可以当个牧师，去中国传授基督的福音。"

阿虎道："不，我倒想当个医生，医治中国的专制和清政府的腐败！"

阿虎这番话，使牛、温二人不觉交换了一下眼色，那眼色是钦佩之光。

"清政府腐败，百姓遭殃。外不能御列强，内不能兴民主，国将不国，家将不家，同时也祸及我们。虽是留学，还有何用？"牛尚周亦有同感。

温秉忠点头赞允，感叹道："天生我材必有用。说不定我们这些留学生中，还会出现个华盛顿和林肯般的人物，担当此任呢！"

"是你？是我？"大家都笑了。

酒后吐真言。酒话也是疯话，疯话也是实话。这是当时留美学生心态的真实写照，就连阿虎也意识到了这一点。

说到阿虎，他们又是羡慕一番。

温秉忠说："阿虎，我们不能与你比，你太幸福了，没有我们这些窒息生命的管束。天高任鸟飞，海阔凭鱼跃，可以自由自在地去上大学，选择自己喜欢的专业。"

牛尚周也敲边鼓："一个人只有上大学，接受高等教育，眼界才能开阔，知识才能渊博，才能成为有用之才。西学与国学，我看西学更为重要。因为西学代表时代，代表潮流。我们国学空有东方五千年之文明，却让孔夫子给禁锢了。"在温、牛的鼓励下，求学救国已成了阿虎心中的既定目标，它像烈火一样燃烧在阿虎的心中，它又像海涛一样去冲击拦阻它的羁绊。

在一个星期天的早晨，阿虎正式向养父提出了求学的要求。不料，养父勃然大怒：

"要求学就回国去！西学这玩意儿能学个什么东西？再说这个店堂，你也熟悉了，能离开吗？"

"阿爸，请你冷静地为儿子考虑考虑。眼下，店堂是挣钱的黄金时期，可是，我也是求学的黄金时期。没有文化的商贾后代，虽然有了钱，但并不等于拥有一切。文化靠钱是买不下来的！"阿虎不温不火地解释。

养父很痛心地说："我收养你为继子，就是继承这份家业、这份家产。你想没想过，我这一生容易吗？我是为了谁？还不都是为了你！"

"不，阿爸。我知道你是为我好，这是我一生要感谢你的，但是你也不要忘了儿子的前途，求学也是我的人生权利。"

"不要说了！没有经济作基础，求学谈何容易！你愿走就走吧！从此不要再登我的家门！我也不承认你是我的儿子！"

养父脸色铁青，嘴唇发抖。

"走就走！"阿虎脑子里又浮现出养母对他的不信任，怀疑偷钱的事，更使他语气坚定，并开始收拾衣物。

“阿虎，你不能走!”养母从屋内冲了出来。

“让他走吧！让他走吧！眼不见心不烦，少惹我生气!”养父吼叫着。

阿虎头也不回地跑出了屋，消失在风雨中……

第四章

风雨漂泊

出走在一个暴风雨的夜晚

波士顿海港。

仲夏的一个傍晚。

风雨交加，袭击着港湾；大海扬波，海浪澎湃。

往日平静的港湾失去了平衡。海浪卷着泡沫，冲击着石砌的护堤和开往科西嘉或西班牙的商船，发出巨大的轰鸣声，转眼间撞得粉碎，于是颓然跌落下去。海浪起伏着，稍稍平稳一会儿，又奔腾起来，重新聚蓄力量，出人不意地向岸边猛扑上来……

湿漉漉的滨海路上跑来了一位少年。他，看模样十五六岁，黑葡萄似的眼珠似有几分哀愁；菜黄的脸色，显得疲倦；浑身湿漉漉的，像只落汤鸡。

他就是阿虎，一个为求学而背叛家庭的少年。身无分文，只有一颗执著追求的心。

面对兴风作浪的大海，他一屁股坐在海滩上，任凭风吹雨淋……

此时，他耳朵里还萦绕着养母的呼喊声和养父的忏悔声：

“阿虎，回来吧！阿虎，你要到哪儿去？”

“阿虎，我不该这样对待你！你回来了，阿爸送你上学！”

开弓没有回头箭。倔犟的阿虎什么也不顾了，只管向前跑，横穿一条马路，很快便隐蔽在车流中。

“阿虎，阿虎！”

“阿虎，阿虎！你在哪里？”

好马不吃回头草。此时，阿虎正在一个石桥下躲着，待养父养母呼喊着从桥上走过时，他又像捉迷藏似的朝养父养母的反方向跑去。他甩开了养父养母的追踪，径直向火车站跑去。

冤家路窄。在火车站，他又发现了养父养母派来的“跟踪人”。他没有上火车，而他的“跟踪人”却上了火车。

最后在一个树林里躲避了半天，他才径直向海湾走去。

此时，他又冷又饿，摸摸兜中，囊中羞涩，身无分文，咬咬嘴唇，向灰蒙蒙的海湾望去。

风雨仍肆虐着大海，大海咆哮着，一排排恶浪涌向他的脚边：

“妈的，老天真是要绝人啊！”

雨愈来愈大，像鞭子一样抽打着他的全身。雨水从他的头和背上“突突”地流下来，使他浑身发抖打战。

“笃——”一声汽笛长鸣，打破了这雨天的世界、风雾的海洋。

阿虎把眼睛瞄准了那艘挂着星条旗而即将出海的船。他像听到了命令，起身朝码头跑去。凭着机灵，身无分文的他从侧旁的通道中混进了码头。

“小伙子，这是工作人员上下班的通道，请走那边！”

“OK，我叔叔在里面工作。”

阿虎闯进码头，巧妙地绕过几艘停靠在岸边的船，偷偷地爬上了那艘即将起航的船。大个子、高颅骨、黄眼睛的船长，名叫查理·琼斯，此时正在用自来水冲船。当他转移到前舱时，从店铺里逃出的阿虎，以他特有的机灵，躲过了大个子船长的眼睛，偷偷地溜进了后舱室，然后，又慌慌张张地转移几个地方，最后到了船长刚冲洗好了的厕所里，把门关了起来，反上了锁，心里想着：好险啊！

阿虎一泡尿解了一个多小时，“科尔法克斯”号巨轮离开港口30海里后，这个自鸣得意的“小犯人”被人发现了，一个膀大腰粗的船员揪着他的头发将他拖了出来，带到大个子船长面前。

“哈哈，瞧你这小家伙倒很聪明，可是聪明反被聪明误啊。要知道无票乘船者，是要喂蟹的!”外貌粗野凶恶的查理·琼斯船长扳过小家伙的头，一阵冷笑，冷笑中充满阴森。

阿虎在船长的冷笑声中，身子不住地发抖。

片刻，他眨了眨眼睛，心里稍平静了一下，然后扑到琼斯船长那双黑明锃亮的尖牛皮鞋前，伸手抱住了他的双脚，就像抱到了一根救命稻草一样，苦苦向船长哀求：

“船长大人，我知道你要拿我喂蟹，那是不费吹灰之力的。可是……”

“可是什么?”船长提高了嗓门。

“可是若拿我喂了蟹，你将缺少一个擦皮鞋的伙计，还得劳累你的双手。”

琼斯船长惊愕了，眼前这个貌不惊人的小顽童，如此机灵巧妙，并透有几分贴心之意。他不得不恢复理智重新审视：但见这孩子生得虎头虎脑，圆嘟嘟的小脸蛋，透出几分俊气；鼓鼓的小嘴巴，金鱼似的，纯真可爱；一双圆溜溜的大眼睛，镶了一圈乌黑闪亮的长睫毛，眨动之间，透出一股聪明伶俐劲儿。和他所见过的东方孩子不同的是，这孩子胆量过人。他以前收过几个船员伙计，可是与这孩子比较，仿佛逊色得多。这时的琼斯船长，口气立即缓和下来。

“孩子，能告诉我叫什么名字吗?”

“阿虎。”他用刚学的英语蹩脚地回答。在美国人听来，恰恰像是“阿虎·查理·沈”。后来落到琼斯船长花名册上的，当然也是这个误听的名字啦！填写花名册的日子为1879年1月8日。船长根据孩子的回答，把他写成16岁，因为这是当船员的最低年龄。事实上，阿虎当时只有15岁。显然孩子虚报年龄是必要的，也是机灵的。

这是第一个关于阿虎用“沈（SUN）”做自己姓的记载。到哪随哪，阿虎并不反驳纠正。在他终于学会写英语之后，他把“沈

（SUN）”拼写成“松（SOON）”，也许是他养父的姓，也许是因为在他听来两字是一样的。后来他回国探亲，他又感到不得不改变英文习惯而随中国的习惯，于是他把 SOON 改成 SONG（宋），亦是对父母的交代。这也是清朝“宋”的公认英语拼法之一。阿虎为了感激船长查理·琼斯的收容，索性将自己的名字改为“查理·宋”。

船长查理·琼斯在详细地问过查理·宋的履历情况后，接着又问：

“孩子，你为什么要逃出来？十指连心，你妈妈不想你吗？难道你不想家吗？难道你不怕家里人挂心吗？”

这一问不要紧，刚强的孩子禁不住心酸地哭了，哭得好痛心。好久好久，他才停下来，敛了敛泪水，抿了抿干裂的嘴唇，战战栗栗地倾诉个没完没了……

琼斯船长听了，拈衣揩泪。算他幸运，别看查理·琼斯船长外表看来是个粗野的人，其实倒是个心地善良的基督教徒。那时，船长的权限可以处罚偷乘者：一是喂蟹，一是命令他在下一个港口上岸。可是，这两种惩罚的办法，他都没采用，反而同意让这个偷乘者在船上当伙计挣饭吃，一直到这艘客轮完成了航行任务重返波士顿。

阿虎毕竟有阿虎的心计，他已博得船上人们的喜爱。是聪明是勤奋，或者说是有眼光还是什么？总之，轮船在波士顿靠岸后，他又藏起来时，船长也装作视而不见。当船起航，再度驶向南方时，他又立即出来拼命地干活，拖船舱的地板，擦甲板。他的勤奋和天赋，随着岁月的增添，化作了人心的真诚，也织成了一座天桥，一座通往彩色梦的天桥。

“天朝人”穿上了美利坚合众国水兵的制服

大海是暴戾的，又是温顺的。

水兵是严厉的，又是祥和的。

在这一阴一阳、刚柔相济之中，阿虎的命运突现亮光。这个被称作来自“天朝”的人穿上了美利坚合众国水兵的制服。命运如此捉弄他，命运又如此戏剧性地改变他。

雨过天晴，天空出现彩虹。大地格外青绿，大海格外蔚蓝。阿虎望着这绿的海、这蓝的天，心里想：上帝一只无形的手在暗暗地保护他了。这似是上帝的安排，不过离开“小家”奔大海的阿虎，眼眸之中似乎又有一点思亲的忧伤——对养父养母来说，这样做未免太残酷了。

波士顿。

出逃后的阿虎家，乱成了一锅粥。

追踪阿虎的人一个个都回来了，带回来一个共同的信息——阿虎不知去向。在这个不足20万人口的小城，他能躲藏在哪里？再次派人去寻，还是不见踪影。扩大寻找范围，包括牛尚周、温秉忠居住的华盛顿，也无音信。时间在这一亮一暗中变化着，身无分文的阿虎，你到底在哪里？

先是养母哭了起来，哭声惊天动地，召来了众多街邻。

男人有泪不轻弹，只是不到伤心时。养父也痛哭起来。

养父养母的丝茶店已经七天没开门了。七天中损失了多少钱财？往日金钱至上的养父，此时他才似乎明白了——金钱的拥有绝不能代替情感的拥有——这是阿虎临走前所说的，也是人生的昭示。

多亏查理·琼斯船长的真诚相助，阿虎在“科尔法克斯”号船上当上了“船舱侍者”，亦称勤杂兵，成为美国财政部税务局一名领工资的船员（水兵待遇）。从此，这个不足15岁的黄皮肤的东方少年，开始成为美利坚合众国海岸警备队的水兵，为保护美利坚合众国的领海，为美利坚合众国的国家利益和安全而流汗流血。

他得到的不仅是一个新海员的名字，而且还领到美国政府官方船只上杂役穿的崭新漂亮制服。当他从理发店出来时，他又剪掉了留在脑后的那条牛尾巴辫子，使人认不出他是东方黄种人的后裔。凭着这个身份、这身装束，阿虎在以后的一年半里乘“科尔法克斯”号船进进出出波士顿港，再也不怕被人发现了。

当时的美国正处于资本主义上升阶段，海上走私十分猖獗。“科尔法克斯”号实际是一艘“二等缉私巡逻艇”。走私贩们无法无天，甚至敢以身试法，因此，缉私艇上的生活紧张神秘且充满着危险。在这种生活中，阿虎学会了许多本领。

阿虎每日求师点拨，十八般武艺，一一从头练起，比如剑法、拳击、枪法、散打、擒拿等。一年过后，阿虎把这十八般武艺，已经练得十分娴熟。

一次在追捕一艘大吨位走私船时，阿虎凭着娴熟的技能登上了走私船，与走私贩们展开了肉搏战：你一个金凤摆尾，他一个鲤鱼跳龙门；你一个旋风扫裆，他一个螳螂在后。水来土挡，火来水克。一来一回，一招一式，小个子终于战胜了大个子，阿虎擒拿了一个名叫“黑豹”的走私贩。从此，一枚金光闪闪的军功勋章戴在了阿虎胸前。阿虎的歌声更甜了：

> 地和其中所充满的，世界和住在其间的，都属耶和华。
> 他把地建立在海上，安定在大水之上。
> 谁能登耶和华的山，谁能站在他的圣所？
> 就是手洁心清，不向虚妄，起誓不怀诡诈的人。
> 他必蒙耶和华赐福，又蒙救他的神使他成义。

查理·琼斯原是美国联邦海军军官，南北战争中北方联邦军的老战士，基督教美国圣公会的虔诚教徒。他是个热忱的废奴主义者，也是林肯的狂热崇拜者。

每到星期天，琼斯船长总是详细地向阿虎讲述西方国家的历史、地理和典故，还有基督教的故事。可是西方的旖旎风光、动听故事怎能抵消他对故土的热爱、对父母的眷恋。祖国啊，如一团燃烧的火焰在他心中释放着能量。有时，琼斯船长也倾听这孩子用蹩脚的英语谈他的理想，谈他如何热切地希望获得美国的教育，这样就可以回去帮助他那备受压迫欺凌、饱尝辛酸的祖国。琼斯船长理解孩子，阿虎也真诚地感激这位异国之父。不过，他的感激没有停留在漂亮言辞中，而是付诸在行动上。

彷徨中的阿虎，上帝再次向他伸出救援之手

阿虎是个性格内向的人，又是一个内心情感丰富的人。

他虽然手中无金钱，但对人对事却有一番真情。也许是琼斯船长这个人可亲可敬，也许是时间久了，他们之间已没有了东西方的鸿沟，交流文化、交流感情已成了他们的家常便饭。

一天，宋查理对琼斯船长道：

“在您身边工作，我像有了靠山。您什么时候退休？”

“你怕我退休，是吗？”琼斯笑问。

“有点儿。”宋查理道。

“那我就永远做个职业军人，不退休了！”

“那是不可能的，铁打的营盘流水的兵。美国与中国一样，军人是没有终生的。”

“原来，你也明白这点。”琼斯船长道，“如果我到退休时，一定

提前给你打招呼，好吗？”

“我是想在您退休前，让我皈依基督教，我的祖国，需要牧师去唤醒国民。退伍后，我要去上神学院，准备回国当一名牧师。”

“你不是想当一名医生吗？”琼斯道。

“是的，我很崇拜医生这个职业，但对我们国家来讲，目前更需要人做牧师。医生是治人肉体的，而牧师则医人灵魂。基督讲度人，要度千百万人。我想做名医生，未免太小气了。”

“讲得好，有远见。”琼斯船长连声称赞。

“船长，您是我的长辈，我就这么一个小小的心愿，请您关照。”宋查理目光中充满恳求。

“这事我心里有数，我会想尽一切办法的。”

……

他们推心置腹的谈话，一直持续到后半夜。

殊不知就在他们谈话的当儿，宋查理担心的上级关于琼斯船长调离的命令，已经形成公文，存放在保密室里，只待下发。

谈话后的数日，琼斯船长便用心栽培他入教。在船上教他，回到家后又在壁炉旁教他，星期日则带他到卫理公会教堂做礼拜。琼斯船长又给宋查理买了一套苏格兰粗花呢西装，前面有四个铜扣子。宋查理每星期日穿这套西装去做礼拜，穿白色大硬领内衣，系黑色宽领带，风度翩翩。

1880 年 1 月，这是船员退役的季节，宋查理的前途似乎相当光明，因为他被录取再服役一期。但出乎意料的是，琼斯船长在这时被调去北卡罗来纳州威尔明顿。因为那里走私猖獗，工作上更需要一位精明能干的人。

当宋查理得知这个不祥的消息时，他一口气跑到了琼斯船长的休息室，船长正在收拾衣物，准备走。

“船长，你真的要走了？”宋查理说着说着两行泪便流了下来。

“你要再晚来一步，我就见不到你了。”琼斯笑道。

沉默，又是一阵沉默。

“时间来不及了，你的事我会记在心里的！”虽然宋查理没有说出，琼斯早已理解。

“谢谢，阿爸，请让我这样称呼你。”宋查理几乎哭出了声。

“莫哭！莫哭！军人是拒绝眼泪的。”琼斯劝道。

“可军人也是人啊！”

“好好干，相信你的前途是光明的！”琼斯道。

宋查理点点头，只流眼泪不答言。

岁月像水上的浮萍，送走了美好，也留下了痛苦。它能使人长大，也能使人还童。

宋查理在送走老船长后的日子里，沉默与他相伴，孤独与他相随。本来是个能歌善舞的小伙子，歌没了，舞场上也难见他的身影。他在沉默中思考命运，他在孤独中崛起，读《圣经》是他唯一的精神寄托。这一年活没少干，可都是在沉默和孤独中干的。人心是秤。年终总结会上，又有两枚勋章由新船长亲手戴到他的胸前：

“谢谢，你救了我的命！谢谢你对我工作的支持。”

新船长说的这番话中，包含着一个故事。那是一次缉私巡逻中，他们发现一艘行踪可疑的毒品船。船长鸣枪警告，对方不听劝告，开船便跑。当巡逻艇追上走私船时，咫尺之间，对方开枪了，子弹是对着船长来的。宋查理机灵，扑倒在船长身上，宋查理受伤了，而船长得救了。

一年的日子虽不长，但他是在苦闷彷徨中度过的。在那最苦闷的日子里，他曾找到琼斯船长的地址，试探性地给他写了一封长信，可是石沉大海，杳无音信。有一次，宋查理徘徊在海边，无意之间，他竟否定了人的主观作用，而实实在在地相信命运之神来了。显然命运对他太不公平了。他真想面对大海、面对苍天大吼一声。正在这时，朝夕相处的海琪高兴地朝他跑来。

“查理，你的信！”

“哪来的？”

“琼斯船长。好消息，他要把你介绍给军人罗杰·穆尔上校，他可是第五街卫理公会教堂的头面人物，负责读经班。你有救星了！”

“真的？”此时此刻，正在迷惘之中的宋查理，真不相信眼前这一切是事实。可是白纸黑字，他不能不信。哎！命运之神啊，你竟是这样的捉弄人！宋查理高兴得跳起来，那紧锁的眉头像花儿一样绽放了。在海琪的眼里，宋查理笑得这么欢快、这么好看，还是第一次。

一周后，穆尔和他的朋友们把宋查理带到第五街教堂，把他介绍给托马斯·佩奇·里考德牧师。这年，宋查理刚满 17 岁。

这件事引起了牧师和他的全体教徒的无比兴趣。因为此时，许多虔信上帝的美国人一心一意要献出他们的毅力和金钱去传播教义，“拯救”世界上那些他们认为可怜、误入歧途的非基督教徒。

宋查理遇到了知音里考德牧师。

里考德是一位在上帝的熔炉里锻造出来的人。当他遇到宋查理时，这位见多识广的牧师，一眼便看出这个东方人，举止文雅，谈吐直爽，因而深深地喜爱上了这个东方人。后来，这位传道士邀约宋查理来家私谈，其女儿罗莎蒙德则端来连他们家人也不常喝的槟榔汁，向他暗送秋波。

槟榔果在宋查理的家乡——海南岛来说是友谊和幸福的象征。若是走家串户，谁带来了槟榔果，谁就是给主人带来了友谊和幸福。若客人登门，主人便首先捧出槟榔果招待客人，即使不会吃槟榔的客人，也得吃上一口表示敬意。相传槟榔果还是黎族爱情的信物。姑娘一旦看中了小伙子，先要向男方家送去槟榔果，表示求婚之意，小伙若是相中了姑娘也如此。当对方收下，就表示定下了婚约。

宋查理的脸有些发烫，心怦怦地跳动，莫非罗莎蒙德小姐谙知自己家乡的规矩。管她呢！也许自己多心。

“爸爸，我看查理先生能成为您最好的一位教徒，不信，您先收下他。”罗莎蒙德是一个调皮的丫头，她说话总爱反着说。这不是别的，因为她摸透了爸爸的脾气。只有这样，爸爸才能采纳她的意见。

“我的好女儿，你不要担心，我早已许诺收下他了。我想让查理受到西方教育，将来做传教士，甚至也许是个行医的传教士。那么，他就可以把技术带回中国，医治他的同胞的身体和心灵。那时，他的命运，也许还有中国的命运，就可以改变了。”

“我们想到一起去了，好爸爸。”罗莎蒙德激动地站了起来，挽住爸爸的手。

1880年11月7日上午，宋查理的洗礼仪式在十六号教堂隆重举行。

偌大的教堂，由16根擎天柱支撑起拱顶。阴森的气氛，阴森的墙壁，就连人们头上的黑色头布也透着阴森。众教徒俯下头去，黑压压的一片……

一位中国皈依者将享受这项庄严仪式，他也许是迄今为止在北卡罗来纳州接受基督教洗礼的第一位“天朝人”。主持这场庄严仪式的当然是头面人物里考德牧师。

里考德今天破例穿戴一新，艾伯特主持穿着双排扣礼服大衣，秃头顶上戴着假发，满面红光，神采奕奕。他站在圣坛前，迅速向教堂扫视一周，此时，钟敲响11下，宣布洗礼仪式开始。全厅肃静下来，连掉根针的声音都能听到。

这时，宋查理由穆尔陪同，从后侧门步入教堂大厅，穿过人丛，来到圣坛前，施礼祈祷一番。全体会众看见一个“天朝人”向他们的圣坛鞠躬祈祷，教堂顿觉生辉，吉星高照。众教徒为之振奋、欢呼。

里考德抖了抖双排扣礼服大衣，然后在圣坛前施礼祈祷，接着信步走到宋查理面前，用他被圣水洗过的手，轻轻抚着宋查理的黑发。这位传道士庄严地给他施洗礼并把他的名字“查理·琼斯·宋”填入教册。

仪式完毕后，会众走出教堂，步入黄昏之中。

宋查理事后回忆：

> 我已“找到救世主”。这些爽直热情的人，联合起来有巨大的力量。他们什么事都能做到。他们成了我的新家庭的人。我告诉他们，我很想回中国去当传教士。他们听了我的话也感到极其高兴。在里考德牧师和穆尔上校的带领下，他们便着手于他们的新事业——在世界东方建立他们的教会组织。

宋查理接受洗礼若干天后，便在当地一家印刷厂找到了一份工作，开始学做生意。与此同时，教会决定培养宋查理之事已在秘密酝酿之中。

第五章

跨进教会之门

走进圣三一学院偌大的红门

人生是一场梦。

追求是人生梦中的主题曲。宋查理很崇拜琼斯船长当年给他讲过的一句名言：不想当将军的士兵绝不是一个好士兵。虽不知这句名言出自何处，却震动过他的心灵，成了他追求事业的座右铭——为那求学报国的理想和追求，抑或是梦幻，投了一把火，加了一次油。虽然通往“梦”的路是崎岖漫长的，即使追求不到，也不枉来人世一回。正是基于这种百折不挠的精神，在没有鲜花只有荆棘的路上，宋查理逐渐走向了成功。

倘若说 1881 年春天是宋查理一生中最黑暗的日子，那么夏天则是他最光明的日子，这年夏天，他的人生梦——求学报国终于实现了。马太的福音正式降落到这位用圣水洗过的人的头上。这个喜讯是从里考德牧师那里传出来的。

日后，宋查理回忆此事时，仍激动地说：

> 我不知怎么形容我的心情，当时我以为我是在做梦。确实，我做了不少次这样的梦，醒来皆是竹篮打水一场空。里考德牧师拍打了一下我的脑袋：“快回去准备吧！”方使我灵魂出窍，才认为这是真的啦，梦幻变成了现实。

原来，在宋查理接受洗礼两个星期之后，威尔明顿卫理公会已正式开会研究了宋查理的入学深造事宜。与会者认为：东方（意指中国）是一个历史悠久而古老的民族，它像一头睡狮，一旦醒来，将对世界产生不可估量的影响。要影响这个民族，仅靠自身的力量是微不足道的。通过同族向同族同胞传教，不失为一个妙法。通过宋查理传授福音，改变一个遥远的、世界上人们不大了解的、人口众多的民族，历史将会给威尔明顿卫理公会立下一块丰碑。

62 年后，威尔明顿卫理公会为表彰查理·宋的功绩，在市中心建立了查理·宋纪念堂，也是对他们当初慧眼识玉的肯定。如今的威尔明顿卫理公会，不仅在东方，而且在全美和全世界都享有较高的声誉。

当时，为了让宋查理尽快入学，在宋查理接受洗礼后第二个星期，里考德牧师接连发出了两封加急信件：一封写给圣三一学院院长克莱文，建议该学院录取一个中国青年，让他也为伟大的事业上学；另一封写给南方最有钱的人之一，北卡罗来纳州达勒姆的朱利安·卡尔，请他资助宋查理的学费和生活费用。

卡尔拥有惊人的财富，他是当时当地的大资本家之一，美国人无人不晓。

事情比预料的要好得多。里考德牧师的两封信发出不几天，几乎是同时收到了两封回信，两个人都愉快地应允了。尤其是百万富翁卡尔，确实像个有钱绅士，财大气粗，乐善好施。

1881 年 4 月，一个温暖而灰蒙蒙的傍晚。

太阳慢慢地钻进薄薄的云层。在那暮色沉沉的山麓，一列从威尔明顿开来的火车，轰鸣着，吼叫着，把里考德牧师和宋查理带到达勒姆——当时的一座边境小城镇。

达勒姆车站。

卡尔将军的一辆四驾马车早已停在接站口，卡尔的妻子罗莎夫人也来了，和丈夫一起迎接里考德和陌生的宋查理。他们焦急地等待着，不时地抬腕看表。

“啊，他们来了！”罗莎夫人拍了丈夫一下。卡尔向出站口望时，在那人流中果然望到了大个子里考德。与周围的人相比，他显得鹤立鸡群。

“啊，我的好朋友，里考德!”卡尔急忙上前和他拥抱，接着又把夫人介绍给他。

里考德也把宋查理介绍给卡尔夫妇：“他是查理·宋，给您添麻烦啦!”

“甭客气。多么精神的好小伙子啊!”卡尔拍了一下宋查理的肩膀，然后用手一指，“请上车吧。”

宋查理有满肚子话要感谢这位陌生的恩人。可这位恩人给他的第一印象：话太多，以致他插不上口。

宋查理欠了欠屁股上了马车的后椽，坐了下来。他穿的是一套体面但款式并不时兴的新哔叽西服，亚麻布衬衣外面加上一件背心，领子下面是里考德太太给他打的一条活结领带。头发短短的，左右边分着，梳得整齐光滑。经过仔细擦洗的脸，笑容可掬。按西方的标准来说，这东方来的小伙子漂亮得使人感到意外。

车子通过街心时，不少人为这个俊小伙啧啧称赞。车上的罗莎夫人也夸奖说：“在我看来，你一点也不像中国人。穿着讲究，举止潇洒，我要是姑娘，也一定会爱上你的。”宋查理笑了笑，算作礼貌性的回答。

卡尔夫妇盛宴款待了二位客人。

里考德和卡尔是酒友又是牌友。他们在罗莎夫人的陪同下，整整玩了一个通宵。第二天里考德辞别了卡尔夫妇，并对宋查理叮嘱了几句，主要意思是要听卡尔夫妇的话，努力在圣三一学院把功课学好，莫负众人一片厚望，然后乘火车匆匆返回了。

鉴于圣三一学院的入学手续还没办完，宋查理不得不在卡尔夫妇家里住下。他单独住一间房。宋查理随身带的唯一家当是他一直在船上用来编织吊床的小木梭工具。编织吊床这项手艺是其他水手教他的。他向卡尔夫妇提出，在求学期间，争取在达勒姆继续出售吊床赚点零花钱，以减轻他们的负担。卡尔将军虽然乐于施舍，但也赞成他的这一举动，连声说："好，好，好。"

入学手续办好前，宋查理已在这里住了三个星期，三个星期也许对某些人来说不算长，可是活跃的宋查理已几乎结识了达勒姆的每一个人。其中最重要的也是使宋查理难以忘怀的乃是有名的詹姆斯·索思盖特和他的女儿安妮。她成了宋查理的知己。

在卡尔的慷慨资助下，宋查理以激动的心情，迈进了圣三一学院的红门。圣三一学院是南方经历了内战后保存下来的少数学院之一。与国内其他学校相比，院长布拉克斯顿·克莱文和他所选择的教员都是国内出类拔萃的。宋查理作为这所学校的新生，当然感到自豪。因此当他走进校门时，头是高昂着的。他的打扮，包括他的服装，都尽量和这座庄严神圣的学院相和谐。学院的全貌，给他留下最深印象的莫过于学院的那座别具一格的大红色校门。每当走过这里，它都给他留下庄严和自豪的印象。

卡尔将军原是个有眼光的人，为何却给我送来个衣冠不整、鼻青眼肿的丑小鸭

达勒姆，一座童话般的城市。

宽阔的街道上，绿色高大的樟树、法国梧桐，像一个个哨兵；街道两旁，一幢幢设计新颖别致的楼房，有红色，有蓝色，还有黄色，样式各异，色彩斑斓，透着主人的匠心；城中绿地较多，中心广场和广场上的华盛顿、林肯的塑像，在喷泉下，在阳光中，放射出七彩金辉。

著名的圣三一学院（后改为杜克大学），就坐落在这座童话般城市的郊区。这座学院的初建，倾注了卡尔将军很多心血。卡尔将军是主要捐款人之一，也是该院的重要常务董事。院长布拉克斯

顿·克莱文博士，是卡尔将军的好友，二人私交甚笃，若不是卡尔的推荐，他是不会收留宋查理的。他相信卡尔就像相信自己一样。因为卡尔绝不是常人，他有非凡的眼光和过人的智力。这位卡尔将军，早年在南方同盟军当过军官，后退休，将军的军衔是在他成名后，由北卡罗来纳州退伍军人协会授予的。他出身于北卡罗来纳州的富豪之家，祖上以种植烟草、棉花起家，久负盛名，传到卡尔将军这一代，更上一层楼。他不仅是当地最大的烟草种植园主和棉花种植园主，还投资开办了一家当地最大的纺织厂。另外，他还是达勒姆第一国家银行的主要股东。在北卡罗来纳州，他的名字已收入当地名人录；在达勒姆，他的名字就更是家喻户晓了。

卡尔将军在给克莱文的推荐信中，详谈了学院未来培养人才的建议，并把宋查理夸成了一朵花。克莱文虽没有见到宋查理，却对这个东方男孩有了好感，并萌生见一面的想法。新生入学第一两天，他还在华盛顿到达勒姆的途中，因有强台风通过，轮船推迟发船，直到新生入学的第三天，他才匆忙赶到学院。这时，新生入学已经就绪了。

“卡尔将军来了吗？”克莱文一回到学院便问自己的老友。副院长回答：“开学第一天他就来了，是和他推荐的学生一起来的。”

“那个东方男孩怎么样？有培养前途吗？”一院之长最关心的莫过于他的学生。

“孩子长得很精干，看样子很聪明。”副院长回答。

“喊他过来，让我面试一下。”院长下了令。

来人找到宋查理时，宋查理刚从城里购书回来。此时，只见他衣服被扯破，面部带伤，显然已失去报到时的风采。

“院长唤你，能去吗？”来人为难地说道。

“这样去，有点不太礼貌。”宋查理有些犹豫。

“如果不能去，我回去通知院长，改日再说吧！”

宋查理喃喃地说："院长的时间太宝贵，我不能因为这点耽误他的时间，还是去的好！"

当这个衣冠不整、鼻青眼肿的宋查理出现在克莱文院长面前时，着实令院长大为吃惊，暗道："培养牧师的学院是讲究风度的。卡尔老兄糊涂了，怎么给我送来一个衣冠不整、鼻青眼肿的丑小鸭。什么有修养，全是屁话！"

话不投机。克莱文满脸不悦地对宋查理道：

"唤你来，没有别的意思，你先回去准备一下，清理一下个人卫生，一个小时后到这里复试。复试不过关，对不起，走人。"

克莱文把最后两个字咬得很重，一向以治学严谨著称的克莱文院长，他有权力招收学生，亦有权力辞退学生。

宋查理退出了院长办公室，"走人"的声音犹如五雷轰顶。追求令他付出了全部精力，难道上了"船"，又要下"船"吗？一切只能听从上帝的安排。难道命中是这样注定的吗？

关于宋查理衣冠不整一事，有必要交代一番，不然会引起读者误解，实际亦引起院长的不悦了。

大家知道，新生入学的前三天，基本上是打扫卫生、新生间互相结识，为正式上课打下基础。宋查理入学后，感到还有些书籍要买。等打扫完卫生，便与同班的一位女生做伴上街购买新书去了。不巧，他们在回校的路上，被一伙专找黄皮肤的人作对的坏孩子拦住了。若不是同伴相护，宋查理还可能出现意外。一阵拳打脚踢之后，宋查理的钱包不翼而飞，新买的书籍也被一页页撕开，飞上了天，宋查理狼狈不堪。

克莱文院长的复试开始了，院里的主要领导都来了。

宋查理被安排在七名复试人员的对面就座。七名考官的提问像炮弹一般向宋查理打来，若是一般新生是难以应付的。不说别的，单看这阵势足以令人生畏，而这个越洋过海、历经磨难、开过杂货店、当过水兵的宋查理，不惊不慌，对答如流。考试题目自然离不开《圣经》。从《旧约》到《新约》，从《创世记》到《耶稣生平》，从《诗篇》到《箴言》，从《马太福音》到《彼得后书》，七名考官无一不问。答复令人惊喜，阴森的考堂顿时变得轻松起来。克莱文院长露出了在宋查理看来的第一次笑容，宋查理也对自己的回答感到满意。

最后，克莱文院长站起身来，把《圣经》递到宋查理手中道：

“请你把《称颂耶和华之公义》，给在座老师朗诵一遍。要求要有情感。”

“这章诗篇我会背，不必翻书了。”宋查理说完便把书送回递交者，然后清了清嗓子，声情并茂地背诵起来……

他的英语水平令考官吃惊，他的声音洪亮，抑扬顿挫，恰到好处。他不像有些学生，念书似的背诵，而像是面对无人之境的荒原、面对苍穹，从肺腑中发出的生命之歌，全身心地去拥抱自然、拥抱苍穹、拥抱上帝。

克莱文院长激动地走下台去，与宋查理拥抱：

“好样的，在我送走的所有毕业生中，还没有谁能达到使我感动的地步。”

当克莱文院长得知他受伤的真情后，连声道：“对不起，我的孩子，我误会了。好好学习吧。我们学院的大门是向着东方敞开的，包括你今后的子孙。”

果不出院长克莱文博士的预料，宋查理以优异的成绩毕业于该校，后来他又将三个女儿送到和圣三一学院一样，同由南方卫理公会创办的威斯理安女子学院，以致后来她们成了东方乃至世界性的人物，在全美传为佳话，也为克莱文赢得了他一生治学的骄傲。

"欢乐王子"——全班 40 名新生送给宋查理的见面礼

人逢喜事精神爽。

这句古老的箴言此时用到宋查理身上，再确切不过了。梦寐以求的大学梦在缥缈中实现，得之不易，因此他与其他新生的心情绝非一样。

这一年，圣三一学院共招收 40 名新生，其中 37 人来自北卡罗来纳州，1 人来自弗吉尼亚州，1 人来自佐治亚州，1 人来自中国文昌县，即查理·宋。由于他没有什么正式学历，而且只粗通英语，院长克莱文博士特批他为特别预备生。外籍学员宋查理的入学成为该院的殊荣，他给该院的历史添上了色彩浓重的一笔，使该院在中美文化交流史上具有特殊的地位。

宋查理的入学像投入池塘的一枚石子，引起了其他新生和全校 200 名老生的注目。有人说他可能有一定的社会背景，有人说他是"天朝"皇室的儿子。更多的人则是摇头否定，说他是来美的一个打工仔。更有人说，他的确切身份是一家饭馆的洗碗工，说在某某地方看到了他，有鼻子有眼的，使人瞠目结舌。总之，宋查理对全院师生来说是一位神秘的"东方怪物"。

宋查理是昂着头、挺着胸走进圣三一学院大门的。他是带着欢乐，带着那把小号走进教室的。一进教室，那把小号就引起了人们的注意，很多人围了上来。

"查理，这是什么玩意儿？这么精致。"有人问。

"小号啊！"宋查理回答。

"能吃吗？"有人开玩笑道。

“能吃也能吹！”宋查理幽默地说。

“那么你就给大伙吃一回吹一次吧？”

“好！你们看着，我就当面做个示范。”宋查理滑稽地做个吃号的动作——把小号放在手心，让大家看好，尔后手疾眼快地拔下“号蕊”，“啊”地一口放在嘴中，做了个大口大吃的动作，片刻便自由自在地吹了起来，口中发出了一种尖尖的怪声。在人们惊诧之中，他又抬手把号体安在嘴中的号蕊上，欢快地吹奏起来。一会儿是喜鹊登枝，一会儿是喜鹊闹梅，一会儿是百鸟朝凤，一会儿是孔雀开屏……一种绕梁三日的效果，使全班新生如痴如醉。

就在人们如痴如醉中，宋查理又抬起脚步，和着号声，和着人们的欢乐，跳起了优美的舞，使大家大开眼界。

“吹得好，跳得好！”有人拍起了巴掌，有人甩出了头上的帽子。这时，宋查理戛然而止。

“怎么不吹啦？”狂欢的人道。

趁此工夫，宋查理又从兜里取出一个小碟，重新吹奏起来，不时地把小碟盖在号角的喇叭口，一明一暗地使其更有节奏感。这又把众人的反应推上了顶点。

“查理，我们的欢乐王子！”人们终于喊了起来。

“欢乐王子”是新生们送给宋查理的见面礼。

在欢迎新生入学的联欢晚会上，不知是谁推荐，宋查理的小号吹奏又成了联欢会上的压轴戏。从此，宋查理的音乐天才为全校共知，宋查理亦成了全校知名人物。后来，他的子女们都继承了宋查理音乐天才的细胞。

宋查理在圣三一学院学习期间，教授们根据他的出色表现，同意让他入课程紧凑的预备班，把其他学生要用十年学完的读、写和算术压缩到只用几个月学完。根据一些教授回忆，学院当时要把宋查理培养成准备终身为他自己的民族当一名传教士的人，因此可以省略正规教育中的许多方面。例如，只需要教他略懂拉丁文、希腊文和德文就行了，虽然教这些语种是学校大多数教授的专长。他们集中力量教他学好英语，并使他完全沉浸在《圣经》里。

在圣三一学院学习期间，宋查理住在甘纳韦教授家里（甘纳韦是该学院的元老、拉丁文讲师），而他的学习却安排在该院院长布拉克斯顿·克莱文家里。对这个孩子来说，这是个有益无害的安排。院长夫人是一位优秀的家庭教师，自觉辅导宋查理的功课，她对这个年轻勤奋的中国人很快产生了好感。许多个晚上，她同他在一起，讲授西方文化中难以理解之处，宋查理有时能领悟，有时则死记硬背地接受下来。宋查理是一个敏捷的仿效者，能够复述读过的《圣经》上的词句和在布道会上听到的说教，仿佛他已经懂了似的。但是，他那过目不忘的惊人记忆力和倒背《圣经》如流的本领，足令教他的人惊讶。因此他给老师的印象极深，称他为“聪明的东方之星”。

与其他学生一样，进了圣三一学院，如同踏上了人生的一个重要阶梯。宋查理自己说：“我如同进了天堂。”他入学不久，便提笔把这一消息告诉了他远在大洋彼岸的中国养父。信如一团火，带着他情切切、意绵绵的情愫，飞向了遥远的北部湾之滨。

亲爱的父亲：

我写这封信是要让你知道我现在在哪里。我于 1875 年离开了你们，来到美国，我幸运地发现基督是我们的救世主。现在达勒姆主日学校和圣三一学院正在帮助我，我正加紧读书，以便能回到中国，向你叙说达勒姆朋友们的厚道和上帝的恩惠。上帝派他亲生的儿子到尘世来替所有有罪的人赎罪。我是一个罪人，但由于上帝的恩惠而得救了。我记得小时候你带我到一所大庙拜木头菩萨。父亲啊，拜木头菩萨是没有什么好处的。你就是拜一辈子也不会有一星半点的好处。过去，人们对基督毫无所知。但是，现在我已经找到了一位救世主，不管我走到哪里，他都来安慰我。请你洗耳恭听，你就能听到神灵在说话。请你抬头向上看，你就能看到上帝的神光。我信赖上帝，希望凭上帝的意志再次在这个世界上看到你。接到我的信请马上回信，我将很高兴听到您的情况。请把我的爱转达给母亲、弟弟和妹妹以及您自己。我以后再写信的时候会告诉你们更多的情况。

父亲再见。请把信写到北卡罗来纳州圣三一学院。

您的儿子

查理・琼斯・宋上

1881 年 6 月 25 日

事隔不久，宋查理便收到了父亲的回信。父亲的嘱咐又化成了宋查理学习的动力，宋查理格外勤奋了。当时温秉忠和牛尚周两位留美生也来聊天给他鼓励。血气方刚的小伙子因共同的理想、共同的目标而志趣相投。

最初，宋查理的同班同学认为他是一个怪人而疏远他，然而不久，在一次万圣节晚会上，他们才发现他是一位有脾气而不可小视的人。

万圣节（11 月 1 日）如中国的清明节一样。美国人虽不信鬼，但在万圣节前夕（10 月 31 日），必绘鬼头于灯笼上，中间燃蜡烛，晚间悬挂在荒郊树枝上，门扇及窗上画有鬼像，或绘一鬼头。小孩多做古怪鬼叫，可以纵情玩闹。

也就是在这个特殊的晚上，宋查理的同学想用一个假面具吓唬他。待宋查理回到他黑暗的房间时，发现烛光映照的一张鬼脸斜眼看着他，使他觉得将有大祸临头。像他在多年后告诉他的孩子们的那样，他最初以为是有个中国妖怪追上了他，他狼狈地瘫倒在地上……直到他听到恶作剧的同学们发出咯咯的笑声后才恍然大悟。他没有笑，那些捉弄他的人，顿时也停止了笑声。仿佛谁再笑，他那挥起的拳头定会不饶。

尽管宋查理是个有脾气的人，但是他还是受到大家的热情欢迎。他们喜欢拿他开玩笑（但这玩笑再不敢过分了），取笑他是一个“秦尼”（中国人），还拿他的名字逗乐。对这些青少年的恶作剧，他也以恰当的方式来对付。他有他自己捉弄人的办法，在反驳别人的过程中，磨炼了自己的口才。也许他那超人的口才是那时练成的。

宋查理的恩人们唯恐他忘掉给他选定的严肃命运，按照要他向异教徒传教的要求严格训练和改造他。他们不仅在私下里，而且在公开场合都让他牢牢记住他的使命。1881 年圣诞节前一周，在圣三一学院的小礼堂为他举行了一个令人印象深刻的仪式。克莱文院长也兼任当地教堂牧师。那个星期日，他的布道主题是：“到全世界去向每一个人宣传福音。”这次讲道是针对宋查理的，并宣布了他的任务。作为这个星期日礼拜仪式的一部分，这个少年的会员资格正式从威尔明顿转到了圣三一学院。在会上唱了许多的圣歌，不少人同宋查理握手、祝贺：“查理，我们的同胞，上帝的宠儿！”

第六章

人生加油站

圣三一学院的爱情风波

爱情是一个多么撩人的字眼。

情窦初开的宋查理，在知识的海洋中，在如饥似渴的攻读中，一个美丽的少女不知不觉地闯入了他的生活。实际上何止这位少女呢？当时，宋查理凭着他的音乐天赋，凭着他那聪明过人的才干，凭着他那东方人的魅力，在圣三一学院便被誉为“白马王子”“欢乐王子”。不少情窦初开的少女纷纷注意他，成为宋查理的狂热崇拜者。宋查理的舞伴就有七八人之多，男女二重唱的少女少说也有两三人。爱情是自私的。不少少女向宋查理倾吐爱慕之情，有些暧昧，有些却直率。而宋查理的表态又令一些少女困惑，于是风言风语出现了，曾有一个时期，弄得宋查理狼狈不堪。

不过宋查理在选择中也真有了意中人，意中人也在真心地爱着他。

她叫爱琳（有的文献则称其为埃拉·卡尔），全班40名同学中，有一位个头最高、瘦瘦的、长腿的妙龄姑娘。她是圣三一学院一位教授的女儿，这位教授又是卡尔将军的堂兄。

爱情是神秘的，谁也说不准他们是怎样相爱的。

据宋查理回忆：“也许是那次他们在登山旅游中，风雨猝然而来，我没带雨伞，而细心的姑娘却带了一把花伞。”

“快过来，让我们一起下山吧！”姑娘说。

“好的。”宋查理不假思索地奔了过来。

风雨使两颗心灵相近，沙沙的风雨声谱写了爱情的诗意，从此他们相爱了。说不准是谁先射出丘比特之箭的——也许是风雨，也许是上帝的安排。尽管他们的爱情是建立在沙滩上的，可年轻人却没有考虑这些。因为，他们毕竟还年轻，对未来充满着憧憬和幻想。后来，宋查理给自己的大女儿取名霭龄，实际上是爱琳的谐音，说明宋查理一直在怀念这段多年难忘的真情。

据爱琳小姐回忆："在学生中，查理是一个出色的组织家。恐怕真正爱上查理是在他那个被称作募捐'司令部'的组织里。一天，查理组织同学们抬着基督的十字架，打着校旗到街上，敲锣打鼓地散发募捐宣传品。为了招徕行人，查理还在街心广场组织了文艺活动，大家有吹有唱，同学们也都个个拿出了绝招。我和查理进行了男女二重唱的表演，赢来了阵阵掌声，人越围越多，一时轰动了全城。尤其使市民们惊讶的是，在小小达勒姆城里，居然还有东方人来向他们宣讲《圣经》。查理的歌声洪亮有力，受到市民们的称赞。从市民们的赞声中，我受到了感染。"

当人们知道这个东方人的义父是当地赫赫有名的卡尔富翁时，有一个青年人便带有几分戏谑地对宋查理说：

"募捐，募捐，我们是贫民啊，为什么不向你的义父去宣传募捐呢？"宋查理道："那好啊，请你协助我们一下！跟我们走一趟，好吗？"

"到哪儿？"

"卡尔那里。"宋查理道。

"去就去！"那青年人道。

于是宋查理立即叫了两位布道的"士兵"，"押"着这个不知名字的市民，一起到了卡尔家。卡尔听到锣鼓声迎了出来，见是宋查理，忙说："这是演什么戏啊？"

"这位尊敬的市民请您老带头捐款！"

"我支持我儿子的事业！"于是卡尔将军吩咐手下，慷慨捐出一大笔款。

那青年忙向老人敬礼道："谢谢卡尔大人！"

一时，卡尔和宋查理的佳话，通过这位市民的口又传遍了全城。

爱琳还回忆说：“这一系列的事情，使我看准了查理，他是未来事业的大作为者。后来，我俩的交往就越来越多了。学院作为学习的场所，是不准谈情说爱的。但有人故意将我们公开，糟糕的问题就出来了。查理在圣三一学院的日子猝然结束。出于爱护，多亏卡尔将军出面说情，宋查理便转学到田纳西州的纳什维尔市万德毕尔特大学的神学院，风波才算平息。”

对于宋查理来说，离开那种非难之声的包围也许更好些。可是，人是有感情的高级动物。临别那天，他向圣三一学院的朋友们道别，就像他离别文昌县家乡时一样难分难舍。他向他忠实的朋友和导师克莱文太太告别时，按中国的习惯站在她面前，发表了一篇准备好的讲话，并赠送给她一个手工制作的吊床。话还没有讲一半，便讲不下去了。他伸开手臂抱住她，难过得突然哭了起来。

在纳什维尔，这段插曲曾被添油加醋作为丑闻流传，可这丝毫没有影响他在新的万德毕尔特大学的学习生活。吃一堑长一智，三年后，他以优异的成绩毕业于该校。

在毕业典礼的前夕，校长霍兰·马克谛耶主教把宋查理叫到了自己的办公室。

“查理，我的优等生，三年来你很刻苦，你像我所见到的许多东方人一样，有坚强的毅力和惊人的记忆力。我曾听过你的几次布道，对你的所有听众来说，是最富启迪精神的。现在要毕业了，你有什么想法？”

“我尊敬的校长，我有想法，也可说没有想法。该怎样告诉你呢？”宋查理答道。

“那就有话直说吧！”

“为了我的祖国，我总算完成了学业，多苦多累不讲了。现在我一心想家，我感到人离开了祖国，远离亲人，久在异乡，多么渺小！

多么寂寞！我觉得我真像密西西比河中顺水漂浮的一叶小舟。”他此时泪流满面，什么话也讲不下去了。校长一步上前，张开手臂抱住了他，并向他保证说：

“查理，我知道你，我理解你。请你镇静些，别激动！请容我给上海的布道团写封信，林乐知博士会尽快安排你的。如果那样，岂不两全其美！”

北卡罗来纳州的夏洛特，这一年夏天来得特别早。早晨，天就热得发了狂。太阳刚一出来，地上已经像着了火。一些似云非云、似雾非雾的灰气低低地浮在空中，使人觉得气闷。街上的桉树像得了病似的，叶子挂着一层灰土在枝上打着卷；枝条一动不动、无精打采地低垂着。一年一度的卫理公会全州大会在这里召开。按会章规定，宋查理只能得到一种临时性任命，等待两年后转正。但是主教马克谛耶进行了干预，他希望这个中国人立即回中国去布道传教。

宋查理得知这则消息，高兴得几乎跳起来。入学深造是他的平生要求，任命为执事又是他平生的夙愿。会后，宋查理做了一次重要的旅行，向朋友们一一道别。路线，也是他走过的：纳什维尔—达勒姆—威尔明顿—华盛顿。

按理说，应该先到圣三一学院，那里有更多的老师和同学。可是，一度使他声名狼藉的这个学院，那是他的罗曼史惨败的地方。当他阔步来到学院门口时，他却突然停下脚步，想起来也没有多大意思，既然是这样，何必还要去呢！于是他向卡尔义父的家走去。在他匆匆与卡尔一家做了最后的揖别之后，回到了他在威尔明顿第五街的老教堂，为感激里考德牧师对他的培养，做了一次告别布道……总之，他觉得该去的都一一跑到了。

宋查理的经商意识 ABC

宋查理的求学经费虽得到卡尔将军的慷慨解囊，但作为被资助者的宋查理却这样认为：仅靠别人输血，是锻炼不出自己生存本领的。因此，他不止一次地向卡尔将军提出，要靠自己的手艺，编织吊床出售，得到有见识的卡尔将军的赞许。

“学生时期，以学为主，在搞好学习之余，赚点钱也是锻炼自己的能力，我是一向反对死读书的。”卡尔将军道，“尤其是美国这一代青年人，随着大工业的发展，父辈手中都有点钱，他们是父辈身上的寄生虫，对此一点也不夸张。我很反感，包括我自己的儿子。”

“我也是这样想。”宋查理道，“有人说，我们这一代青年人是颓废的一代，是发疯的一代。一天只管吃喝玩乐，其他什么也不管。对此我也是有看法的。”

“可是，我对你的要求就不一样了！我想让你学成回国后，要做一个美国华盛顿、林肯之类的人物。”卡尔将军坦白地说。

“不，我要做一个有经济实力的政治家。”宋查理补充道。

“这也不错。”卡尔又问，“编织一个吊床需要多长时间？”

“若请一个助手帮我，一般我一天能编 15 只，多时一个小时能编两只。除掉工本费，一只能赚回 0.8~1 美元。一个星期，就可赚一百多美元。一周伙食费就不用从您老兜中掏了。”宋查理回答。

“推销有问题吗？”卡尔很认真地问。

“我有号召力，我的同学都可以帮我推销。再不成，我直接批发到商贩那里，钱少赚一些也未尝不可。”

“那就先试验一下。祝你成功。”

就这样，一个学期下来，宋查理还真赚到了一些钱。令卡尔将军高兴的是他在节日的游园活动中，看到公园中，各种树上都挂有宋查理亲手编织的吊床，大小不一，形态各异，透着宋查理的匠心，着实使他高兴了，逢人便讲："这是我儿子的手艺。"

卡尔将军还特意设酒宴，庆贺宋查理的成功，并把自己的亲生儿女接过来，教育他们向宋查理学习，自食其力。同时又帮宋查理出谋划策，开垦荒地，建立农场，生产蔬菜，满足市场。资金先由卡尔将军支付。

"谢谢义父，有你支持，我就如鱼得水了。"宋查理信心十足。

由于多喝了点酒，卡尔也十分高兴地说："常人和智人的区别，在于这双不同的眼睛。这双眼是能洞察市场的，是超前的。懂吗？孩子。"

宋查理点点头："我懂！我懂！"

开弓没有回头箭。于是宋查理在学习之余，又开发了属于自己的农场。虽然规模不大，却使他赚到了远比吊床多上百倍的钱。这一年他不仅给海南老家寄了钱，而且学着义父的样子，还为公益事业捐了款，其中为中国驻华盛顿公使馆募捐了1.2万美元。这在当时，对于一个没有任何收入的穷学生来说，是一笔可观的数字！同时，他也可以在假期自费旅游了。旅游又使他开阔了眼界，长了见识，何乐而不为呢！

宋查理在回忆这段生活时说："自从我编吊床开始，我手中就从不缺钱。"他的同学们也回忆说："查理是一个很有心计的人。他大方慷慨，乐于施舍。节日请客，从来都是他掏腰包。当时，在我们眼里，他家一定是个富贵人家，很有钱。"

后来，宋查理成了孙中山大总统的"财政部长"，足以说明这种在学生时期培养出来的经商才干，使他在后来的发展中游刃有余。他虽然没像卡尔要求的那样，当个政治家，可是在孙中山领导的推翻清朝政府的辛亥革命中，他也是一个非同凡响、举足轻重的人物。

用孙中山的话说：岳父大人功不可没。

求医悲喜歌

大学的第四年，也即是宋查理毕业回国的那一年。

这一学年的前一个学期，宋查理收到了远在大洋彼岸——海南家人的一封告急家书。

远在异国的游子，虽然洋装穿在身，可一时一刻也没忘记身后的祖国和家人。异国收家书，家书抵万金。他急忙拆信展读，内容却令他大为吃惊。

这一年的春天，文昌大闹瘟疫，蔓延至海口，不少人死于非命。十里无炊烟，遍地鬼唱歌，令人惨不忍睹。母亲在信中说，文昌有一名懂西医的华侨，多亏他带回许多西药，使乡亲们获救不少，包括他们全家。最后母亲叮咛说，希望阿虎能在外多学些西医术，日后必有用处。

短短的一封家书，牵着儿子的心。宋查理睡不着觉了，加上上火，第二天嘴就起了泡，牙也疼了起来。接着就发起高烧，昏迷不醒，被学友送进了医院。

待卡尔义父得到此信，风风火火赶来时，宋查理的高烧已经退了下来："孩子，我来迟了！"

"没什么，这不，我这不是好了吗？"宋查理道。

"病是怎么得的？"卡尔又问。

"家里来了封信，让我学医。这样我感到有悖于义父和学院对我培养的初衷。心里一急，病就来了。"宋查理说完便将家书从兜中掏出，递给了卡尔。

卡尔看完信后便说："中国不愧是礼仪之邦。你是个孝顺的儿子。

我为你母亲能有这样的儿子而高兴。学医不是不可，何必要上火呢？这件事我帮你办，学费我来掏。年轻人多学点东西好，常言道艺多不压身吗！我年轻时，赶上南北战争，想学东西，不是时候。”

于是卡尔义父带着宋查理专门拜访了万德毕尔特大学的医学院院长，一切问题迎刃而解。

世上没有不透风的墙。神学院马克谛耶主教得知这一消息后，把宋查理叫到自己的办公室，训斥了一顿。

“听说，你要到医学院是吗？”

“有此事。”宋查理是个从不撒谎的人。

“作为上帝的仆人，我们应该无条件地服从上帝的旨意。你的祖国有无数的灵魂正期待着你去拯救，请你不要执迷不悟，今天是警告。你回去吧，请记住我的话。”

主教的这番话，无疑为宋查理学医泼上了一盆冷水。可是宋查理并没改变决心。神学院毕业后，他仍参加了医学院的入学考试。结果各项成绩都名列榜首，其中一门成绩是 95 分。

许多同学闻讯后为宋查理举行了庆贺会。正当大家举杯祝愿宋查理将来成为赴华布道团中的佼佼者时，一个人闯了进来。他不是别人，正是马克谛耶主教。他走到宋查理的面前，以嘲讽的口吻说：“考上了医学院就要举行鸡尾酒会，你是否想用美酒去给病人治病呢？禁酒是基督徒的高尚品德，难道你想破除惯例，站在上帝的讲台上去为酒神讲道吗？”

马克谛耶主教当众宣布：“查理·宋应立即回去为他的同胞服务。在东方，有千千万万迷途的羔羊盼望着上帝派人去拯救。这是你回国的一切手续，走时给我打个招呼。”

显然，余下的话没说。如果宋查理执迷不悟，他将根据宋查理与校方的合同诉于法律。

恰在这时，从遥远的东方传来了战鼓之声。中法之战爆发了！

1884年8月4日晨，法国海军少将利士比率领三艘军舰进犯基隆，向守军投递劝降书，遭到严正拒绝。第二天清晨8时，法国侵略军炮击基隆炮台。基隆守军在督办台湾事务大臣刘铭传的指挥下，奋起抵抗，发炮还击。经过一小时的激烈战斗，法国舰队依仗优势火力将炮台轰毁，海军陆战队随即登陆，妄图迅速占领基隆城，抢夺基隆煤矿。这时，基隆守军从冒着浓烟烈火的防御工事中奋不顾身地冲杀出来，团团包围了登陆法军，打死打伤数十人。敌人扔掉四门大炮、十几架帐篷和大量衣帽，退回舰上。基隆守军首战告捷，打乱了法军的侵略部署。

法国侵略者不甘心自己的失败。8月16日，法国议会决定扩大侵华战争，以3800万法郎的侵华经费，叫嚣要进行“本世纪最大的一次征战”。

8月23日，前已驶入马尾军港的法国军舰，突然向港内的福建水师发起袭击。福建水师仓促应战，有的兵舰还未来得及起锚就被击沉，有的船身起火，连遭法舰夹击。在这种极为不利的情况下，福建水师的部分爱国官兵临危不惧，英勇抗敌。旗舰“扬武”号受重伤，舰上的士兵在船身迅速下沉的危急时刻，仍不停地射击，并用尾炮准确地回击法国旗舰“窝尔达”号，轰毙法国领港人和舵轮旁边的两个舵手。“振威”号在激战中首尾着火，船已失去控制，慢慢下沉。在最后沉没的一刹那，还向法舰射出一炮，重伤法舰舰长和两名士兵。其他如“福星”号管带陈英、“福胜”号管带叶琛、“飞云”号管带高腾云等，也都坚守岗位，英勇战死，船上官兵大部分壮烈牺牲。

在法国侵略中国的同时，美国议会又颁布《排华法》。

多年来，中国人一直移居美国西海岸。到1880年，他们在加利福尼亚的人口中占了大约9%。开始时，他们作为修筑铁路的廉价劳动力而受到欢迎。但是随着铁路事业的衰落，中国移民开始竞争其他领域的工作，对西部政治家的选民们形成严重的威胁。1879 年，美国国会通过一项议案，单方面废除了承认中国有权向美国移民的 1868 年《蒲安臣条约》。总统海斯否决了这项议案，因为它危害了与中国的关系。他授权国务卿埃瓦茨去谈判一项新的协定，即《1880 年条约》，限制但不绝对禁止未来的中国移民。这项条约后来被《排华法》所取代。

《排华法》中竟然出现了“禁止华工入境”，“华人无权加入美国国籍”的条款。美国一向以接纳来自世界各地的移民为荣，一向炫耀它是各国人民避难的自由乐土。可今天却是自食其言了。美国工人党、美国劳工骑士团都通过决议“支持反华运动”。美国工人党公开举行反华示威，并当场捣毁华人的商店和住宅。使宋查理感到更为震惊的是：美国太平洋沿岸 64 个劳工组织公开联合召开反华讨论会，讨论反华措施。

当时的美国，无法无天的西部，正在对华人采取狂暴行为，随着淘金所带来的繁荣结束，经济衰退在 19 世纪 80 年代席卷了西海岸。制造商们转而雇用华工，因为“天朝人”没有那么多要求。作为报复，居心叵测的报纸主编和政客煽动失业的白人掀起“黄祸”狂热，唐人街被放火焚烧。白人招安维持会成员组织“剪辫子会”。他们不仅剪掉中国人的辫子，还剥掉他们的头盖皮。

成千上万的中国人纷纷逃避“白祸”，回到中国。结果美国西部华人从 19 世纪末的 11 万人减少至 6 万人。在宋查理回上海途中，这场大屠杀达到了高峰，令人发指。

太平洋两岸都产生了见诸暴力的敌对情绪。宋查理是在随时可能丧命的情况下横穿这个国家的，不过他当时并未意识到。他平安到达旧金山，乘太平洋邮船公司的轮船驶向横滨和上海。

浪迹十年之后，他终于回国了。上海虹口港已显现在他的面前。

晨雾渐渐散去，湛蓝湛蓝的海水里，倒映出林立的桅杆和摇曳的铁臂；半弦月下的海湾，停留着众多的待出海的船只。他看见，一艘巨轮，高挂着三色旗，离开码头，驶出港湾，拉响汽笛，迎着初升的太阳，威风凛凛地出海了……

祖国啊，一提起你的名字就使人热血沸腾、热泪盈眶，就是重洋大海也不能把你和游子隔断。尽管你贫穷落后，在世界上被凌辱、被蔑视，空有那雄伟的山脉、奔流的江河和悠久灿烂的文明。但是，勤劳、勇敢、聪明、智慧的中国人怎甘祖国母亲长久地被欺凌和蔑视！我们要救出我们的母亲！少年的宋查理正是怀着这个宏愿，含泪一步一回头地离开祖国，踏上陌生的异邦土地的。十年后，当他以“美利坚卫理公会（基督教组织）全州执事”的身份，踏上故乡的海域时，他是何等的激动和高兴啊！

宋查理乘坐的客轮慢慢地驶进浑浊的黄浦江，靠近、停泊在虹口英联船坞的码头边。

宋查理和柏乐文博士走下了客轮，然后改乘一条舢板向外滩驶去。一个干瘦有力的老妇用力摇动船尾的橹，缓慢地驶过苏州河口，靠近前面的堤岸。

祖国啊，儿子又回到了您的身边！

第七章

虎落平阳

他曾是胡适的老师，胡适是学生中的调皮王。不是他收拾了胡适，而是胡适捉弄了他

“鹰也许有时比鸡飞得低，可是鸡永远飞不过鹰那么高。”这是宋查理回国后，受到压抑时，向朋友发出的第一次叹息。

宋查理带着他的宏图大志回到祖国的时候，远不像他想象的那样顺利。在洋人的铁蹄下，在封建的压榨下，人民苦不堪言，民族意识还未觉醒，一切都在黑暗中。不是在黑暗中崛起，就是在黑暗中死亡。他要唤醒这个民族，但他感到了自己的渺小——一个连自己的命运都把握不住的人，何谈民族命运呢？

宋查理在法租界码头下了船，美国监理会中国布道区教长林乐知和他的女儿林美丽前去码头迎接了他。

当宋查理被安排在餐厅吃了饭，重新坐在自己的新上司林乐知办公室交谈的时候，他感到了不祥气氛。

林乐知五十多岁，人高马大，略有发福，胡子刮得溜光，系着白领带，脸孔容光焕发。他神志矜持尊贵，每一个毛孔似乎都散发着“尊贵的气息”，浑身僧侣气。这就是美国南方教士的典型——宋查理崇拜的英雄。

林乐知从一张大安乐椅上站起来，用一种更为腻人的声音故作谦逊地对宋查理说：

“你在美国的来信，我收到了。想给你回信，恐怕你上路了。”

“是的，临出发前，想把我的情况，包括学习情况，给您汇报一下，没想让您回信。”宋查理呷了一口茶道。

“你是神学院的高才生，我早从马克谛耶那里得知。欢迎你回来为你的同胞传授福音。”林乐知说完哈哈地笑了。在宋查理看来，那

种笑声与众人不同，说奸诈有些夸张，但确实缺少一种真情。

“高才生谈不上，不过我愿意为我的同胞服务。这是上帝的安排，我相信我会尽毕生的精力去献身这一神圣庄严的事业。”宋查理似乎也是在新的主人面前表示自己的决心。

“听说你在美国发了财，仅给中国驻华盛顿公使馆就募捐一万多美元。希望你有了钱，不要胳膊肘往外拐噢!”林乐知有些嫉妒地说。

“一个穷学生，能发什么大财？不过，我是想对我的祖国表示点心意。”宋查理侃侃而答。

“好了，咱们不提这些了。你发财，我们不会借钱，何必躲躲闪闪的!”

宋查理听出这话中有话，虽有不悦，但第一次见面也不便争辩，忍下了。接着，他撇开话题，便问：“教长，我的工作是如何安排的？”

“这，这个嘛，我还没仔细考虑过，明天我再告诉你。”林乐知说话吞吞吐吐。

“住处呢？”宋查理又问。

“大东门外有我们监理会的一个传教诊所，那里有房子，条件不好，请你体恤我的难处啊!”林乐知道。

“请教长放心，我查理不会苛求任何条件的。今后您也会慢慢地了解我查理的为人的。也请教长马上把工作定下来，我好立即开展工作。”

“路途遥远，刚回来，先休息几天，衣服该换洗的换洗一下，轻装上阵嘛！时间长着呢，工作是有你干的。”林乐知站起身，像是送客。

宋查理道：“教长，我想了解了解上海的布教情况，也好为我以后开展工作打下基础。”林乐知不得不又重新坐下来，用他那矜持而尊贵的口气道：

“我们美利坚合众国在上海有两个大的布教团体，一个是北方的圣公会，一个是南方的监理会。南方监理会也是我们的教会。在美国时，这南北两大教会就有矛盾，一句话说不清。所以在上海，我要求你对圣公会的教士敬而远之。这要作为一条纪律对待。”

“都是上帝的仆人，各教派之间应该取长补短、自由交往。”直率的宋查理露出不解来。

“纪律就是纪律，休要说了!”林乐知说完把袖子一甩，“让美丽送你到寓所先休息吧!”林乐知下了逐客令。

宋查理是个热心事业的人，没事干心里总觉得不踏实。

第二天一早，宋查理又到林乐知处讨问工作。林乐知故作玄虚地说：

“我正要找你，这不，没请你就到了。关于你的工作，我做了认真的考虑，不要讲一时，要从长远计议。我看先在本教会的学校负责教授孩子，见习三个月，然后再考虑布道之事。这样或许对你的发展有好处。”

“已经定了?”宋查理道。

“定了！你还有什么意见?”

宋查理摇摇头：“不，没什么意见。”

林美丽虽然和宋查理初交，但颇有好感，忙向宋查理讨好道：“查理，爸爸的安排颇具匠心。给毛孩子当老师，你这神学院的高才生还不是绰绰有余吗?届时有些情况我也会帮你介绍。”

宋查理虽有不悦，但上司已经这样安排，他还能说什么呢?

接着林小姐又道：“爸爸，教孩子也是不容易的事。爸爸，给查理的月薪应该定高一点才是?”

“每月15美元。”林乐知道。

“爸爸，未免太少吧，我们雇个奶妈还付30美元呢!”林美丽打抱不平地说。

“你懂个啥!”林乐知立刻变了脸。

宋查理回到自己的寓所时，太阳已偏西。他不知道自己是怎么回来的，连送他回来的林小姐走时，他也没说声谢谢之类的话。没吃饭，他就躺下了，两眼直盯着发了霉的天花板，看天花板上斑驳的水印、蜘蛛网、亮着小眼睛的壁虎，泪珠像泉水一样涌了出来，十几年积蓄的满腔报国的热情顿时像跑了气的皮球——瘪了。不过第二天，他仍然站在了属于他本人的讲台上，和孩子们见面了。

林美丽先向孩子们做了一番介绍，宋查理迎来了一片掌声。

“明天，新老师就要给你们上课了，希望同学们注意听讲，遵守课堂纪律。”林美丽说完，就有一个学生举手发言。

“请讲!”

那学生道:“我们要女老师教我们，不要男老师教我们!林老师不能走!”

接着，其他学生也跟着起了哄，吹起了口哨。

林美丽动怒了:“胡洪骍，你这个调皮王。明天若要给新老师出难题，我就把你的家长请过来!”

“谁的老子不爱自个的儿子，老子来了还不得听儿子的!”胡洪骍狡辩道。

“你再说一句，我的教鞭就不认人!”

林美丽真动怒了，小胡洪骍也不敢吱声了。

就是这个胡洪骍，后改名胡适，并考入了美国康奈尔大学，成了中国赫赫有名的大哲学家、文学家、外交家；就是这个胡洪骍，带领着这帮来自乡下的无法无天的粗鲁的孩子，演出了一幕幕捉弄老师的滑稽戏，使宋查理哭笑不得。

宋查理是广东海南人，短小精悍。当时在他教的学生中，不少人已超过了他的个头。胡洪骍这个调皮王，正是看准宋查理老师身材不高的弱点，故意挑逗一个身材较高的同学，指使他把黑板擦放到黑板左上角。宋查理上课擦黑板时，却够不到黑板擦了。跳吧，有失老师的尊严；不跳吧，影响讲课的进度。在宋查理左右为难的时候，同学们哑然失笑了。这时，宋查理才明白是胡洪骍捉弄了他。

“胡洪骍，请你站起来！”宋查理发怒了。

胡洪骍不得不站了起来。

“是谁把黑板擦放到上面的？”宋查理追问。

“反正不是我！瞧我这个头能放得上去吗？”胡洪骍回答。

“好学生应该诚实的，诚实的孩子应该站出来把黑板擦拿下来。”

“是我，是胡洪骍让我干的！”一个大个同学站了出来，走上讲台取下黑板擦，并向宋查理道歉：“老师，我错了！”

“知错认错就是好学生！同学们给他鼓掌！”宋查理提议道。

于是大家一阵掌声，胡洪骍方把头低了下来。

这时宋查理又道：“今天，我在男生厕所里还有一个新发现，里面墙壁上写着，新老师的餐厅。我不知道是谁写的？如果是一个诚实的孩子写的，也应该站出来，像这位同学，当着大家的面认个错。”

大家又是一阵笑声，纷纷把目光投向胡洪骍。

“胡洪骍，那几个字可没有这黑板擦高，你能检举吗？”宋查理又问。

“老师，我错了！”胡洪骍认了错。

“大家给胡洪骍鼓掌！”

在掌声中，宋查理又道：“我们都是上帝的子孙，又是上帝的罪人。承认自己的错误，向上帝赎罪，我们的灵魂才能纯洁，死后才能升入天堂。让我们一起向上帝祈祷吧！”

接着宋查理背诵起《圣经》祷词。

祈祷后，宋查理又开始了授课。

课堂秩序井然。

他处在极度矛盾的旋涡中。他想投江，一个洪亮的声音喊住了他

世界上的许多事情就是这样奇怪：在异国他乡的陌生环境中，一个私逃出来的穷孩子，受到美国不少人的热情帮助，不仅生存下来，而且进入大学完成了学业；一个学有所成，还被任命为基督教执事的青年，回到了他魂牵梦萦的故国，却并没有受到应有的欢迎。他一心指望回来可以依靠的监理会布道团教长林乐知，首先让他受尽了白眼。林乐知并不把他当做基督教的兄弟平等看待。宋查理离家十年，自逃出养父的小店就与家人断绝了一切联系，此刻他是多么迫切地希望先回到海南探望父母和乡亲！然而，却遭到了在中国宣传基督博爱精神的林乐知的断然拒绝。他要求宋查理先为教会工作，以后再做安排。林乐知甚至不能忍受宋查理的西装革履。他认为宋查理充其量不过是一个有点抱负的中国农民，绝不能允许他穿着美国人的服饰来招摇，就连宋查理讲话时的南方口音，林乐知也横加指责，他派了一个蹩脚的语言教师来给宋查理上课。结果，宋查理发现这个人连一些基本的日常用语都不能正确表达，反倒要自己来教他怎样正确说话。宋查理本指望能在上海布道，林乐知却把他打发到远离市区的学校教孩子识字，而且不许他坐车，必须步行来往于乡间。宋查理在美国都没有受到过的侮辱和歧视，却从来到自己国家的美国人身上感受到了。

这是一个幻想破灭的苦闷时期。宋查理发现中国人和西方人都

不喜欢他。喜欢群居和天生幽默的村民对这个陌生人颇有几分戒心，因为他们见惯了扛着洋枪的外国军队到处烧杀的暴行，见多了某些传教士飞扬跋扈霸占田产欺压百姓的恶劣行径，不少乡民把穿着打扮和吐字发音不伦不类的宋查理看成替洋人办事的“二毛子”。小孩在街上看见他便喊他“洋鬼子”，大人们则称他“小矮子”。宋查理为中国的封建传统所包围，为那些对西方一无所知的人所包围。他的心情像受到严重污染的城市早上的天空，一片铅灰，憋闷得要死。

面对着如此一个不理解他的上司，面对着如此一帮粗鲁不懂事的顽童，宋查理想起了一位伟人曾说过的话：人生摊不上好的知己（领导），是龙也要变成熊，是鹰也要变成鸡，是金也要化成水。难道今生今世就要这样断送了吗？

天将黎明，他跑出了卧室，跑进了外滩，面对浊浪排空的黄浦江，面对头顶上的黑云和风雨，他真想投江而死，魂归上帝。

“孩子，那不是天堂，那是地狱。昨天有两个少女葬身在这里。别因水深不过河，别因困难不进取。孩子你有什么事想不开？”声音亮如铜钟。

宋查理抬头望去，见一位老者似从天边而来。

“孩子，看装束，你是位传教士吧？”

宋查理点点头。

“我们都是上帝的仆人，又是人间的罪人。君不见黎明一阵黑吗？乱藤绊不倒飞奔的金鹿，狂风吹不断雄鹰的翅膀。没有闯不过的火焰山，跟我回家吧。”

“回家？家在哪？”

“我是美国圣公会的教士，那里有上帝给我们的家！”

笃信上帝的宋查理便跟着长者，回到了外滩不远的一幢造型新颖的洋楼里。

第七章
虎落平阳

“请问长老尊姓大名？”宋查理问。

“颜永京。”

“久仰大名，久仰大名。”宋查理吃惊起来，“在美国就听说过你和吴虹玉牧师的鼎鼎大名。回上海后，又听很多人议论过你俩是我们教会的光荣。”

“议论我什么？”颜牧师道。

“议论你上书上海公共租界的当权机构工部局，抗议在外滩的公共花园门口悬挂‘华人与狗不得入内’的英文牌子，要求撤掉牌子，允许中国人入园游览。”

“小事一桩。”颜牧师一听哈哈笑了，“人有尊严，国有尊严，民族有尊严。这英国人也欺人太甚了，一百年前在美国地盘上逞凶，今天又在我们的国土称王。”

“小事不小，此等义举，为世人称颂。”宋查理举起了拇指。

“称戴不起。”颜永京话锋一转道，“你贵姓，如何称呼？”

“我是刚从美国神学院毕业的学生，现在林乐知手下工作。西名查理·宋。中文名宋嘉树。”

“听说过，但从未见过面。”颜牧师道，“上海是中国基督教徒的集中之地。仅我所在的美国圣公会教区和你所在的美国监理会中国布道区的百分之八十以上的教徒都在上海。但是，上海的华籍牧师却寥寥无几。据我了解，那里你是一个，这里有我和吴虹玉两人，加起来不过三个人。”

“我是小老弟，又是新来乍到，请颜牧师多多关照。”宋查理道。

“自家人还说什么客套话。”颜牧师又道，“新来乍到，有什么困难只管给我讲好了。”

“说起来话长。林乐知不把我当人看待，有歧视之意，其实也是‘华人与狗不得入内’的翻版，实令我想不通。”宋查理接着便谈起他的处境来，颜永京不时插话，深表同情。

“我们都是留美的学生，只不过我比你早吃几年西餐，早使几年叉子。慢慢会习惯的，上帝是仁慈的，会保佑你的。唯有忍耐到底，必然得救。”颜牧师劝道。

“我也是这么想。不过，他们做事也太欺负人了。”宋查理道。

“当初，回国时我也和你现在的处境差不多，这不，圣公会总部现已任命我为上海圣约翰书院院长了。”

宋查理又道：“林乐知给我规定一条纪律，不要与你们圣公会的人接触！我不知其因。”

“那是他小人之见。我们是同乡同行，与他美国人不一样。他说你只管听，至于其他就不要多虑了。”

宋查理点点头。

颜永京牧师接着又对宋查理进行指点：“你的路还很长，入乡随俗，最好还是把辫子留起来，不然对你布道不利。”

“我曾嘲笑过中国男人留辫子、女人缠足。现在要倒回去，感情上有点过不去。”

“感情是变化的，也要符合实际。当年我也吃过苦头。我们的思想超前了，中国老百姓并不这样超前，因为你所教育的对象是不超前的老百姓。要教育人首先要让他对你有几分亲近感。如果不留辫子，不穿着中国的长袍短褂，他们见了你如同见了魔鬼，躲都躲不及，哪里还会从你那里接受福音的传授？”

“谢谢颜牧师的提醒，从今往后我将脱西装留辫子。”

“这样就对了。”颜永京捋须而笑，“同时，上海话包括方言也要学学。”

“是的。”宋查理道，“有人说我广东口音太重。”

“你是不是与温秉忠、牛尚周认识？听温的口音与你差不多。”颜牧师又道。

“你也认识他们？”宋查理眼睛一亮。

“昨天，他们二人还专程到我这里拜访，提出要搞一个留美同学会。”

“太想念他们了。能告诉我他们二人在哪儿吗？”

“他们都是大清政府的官员，派头十足。据说温秉忠是海关官员，牛尚周是电报局官员，都离此不远。”

“那太好了。回国后，我还没见过他们哩！”

“他们二人都向我提到过你。”

“我一定要尽快见见他们。”

他们三人终于见面了。

夕阳西下，他们在海关门外一家粤菜餐馆会面了。

宋查理做东，温秉忠、牛尚周为客。

一切为寻故情而来，令小小的餐馆生辉。当年，在美国，宋查理也招待过二位。那是二位被清政府召回国时，三人聚首，以酒解愁，以酒相送。今天，是在自己的国土上相聚，更令他们感慨万端。

“想不到我们在这里又相会了！”温秉忠不无感慨地说。

“老朋友，你比过去更帅气了，西装革履的，红领带，白衬衫，叫人不敢相认了！”牛尚周道。

“你们二位，也让我不敢相认了。尤其是你们脑袋后面的那条猪尾巴辫子，像要打人一样让我害怕。”宋查理笑说。

周、温二人互相审视一下对方的辫子，不约而同地笑了：“我们都落后了，端人家的碗，受人家的管，不像你查理，压根就与众不同，在美国是自由人士，回国也是自由人士。你入美国国籍了吗？”

宋查理道：“我虽然为美国流过血也出过力，虽然有人介绍，但我不想加入他们的国籍。”

“听说，现在在我们上海加入异国国籍要花 5 万美金呢！”

宋查理道：“但我并不后悔。”

“查理，工作顺心吗？”牛尚周问。

“唉！叫我怎么说呢？”宋查理道，“说起来真想骂娘！”

接着宋查理向二位诉说了自己的苦闷、心酸，末了道：“我是多么的孤独啊，有话无处讲，只有影做伴。”

“查理，不要太悲观了！”牛尚周道。

“查理，该有女朋友啦！”温秉忠道，“美国那位长腿姑娘。叫什么名字啦？”

牛尚周补充回答：“爱琳。”

“是叫爱琳，还保持联系吗？”

“即使保持联系，也是远水解不了近渴。能解决我的孤独吗？”宋查理道。

“不行就在国内找一个。”牛尚周提议。

宋查理摇摇头：“现在还轮不到谈老婆，最要紧的是我的上司问题。”

温秉忠道：“他往后要实在与兄弟过不去的话，你给我们个信儿，我和尚周也会有办法对付他的。这里不是美国，而是中国！起码我们这里有地头蛇，有人会治他！”

酒喝得不少，话也说得不少，一直到三星正南，三人才分手散场。

天有不测风云，人有旦夕祸福；人若倒霉，喝口凉水都塞牙

清晨。

大东门口，宋查理的栖身地。一个美丽的姑娘正在等待宋查理起床开门。

她，林乐知的女儿，兼做其父的助手，西名梅莉·爱伦，中国

名：林美丽。她是在母腹中随父母离美赴华的，1860 年生于上海，与宋查理的岁数相差无几。与爸爸不同的是，她喜欢宋查理这个已经美国化的英俊的小伙子。当年她回美国探亲时，在卡尔将军、马克谛耶、克莱文等人那里，均听到了对查理·宋的赞扬声。说者无意，听者有心。她曾两次去宋查理那里专访，恰巧宋查理都不在，她只好回到了上海。

宋查理回到上海后，虽然时间不长，但却像磁铁一般地紧紧吸引了姑娘的心。几天不见，便觉得心里堵得慌。今天，她借宋查理有一封家信，顺便来看宋查理了。

宋查理由于昨晚多喝了点酒，加上今天是礼拜天，一觉睡到了 8 点。若不是有人敲门，他还在睡呢。

“林小姐！是你，你好。”宋查理开了门，“这屋里太乱了，请原谅。”

“男人嘛，都是这样。今后有了太太，自然就利索了。”林美丽笑道。

“什么太太，没影的事，不知还在哪个丈母娘肚里呢。”宋查理道。

“只要你同意，会有姑娘找上门来。”林小姐找了一张椅子坐下。

“你在给我说笑话吧？”宋查理问。

“什么笑话，是真的。”林美丽嗔了他一眼。

“唉，不说别的了。”宋查理道，“你爸爸眼睛朝天，瞧不起人啊！上次我给你谈我工作的事，怎么样啦？”

林美丽回答：“我跟爸爸认真谈了，准备提前给你调换，不再教孩子了。具体在哪里布道，现在还不知道。”

“谢谢林小姐。”

“前阶段，爸爸委屈了你。”林小姐说到这里，随手呈出一封信，“给，你的家书。”

“哪来的？”

“海南文昌。”

“是爸爸妈妈。”宋查理高兴地接过信，展读起来。

林美丽在一旁注视着宋查理的表情变化——先是高兴，后是皱眉，再是摇头……

“查理，你哭了！家里出了什么事？”

“爸爸病得很重，让我回去，如果回不去的话，很难说能再见到他老人家了。”宋查理泪流满面。

林小姐道：“那就给爸爸说一声，走人呗！”

宋查理擦擦眼泪：“谈何容易！”

林美丽道：“我也与你一块说，爸爸会同意的。”

“愿上帝保佑。”于是宋查理在胸前画着十字，祈祷起来。

当日，在林美丽的带领下，宋查理见到了林乐知教长。没容宋查理说出自己的心事，林乐知劈头便问：

“查理，这几天，你有什么活动？”

“没有啊！”

“听说你与圣公会的颜永京打得火热，这是违反纪律的！”林乐知的脸色变青。

“我们是同乡。”宋查理喃喃地道。

“同乡也不行！”林乐知发起了火。

林美丽见事态不好，忙站起来劝爸爸：“爸爸息怒，今天不谈这些了。现在宋查理来了封家信，他爸爸病得很重，急需他回去。请你给他几天假好吗？”

“请教长开恩。”宋查理也道。

“违反纪律，又要回家，让我这教长怎么当？”林乐知道，“我们都是上帝的人，慈悲太重方为祸啊！你先反省，回家的事，容以后再说。”

第七章
虎落平阳

“爸爸，不能这样对待查理啊！我求求你好吗?”林美丽几乎哭了出来。

“你懂个啥!”爸爸仍是先前那句话。

宋查理默默地走回他的栖身处。

一天一夜，宋查理没吃没睡。他病了，发起了高烧，昏迷不醒。若不是颜永京牧师来看他，还不知会出现什么意外呢。颜永京急忙派人把他送进了附近的吴虹玉任院长的教会医院，通知林乐知派人看护。

林乐知来到医院时，与颜永京在走廊里打了个照面。

“颜院长，谢谢你的热情。”林乐知酸气十足地说。

“你们的人都病成这样了，难道我们不该管吗?”颜永京不客气地回敬一句。

“人在哪?”林乐知自知理亏，也不便再说什么。

“吴院长正给他输液呢。”颜永京用手一指。

“吴院长，你好。查理怎么样?”林乐知进了门。

“多亏颜院长送来得及时，要不就转成肺炎了。现在情况好多了。”吴虹玉答道。

“好了就行!”

“听说你们教会有房！为什么偏偏把查理安排在诊所那幢破房里?那里已成房管局的危房了。”

“唉，你不知道，我们监理会可不比你们圣公会，实在为难啊!”林乐知道。

吴虹玉道:“不管怎么说，你给他调也好，我们给他调也好，反正都得调。最好还是你给调，我和颜院长有空房。我们都是上帝的仆人，都有仁慈之心。”

“没问题。”林乐知道。

“那就一言为定。”

宋查理出院后，林乐知仍没有让他探亲。关于住房问题，也没有践行他的诺言。宋查理忍下了，直到爸爸下世，他也没回去为爸爸辞别。这埋在心头的遗憾化作涓涓泪水，付之大海，让他永记心头。

第八章

初出茅庐

第一次街头布道时，竟被几个顽童抛出的石块将头击破，血流如注

多亏林美丽从中周旋，宋查理终于从教会学校解放出来，转到吴淞口区进行布道，开始了他见习牧师的生涯。梦寐以求的事情实现了，能不高兴吗？

在美国读大学时，他已经做过实习牧师，对象多为洋人。今天，要对自己的同胞布道，还是第一次。他心里充满着激动。多年的海外生涯，使他对自己的同胞陌生了。为求得第一次对同胞布道的成功，宋查理非常慎重，丝毫不敢马虎、侥幸。

为了这一天的到来，宋查理做了认真地工作：一项是教案的准备，一项是试讲后的修改。这花费了他半个月的时间，其中还牺牲了两个礼拜天。直到教长感到可以上课了，他觉得还不满意。

1886 年 3 月中旬。这一天，宋查理早早起了床，脱下西装，换上藏蓝色的长衫，头戴黑色瓜皮帽，脚蹬宽脸圆口布鞋，手拿《圣经》和讲稿，收拾得利利索索。细心的人还能看出破绽来——他那辫子还没有从瓜皮帽壳中长出来。

林美丽小姐为宋查理打了圆场。于是，宋查理站在场中，清了清嗓子，便开始讲了起来：

“同胞们！我亲爱的同胞们！今天我所要讲的题目是：人的灵魂是耶和华的灯。”

开始，人们出于对这个年轻人的稀奇，抑或对于这个题目感兴趣，纷纷驻足观听。人越围越多，宋查理甚为高兴，嗓门越来越大。

他开讲不久，人们便开始流动起来。不少人明白了其意，嘴里嘟囔着纷纷退场；当他讲到中间时，观听者寥寥无几，只剩下十几

个人，且多是老人和孩子。孩子的吵闹声几乎盖过了他的声音。他坚持讲下去，最后只剩下一群毛孩子，一部分在场内听，一部分躲在场外墙角下向场内抛泥块、扔石子。虽然林美丽小姐几次劝阻，皆无济于事。她又拿目光示意宋查理停讲，宋查理心想：快结束了，讲完吧。结果悲剧发生了——宋查理的头被场外飞来的石块击中，血流如注。

“查理，你受伤了！”林美丽大声道，忙用手捂住他的额头。

在附近的医院里，大夫为他做了包扎处理，于是宋查理头上就多了一条绷带——一朵“光荣的花”。

感情代表不了布道效果。

失败更令他思索。

在以后的日子里，头缠绷带的宋查理开始沉默寡言了。一连几天，他闭门不出，面对耶稣十字架，自言自语地祈祷：你们要坚信上帝，因为上帝是仁慈的万能的。他开始反思中国国民的素质——一个受封建压迫几千年的封建中国，一个不接受新事物、夜郎自大的中国，要想唤醒他的国民，仅用几句开窍的话，谈何容易！在这种国民心态和素质面前，他感到了自己的渺小。最后还是温秉忠一句反面的话提醒了他：“烧杀抢掠、无恶不作的洋鬼子都信仰基督教，单凭这一点，就使中国的老百姓对基督没有好感！查理，我说得不对吗？”

“也对，有道理。”宋查理道。

末了，温秉忠又道：“查理，你也不要低估中国的老百姓。任何事情都是两方面的。中国的老百姓受压迫最深，他们逆反心理最强。如果谁要带头革命，他们准是革命的中坚。中国东西南北中，已布满了干柴，只待一朝点燃。听说孙文已在南方闹起了革命，响应者揭竿而起，令清政府后院起火——大为吃惊。”

宋查理点点头。

一连数天，宋查理还接待了颜永京、吴虹玉、牛尚周等人。他们给了他极大的安慰，尤其是吴虹玉以身说法更为直率：

“吃一堑长一智嘛！最初我在上海讲道时，也遇到了这种情况。后来，我改变了方式：看准对象，以交心为主，一个一个地传，传一个算一个，多一个上帝的信徒总比少一个好。我一般不去做马路布道。在美国，这种布道方式极普遍，但在中国行不通。”吴虹玉虔诚地画了个十字，“我们这些到过欧美的基督教理想主义者在中国是极少的少数，是汪洋大海中微不足道的孤岛。只有请示上帝赐恩，才能使我们的作用增大。这样才能用上帝的灵火点燃我们同胞心中的灯。你说不是吗?”

宋查理若有所悟地点点头说：“我曾把这次失败归结为我脑后还没长出那根猪尾巴辫子，所以同胞不亲近我。”

“辫子只是外表，关键是心灵的沟通。”

宋查理点点头又道：“我想，第一步先唤醒同胞，第二步要号召他们起来推倒中国的封建制度。你说，这样做是上帝的意旨吗?”

“有抱负，有眼光啊！”吴虹玉高兴地道，“以前，我可没有你这样宏大的志愿。上帝是仁慈而万能的。既然能指引美国人走上独立，指引美国人推翻奴隶制，涌现出华盛顿、林肯这样的英雄。我想他也一定会指引中国人推翻封建制，出现中国的华盛顿、林肯。以前，我认为这可能是十分遥远的事，现在看来，不一定了。上帝的灵火一定能点燃四万万中国同胞心中的灯！希望在你们身上啊！”

交谈中，宋查理饶有兴趣地问清了吴虹玉的传奇身世后，更令他肃然起敬。

吴虹玉道：“我 15 岁受洗入教，1853 年随美国贝里舰队去美国。像你一样，也在军舰上当船舱侍者，为时八个月。先在费城，后在宾夕法尼亚州的兰卡斯特求学、工作，在美国生活了九年。南北战争中，我是北方联邦军的士兵，曾立下军功。1864 年，回到中国，一直在上海美国圣公会服务。”

宋查理道：“看你的外貌却酷似一位淳朴的老农，要不是听你说着一口流利的英语，很难相信你是一位颇有学识的洋人。尤其是你唱的宾夕法尼亚州的乡村民歌，很有韵味，使我想起了美国的生活。”

“是吗？”吴牧师笑了。

“你是位受人尊敬的神职人员，十几年来一直踏踏实实地为上帝效劳。听说同仁医院也是由你创办的？在美国，好多报道都说是汤蔼礼牧师创办的，为什么？”

“这不是事实！好在这件事沈毓桂先生已经在《万国公报》上披露了。要不，以后搞教会历史的人会不明真相。”

两人从海上生涯一直谈到南北战争，越谈越投机。吴虹玉把一枚林肯的像章取出来让宋查理欣赏道：“我在二十多年前是宾夕法尼亚州国民警备队第五十团的士兵，我们士兵都热爱老亚伯——林肯总统。”

宋查理显得异常兴奋，从吴牧师手中接过林肯的像章，久久地凝视着，然后紧紧地握住吴虹玉的手道：“我们都是林肯的追随者。林肯的《解放奴隶宣言》是我回国时带回的最珍爱的纪念品。我真想让中国也立即变得像美国一样民主、自由！”

事情又回到现实中来。

一个人要成功得允许他失败。使宋查理不能理解的是，他的上司林乐知却不容忍他的失败。他曾向美国总部写信，把宋查理布道失败称之为“无能的事和无能的人”。直到他的义父卡尔得此消息，来信询问此事时，才使他恍然大悟，原来是林乐知捣的鬼。更有甚者，还有一些流言蜚语，使宋查理的人格和自尊受到了极大伤害。

在一个风雨交加的傍晚，宋查理像头狮子般冲进了林乐知的办公室。

“林教长，我不明白，在美国总部为什么有我那么多的传言？”宋查理直言相问。

正在看书的林乐知，抬起头来，取下眼镜道：“查理，你从哪来的消息？”

“有来信为证！”宋查理两眼放着怒光。

“谁的信？”

“这你就不要问了！”

“哈哈——”林乐知笑了，“是不是爱你的女友——爱琳说的。”

“不管是谁说的？这是事实！”

“女人嘛，头发长见识短。不要轻信这些小道传言，对这些，我是从来不屑一顾的。”

林乐知站起身来，正言道：“你的布道失败，这是无可挽回的事实！真正要问的还是你自己，你倒问起我来了？放肆！”

“爸爸，你又发火了。”林美丽听到吵声忙奔了过来，见此情况已明白几分，“爸爸，查理布道一事，我在跟前，亲眼看到，他是尽职尽责的。他的失败不是因为他而是人们的愚昧无知。他已经够难受的了，你怎么又把火发到他身上呢？难道你作为一教之长就没有责任吗？”

宋查理头也不回地冲进暴风雨中……风雨中一个更大的阴谋在林乐知胸中酝酿了：把他流放到远远的市郊——苏州昆山去。

取下“华人与狗不得入内”牌子。让国人昂起头，走进上海外滩公园

初夏。

上海滩的中午，正是太阳施展淫威的时候，街上行人极少。温

第八章
初出茅庐

秉忠拎了一兜水果，受颜永京和吴虹玉牧师的指派，高高兴兴地来到了宋查理的住处。

“来就来呗，何必还要带东西呢？我又不是小孩子啦。”宋查理埋怨道。

“这是颜、吴二位长者的意思，让我来看看你。”温秉忠道，“绷带取下了，没有后遗症吧？”

宋查理摇摇头：“真正的后遗症是思想上的后遗症——中国的事情太复杂了，让我思索不清。”

“你不要太悲观了。为了高兴高兴，颜、吴两位长者提议我们大家聚一聚，吃一顿西餐，跳跳舞，一起开心开心。”

“什么时候？”

“今天晚上 6 点，裨文女子学院西餐厅。”

宋查理道：“说句实话，若不是两位长者有请，我哪里也不想去，只想痛痛快快地睡上一觉。”

“睡觉能解决什么问题？落泪莫如攥拳头。往前走，没有过不去的火焰山。该玩玩，该吃吃，人生最大的快乐莫过于有几个知己朋友。”温秉忠道。

“都有谁参加？”宋查理问。

“听说还有我的未来岳父大人倪韫山，以及各家的孩子们。”

“秉忠，你什么时候结婚啊？如果结婚可别忘了让兄弟吃喜糖。”

“那是没说的，可是我还结不了。三姐妹中，大姐已完婚，这事你是知道的，二姐还没完婚。按传统讲，二姐若不完婚，就轮不上我们，所以吃喜糖还是个未知数。”

“秉忠，我问你，按你的审美观点，平心而论，三姐妹中，谁最漂亮些？”宋查理又问。

“大姐和二姐吧！”

“你打了埋伏。据我听说，三妹长得最水灵。”

“让牛兄讲，还是大姐漂亮。”

女人是男人心中的花。说起女人来，男人有说不完的话。

“不提这些了。见到牛兄，你再问大姐的情况。反正今儿晚上，三姐妹都去，你自己去鉴别吧，我也说不好。”温秉忠摆了摆手。

“今晚，尚周也参加？”

“是啊，我的通知任务还没完成哩！正好你也没事，咱俩一块去？也好散散心。”

“行，我与你走一趟。”

去牛尚周的工作单位电报局，英国领事馆是必经之路。

英国领事馆坐落在吴淞江、黄浦江交汇之处的滩涂地。远远望去，滩涂崛新楼，楼后有绿洲。荷枪实弹的哨兵立于门前，审视着路上每一位过往行人。

温秉忠边走边向宋查理介绍说：

“这就是英使馆。后面是花园，是滩涂改建的。当年英人向中国倾销鸦片，贩毒猖獗，国人恨之入骨。遭到国人抵制。最后他们用洋枪洋炮轰开了中国的大门。狡猾的英人虽轰开了大门，仍无安全感，唯恐不测事件发生，特意将领事馆建在滩头，以便不法英商遇到情况，能及时安全撤离。据说 1871 年底，使馆遭大火焚毁，几乎片瓦不存。第二年，新领事馆仍重建在这里。再后，由于这里两江交汇，上游携带的泥沙越来越多，领事馆前面的空地越变越大，自然形成了公园的格局。”

宋查理顺着温秉忠的手指方向看去，只见园林面积不大，但园林艺术家的本领使你感觉它处在很大、很深、很远的境界中。园林中，亭台楼阁少，而树木花卉多。一大片一大片绿茵茵的草坪，一大堆一大堆葱葱郁郁的树木，草地边缘种着各种色泽鲜艳的花，花园里盛开着黄色的迎春、紫色的丁香、红色的杜鹃……最赏心悦目的是红、紫、黄、白各色的郁金香，一朵朵像玲珑的宝石制成的杯盏一样，在朝阳下盛接着清露。树下和路旁，都安放着长椅，老人们在椅子上休息、看报、织活，小孩子们在草地上奔走游戏。中午下班的时候，有许多职员，在草地上坐卧，吃干粮，晒太阳。

“查理，看见了吗？那铁栅栏上面写着：‘华人与狗不得入内！’”正当宋查理陶醉在美景之中的时候，温兄用手一指道。

“是英文吧？”

“是英文。”

“看到了。娘的！是谁写的？”宋查理愤愤不平道。

“那还用说，大鼻子呗。”温秉忠又道，“为此事，颜永京和吴虹玉曾向当局递过抗议书，至今杳无音信。”

“他们也欺人太甚了。”

“这是公共租界工部局的外滩公共花园！”温秉忠憋着一肚子气，“什么工部局不工部局，全是掩人耳目！英文文件中全部写作Municipality，即市政府，翻译过来却变成了工部局，好像是个工程机构，而不是权力机构。外滩公共花园，英文写作Public，意即公众的、大家的，但实际却成了只占上海居民百分之五都不到的一小撮大鼻子的花园。”

感慨一阵后，宋查理又陷入了沉思。

穿过英国领事馆，他们便到了电报局大楼。正好牛尚周下楼办事，碰到了一起。

“是你们俩？有事吗？”牛尚周惊奇地问。

“今晚有活动，你务必参加。我俩特来发邀请函的。”温秉忠道。

“几点钟？”

“6点钟。”

牛尚周抬腕看了看表：“你们先到楼上我的办公室等一下，容我把这份材料呈上去，我们一块走，好吗？”

“你先办事。”

裨文女子学院坐落在仪凤门外的风景胜地。

上海人多称其为裨文女塾。当年宋氏三姐妹、宋氏三兄弟都在这里就读过，并从这里前往美国。其实从它的英文校名“The Bridgman Memorial School for the Girls”来看，叫作裨治文纪念女校更为恰当。这所学校是著名的美国女传教士爱丽莎·格兰特于1850年4月15日创办的。爱丽莎的丈夫裨治文是美国第一位赴华的传教士。1847年，裨治文到上海主持来华传教士的《圣经》翻译事宜，并出任上海亚洲文会会长。裨治文属于美国公理会，而原先爱丽莎学校也就隶属于美国公理会。裨治文于1861年病逝于上海。1871年爱丽莎去世，该校遂由美国圣公会代管。到1882年，又由美国妇女传道会接管了这个学校，该校在上海颇有名气。当时上海的教会学校，称学塾的一般是小学，称书院的一般是中学，但裨文女子学院特殊一点，它大致上相当于高小、初中程度。不过，在美国监理会的中西女塾创办之前，它一直是上海最著名的女子教会学校。颜永京牧师当年就曾发过“非裨文女生不娶”的誓，后来，颜牧师夫人果然就是裨文毕业的女才人。他们今天在这里请客，也是颜牧师夫人的安排。

这是一间西式餐厅。

四面墙壁是苹果绿，壁炉架上摆着一面美国式的古金框圆镜，左右各有插着红烛的银烛台。墙上挂着珍贵的古铜版画，画的是文艺复兴时期少男少女的肖像：女的或袒胸露臂，或高领密扣，各依不同的年龄、姿色或服饰而定；男的显得正直、纤弱，表情文弱而嫌单调。房间的一角有落地台钟，没有钟摆，已不走了。

这是一次华人牧师和教徒的聚餐。

大家个挨个地围着一个大英式圆桌而坐，没有了中国礼仪上的等级观念，给人一种祥和自由的气氛。围圆桌而坐的有十几人，他们是颜永京牧师夫妇与他们的儿子颜德庆、颜惠庆，吴虹玉牧师夫妇与他们的女儿吴蔼云、吴美利，倪韫山牧师夫妇与他们的女儿倪桂清、倪桂珍、倪桂殊，还有他已过门的女婿牛尚周、没过门的女婿温秉忠及宋查理。大家说说笑笑，气氛乐融融。

“今天是我们大家族会餐，有一位新成员，大家可能还不相识，他就是宋查理牧师，是从美国神学院刚毕业回国的高才生。大家欢迎。”受人尊敬的颜永京开场道。

一阵掌声把宋查理推向全体。

“谢谢在座各位。今天有幸参加这次盛会，结识很多老师和朋友，我很高兴，这是上帝的缘分，我永远也不会忘记这一幸福的时光。”宋查理彬彬有礼地站起来，讲完后向大家深深鞠了个躬。

“边吃边谈，大家不要忘了夹菜！”吴虹玉举起叉子提示大家说。

“查理，你少了个叉子啊？”坐在宋查理身旁的倪桂珍眼尖，很快又吩咐厨师把叉子取来。

“谢谢倪小姐。”宋查理道。

“不用客气。”倪桂珍顺手把一块牛排夹到宋查理的碟子里，“爱吃吗？”

宋查理点点头：“谢谢。”

“二姐，我也爱吃牛排，怎么忘了给我来一块啊？”小妹桂殊有点嫉妒地道。

“你不是有手吗？自己来。”倪桂珍反唇相讥。

于是，一个以倪桂珍为中心的话题就开始了。

“桂珍，听蔼云说，你来时在路上碰到一个坏蛋？”颜永京一捋胡须道。

“是啊，那坏蛋哪是我和蔼云的对手，他想要欺辱我们姐俩，却被我打‘飞’了。”倪桂珍道。

接着吴蔼云把那惊心动魄的场面描述了一番，大家无不称赞倪桂珍的勇气和胆量。

“桂珍从小就有男孩子的脾气，说起裹脚一事，她妈妈能讲出一打故事来。”倪韫山也高兴道。

“说起我这三朵金花，最费心的也是桂珍。”倪夫人忙道，“裹脚的事，三姐妹只有她躲过了。”大家一阵笑声。

“妈妈，别说这些陈谷子烂芝麻的事，说说别的事不更好吗?”倪桂珍嗔了妈妈一眼。

“今天，咱们先不说别的，谈正题吧!”吴虹玉做了一个手势，“请颜老先讲，大家有意见吗?”吴虹玉说完把目光投向身旁的颜永京。

颜牧师清了清嗓子道:“诸天述说神的荣耀，穹苍传扬他的手段，主基督为拯救人类而献身，无怨无悔。我们作为上帝的仆人，为正义和公正而行事，也应尽职尽责。作为炎黄子孙，我们应有民族自尊心。关于外滩公园悬挂‘华人与狗不得入内’的牌子，有辱国人。先前，我和倪牧师、吴牧师曾以书面形式向工部局董事会和工部局的纳税人会议提出抗议，要求拆除，结果石沉大海，杳无音讯。因此我们不能再无声无息。只有用行动来抗议，这是不得已的办法。经共同商量，明天 8 点，我们共同行动到外滩的公家花园聚齐。要像欧美国家的和平抗议者一样，请当局取下那块‘华人与狗不得入内’的牌子。我们的口号是：牌子不摘，抗议到底。”

吴虹玉接着说:“看大家还有什么意见？有一点要求，大家都要着教会制服，做到态度温和，志向坚定。如果当局派军警镇压，要打不还手，骂不还口，以理服人。”

倪韫山牧师率领大家一起祈祷，恳求仁慈万能的上帝保佑。

宋查理放下了叉子道:“一个没有自尊心的民族绝不是一个强大的民族，一个没有理智的民族，绝不是一个清醒的民族。我们都是受过西方教育的东方人，是信仰上帝和真理的，在这个世上，面对邪恶和歧视不言，是对上帝的不诚，也是有罪的。因此我完全同意这一正义行动。今天我和温兄路过外滩花园时，看到那块牌子，当时我的头都发懵。我相信这一行动会得到一切拥有正义感的人们支持的。船稳不怕风大，有理通行天下！”宋查理的讲话激起了在座的一阵阵掌声，身旁倪桂珍的掌声更响。

巡捕将枪托击来，宋查理一个鹞子翻身躲过。拱手抱拳道：打人是有罪过的

不在沉默中爆发，就在沉默中死亡。

1886 年 2 月 16 日，这是一个民族觉醒的日子。

一个由民间自发组织的共有 11 人的团体，在上海外滩公园的门口，凭着自身的觉悟，凭着自身的素质，凭着自己的行动，首先打起标语，呼喊口号，抗议洋人对中华民族人格的侮辱，要求摘下公园门前“华人与狗不得入内”的牌子。在中国近代史上，无论如何评价这次行动的影响都不过分。

也恰是这一天，孙中山在香港学堂组织的同乡同学反清会，也在校园公开贴出标语，向清政府示威挑战。这一南一北的行动，标志着中国民主革命先驱者已经觉醒。一个是要推翻封建制的压榨，一个是反对帝国主义对中国的凌辱。虽然人数不多，但星火必然燎原。这是革命大势所趋——它像黑夜中一盏明灯，必将照亮中华大地，唤醒四万万同胞。

清晨 6 点，宋查理他们早早起了床，吃了些早点。在颜永京牧师家聚齐，向耶稣做完祈祷后，带上昨天刷写的中英文标语和《圣经》，然后浩浩荡荡地向外滩公园奔去。

“万里无云，阳光灿烂，苍天有眼，助俺成功!”打头的颜永京牧师虎步生风，边走边说。

“力是压火的，胆是吓大的!”吴虹玉牧师接着道。

早上7点，正是职员上班、学生上学时间。通往外滩的路上，车流如梭，人流如潮。一帮由牧师和基督信徒组成的队伍行走在长街上，他们不时地喊着口号，令行人驻足注目。7点半钟，他们准时来到外滩公园门口。

在公园门口，他们排成一线。手拿《圣经》，标志着他们的身份；展出横幅标语——请摘下“华人与狗不得入内”的牌子，表示他们行动的主旨。虽是一个小团体，却代表着整个炎黄子孙。

六名男士——颜永京、吴虹玉、倪韫山、牛尚周、温秉忠、宋查理在前，其余女士在后，她们是倪桂清、倪桂珍、倪桂殊、吴蔼云、吴美利，也在助威。

面对外滩公园门口，迎着徐徐海风，他们静静地伫立着，口念《圣经》，向上帝祈祷：

> 耶和华啊，求你纪念我如茵陈和苦胆的困苦窘迫。我心想念这些，就在里面忧闷。我想起这事，心里就有指望。我们不至消灭，是出于耶和华诸般的慈爱，是因他的怜悯不至断绝。每天早晨这都是新的。你的诚实极其广大！我心里说：“耶和华是我的主，因此，我要仰望他。”凡等候耶和华、心里寻求他的，耶和华必施恩给他！

行人越围越多。

守卫公园的是英领事馆和工部局雇用的一帮印度巡捕。开始他们不知其意，因为他们压根也不识中文和英文，感到一帮教徒在这儿念经很新鲜，不少人也围了上来。当他们明白其意后，狗仗人势，如临大敌。

一个“小胡子”的头目，一声哨音，把巡捕全部召来，大概有六七人之多。他指手画脚地比画一番。两个人离队后，其余在“小胡子”队长的带领下，手托洋枪，迈着正步向示威者走来，想以恫吓驱散示威者。可是教徒们丝毫没有惧意，仍是闭目朗朗有声地诵着《圣经》。

“他们是文明教徒！不许开枪！”倪桂珍首先喊出来。接着她和几个女教徒从后面走上前场，挡住巡捕。

“不许动武！”

“不许打人！”

“不许放肆！”

“放明白点，要动武你们不是对手！”

四周的群众也吼声震天。

“小胡子”队长见四周人山人海，心想不妙，不由地打了个寒战，粗声地喊道：“你们不要前进了！”

说话间，一个五大三粗、狗仗人势的巡捕，像老太太吃柿子——专找软的捏，举起枪托朝个矮的宋查理头上砸来。正在闭目祈祷的宋查理，忽感一阵风起，忙做个鹞子翻身，躲过这一枪托，然后拱手抱拳：“打人是有罪过的！”

那大汉全力举枪再打，这时，吴虹玉牧师一步跃上，夺下了那大汉的枪。

“你是谁？”大汉问道。

“美国公民！”吴虹玉说完把美国公民的身份证扔给了“小胡子”队长。

小胡子看了一眼，以为是看错了，再瞅一眼，并不错呀！他立时惊讶道：“吴牧师，你身为美国公民，怎么也来到这里，与他们为伍？”

吴牧师哈哈地笑了，然后手指门前的牌子道：“那牌子上的标语是谁写的？”

“小胡子”队长支支吾吾地道：“我来前，这块牌子已立上了。

不知是谁写的呀?”

“那上面的内容你知道吗?”

“知道，知道。”

“给我朗诵一遍!”

“华、华人与狗不得入内。”

“我问你一句，华人与狗是什么意思?”

“我，我不知道！可能是写错了吧……”

“真正是狗的还不是你们这帮人！狗仗人势，为虎作伥。不要再侮辱中国人啦！这是中国的地盘，你懂吗?”

“我懂！我懂!”“小胡子”队长一个劲儿像鸡啄米似的点头。

“快给你的主子汇报，把这块牌子取下，不然中国的老百姓绝不会饶过你们的!”

随着吴虹玉的话音落地，四周响起了排山倒海的口号声。在口号声中,“小胡子”队长挥一下手:“还不给我撤!”

“等一下!”吴虹玉又道,“这枪还给你。”

正在这时，两个巡捕拥着一位英国领事馆长官模样的人大摇大摆地走了过来。

“什么事啊?”他故意拖着长腔看了众教徒一眼,“原来都是自家人，我也是一个虔诚的基督教徒啊!”

“威廉·布伦，还认识我吗?”颜永京牧师直呼其名。

威廉·布伦审视颜永京一眼，立刻惊喜道:“颜牧师，我怎么不认识。我是你学生，还听过你的布道课呢!”

“我托人转给你的信收到了吗?”颜永京直言相问。

“我，我，我还不清楚。”威廉·布伦道。

“所以这次来，没给你留面子。”颜永京又道。

“在这里说话多有不便，既然颜牧师等人一起来了，快到屋里谈吧！请!”威廉·布伦做了个请的手势。

第八章
初出茅庐

“不能去！他们在里面已集合了‘皇家海军陆战队’一个连的兵力。”有群众当场揭露。

颜永京道：“威廉·布伦，有此事吗？”

“作为你的学生，我是不会说假话的！我会保证你们的人身安全！”威廉·布伦接着又向“小胡子”耳语一番，接着又道，“颜牧师快请吧！”

“好，我相信你这个学生说的话！”颜永京说完，一挥手对众教徒道，“到屋里谈吧！”

会谈是在公园门口的接待室。

这是一座三间平房，房内有接待桌椅，教徒们便依次坐了下来。

“颜牧师，听过你几次布道，你是我尊敬的师长啊！有话可以慢慢地谈。”威廉·布伦开言道。

“可是你尊敬的老师却是和狗同义的？”颜永京反唇相讥。

“不能这样说吧？”

“怎么不能这样说？那牌子上不是明明写着‘华人与狗不得入内’吗？”

威廉·布伦哑口无言。

“你把我当作师长，我也以学生待你，”颜永京开诚布公地道，“这是我们之间的事。可是大英帝国，一向标榜自身的文明，我不知何故当局会干出这种伤害民族自尊心的事。我们都是耶稣的崇拜者，主耶稣为人类而献身，我们作为他的仆人，也应该为正义而生存。我不知你这位学生考虑过此事没有？”

“这、这、这是有悖于上帝的宗旨的。”

“我们为此而来，为难你这个学生了。”颜永京道。

“我向你们保证，我会尽我个人的一切能力，向我的上司传达你们的旨意，尽量说服我的上司，使你们的这一愿望得到尊重。”威廉·布伦道。

“威廉·布伦能做这样的保证，我和同事们非常欣慰。不过，我们今天来的目的，是让你们当众取下这块侮辱中国人的牌子。”颜永京不妥协地说，“同时，上海几家大的新闻机构，都有我的学生，不说别的，发条消息是不成问题的，让世界评个理。我这个教师没有为难你这个学生吧？”

“消息暂不能发，来前学生已请示工部局，上司不在家。”威廉·布伦立刻意识到问题的严重性，道，“作为学生，我有一个折中的办法，先把牌子用东西掩盖起来，待日后学生做通工作后最终拆除掉。颜牧师请原谅学生这一次。我说话算数，今后我们还要见面的嘛。”

颜永京思索了一下答道：“那好吧！我相信你这个学生的话，先把牌子掩盖起来吧！”

“来人！”威廉·布伦来了精神。

“小胡子”队长慌慌张张地跑过来：“长官，什么事？”

“派人把牌子先掩盖起来！”

“是，长官。”

当颜永京等走出外滩公园接待室时，太阳正在西沉，海风吹来，忽觉一阵凉爽惬意。今天的太阳异常明亮，他坚信明天的朝阳会更加绚丽！

就在这夜，宋查理又吹响了他的小号。在号声中，几位同龄妙女们唱起了歌，跳起了舞，一片欢乐景象。

正在这高兴的当儿，宋查理的上司林乐知闯了进来。

原来，林乐知已接到工部局的电话，要他劝说自己的部下不要参加这类活动。话不投机，宋查理与林乐知的矛盾又出现了升级状态。祖国啊！有你四万万同胞做后盾，我宋查理一时受点委屈还算得了什么呢？

宋查理长大了，他再也不像以前那样，遇到丁点儿小事就自寻烦恼了。因为他对人生有了全新的了解和追求。用宋查理后来的话说：脚正不怕鞋子歪，身直不怕影子斜。后来他用自己的亲身经历教育他的子女，使子女都度过风浪的考验，无论在顺境和逆境中都保持平稳、持重、刚毅的性格。

爱情的金太阳，因宋林龃龉而陨落了

花开花落，一年又过去了。

在这辞旧迎新之际，上海监理会每年一次的例会——年议会就要到了。监理会的年议会，每年都由美国总部派人来主持，一是总结工作，提出新年度任务；二是考核每一位教士，包括林乐知等，按功请赏，该升的升，该降的降。教长的位置不是一成不变的。这是一种进步，也是推动工作的动力。人们都在迎接着这一天的到来。

年议会的前一天，也即是1886年11月16日晚，林乐知的长女林美丽来宋查理处做客了。

“这么晚了，你怎么又来了？”宋查理问。

“晚了，怕什么？想找你唠唠嗑嘛！”美丽道。

“晚了，你不怕别人说闲话吗？”

“我不怕。舌头长到人家嘴里，爱说什么说什么，反正我听不到就算了呗！若让我听到了，我还不会饶他呢！”

“这么厉害！”宋查理道，“假若是你爸呢？”

“我爸也是一样，他无权干涉我的人身自由。”

“美丽，你爸在忙什么？”宋查理开门见山。

“你别老以为爸爸对你怀有成见，爸爸没干什么，而在忙他的工作——年议会。”

“今年年议会，总部派谁来？”宋查理又问。

“大概是韦理生主教，还有一名助手，叫什么名字我不知道，明天到。”美丽接着道，“为了这位主教大人的到来，这几天，爸爸忙得脚打后脑勺，又是请名厨，又是采购什么鱼啊虾啊，好像天大的事，烦死人了！连我都抓住不放。今天忙了一天，若不出来，夜里还有差事呢。”

“哦，你是来散心？”

“这就对了！”美丽道，“让我静静，抽支烟吧。”说完便把一支美国香烟从兜里掏出，在手指上弹了两下，很利索地打火燃上，美美地抽了一口，团团烟雾在她头顶上一圈圈地向上升腾起来：

“查理，我对你怎么样？”

“你对我很好啊！”宋查理脱口而出。

“表现在什么地方？”

宋查理摸了摸后脑勺道：“各个方面，都给我关照。尤其是我和你爸爸发生矛盾时，你总是站在我这一边，为我说话。”

“这是为什么？你知道吗？”

“为我好呗！”

“不，你只说对了一半，还有一半呢？”

宋查理摇摇头。

“我直言告诉你吧，我全身心地爱着你。”美丽直言袒露出自己的心迹。

“不，我们是不可能的。”宋查理躲躲闪闪。

“怎么不可能？”

“你爸爸绝不会同意的！他对我怀着很深的成见！”

“他是他，我是我嘛！”

“那你是他的女儿呀。”

“我们美国不像你们中国，儿女的婚事由父母包办。”

“不，这是万万不可能的。”宋查理道，“再说，在美国我已有女朋友了。她叫爱琳，今天还给我来信了呢！”

“你忘不掉她？”

宋查理点点头。

“好，今天我不为难你了，总有一天你会答应我的。”美丽又抽了一口烟道。

“说说年议会的事吧，你爸对我的工作有什么安排？”宋查理道。

“爸爸的安排，还不是我一句话？”

“你小看你爸爸啦。”宋查理反唇相讥。

“如他对你再有成见，或者安排不好，或是你改不了见习，我不会再来找你的。”美丽道。

“但愿不要这样。”

“今年年议会，爸爸忙得团团转，还不是想争上中国上海滩的‘教皇’，如果他争上了，你的问题也就迎刃而解了。”林美丽道，“查理，在会上你也要配合呀，帮爸爸一把。”

“我怕是连参加的资格也没有。”宋查理道。

“列席嘛，我跟爸爸建议。”林美丽胸有成竹地道。

一件不愉快的事情在年议会上发生了，林美丽听后大哭一场。而血气方刚的宋查理则哈哈大笑了：美丽不会再缠我了！

1886 年 11 月 17 日上午，美国监理会中国布道区年议会，在总部委派的主教韦理生先生及其助手谭纳牧师到来后，如期召开了。

这次年议会，按规定应由中美传教人员二十余人参加。有“野心”想当中国教区“教皇”的林乐知，却要了个手腕。私下只通知了六名美籍传教士，作为表决代表，且这六人都是林乐知的老乡，是佐治亚州人。而对其他有不同意见的人则斥之门外，有的只列席参加。显然，他想控制这次会议。当时，来上海主持这次年议会的两位上司，被林乐知殷勤招待后，也就放宽了考核的规定。

路不平有人铲，理不通有人管。宋查理作为列席代表参加，便成了揭露这种丑剧的中心人物。

会议议程轮到自由发言时，宋查理终于坐不住了。韦理生主教的话音刚落，宋查理就愤愤不平地站了起来：

“尊敬的主教先生，今天我提一个问题。”

“请讲！”韦理生主教道。

“今天我们是开年议总结会。按我们教会章程规定，教士之间，无论教长，还是牧师，应该一律平等，均有参加会议和发言权的自由，这在美国国民宪章中也是明确写着的。我不明白，今天的年议总结会，为何有正式代表和列席代表之分？同时，还有少数德高望重的牧师连列席代表的身份也没有！”

“是谁？”韦理生很认真。

“沈毓桂老先生。他长期担任《万国公报》的主笔，并一直任中西书院掌教和总习院务，工作卓著，建树颇深，在上海教区影响很大。我想您也知道。”

“知道。”韦理生道，“他应该参加！”

“他离此只有举步之遥，昨天，我拜访他时，他只是唉声叹气。”

“乐知，你不是说他有病吗？”韦理生问道。

“是，他有病。”

“人到了这种年岁，谁没有腰酸腿痛的，可这并不妨碍参加他所热爱的事业啊！”宋查理回敬对方一句。

“怎么搞的？”韦理生有点生气，接着又道，“还有谁？请讲！”

“还有驻沪传教士兰柏先生，他虽在日本布道，可事先没有邀请他回来！另外，还有中国籍的传教士和美籍女教士一律作为列席代表，这是不公平的。我的发言完了，请主教指正。”

“大家还有什么意见，都请讲出来？”韦理生又道。

“主教，我们对此会议也有同样的看法。”列席代表陈少林站起来发言。

接着还有史子如、李子义、程静山、蔡凤章等七名列席代表也一一表示了自己的反对意见。

最后，曹子实也讲了上海教区财务管理混乱一事。

“请以事实为据。”韦理生道。

“就以查理的月薪来讲，每月 15 美元，据有的先生讲，还不如林教长的保姆一半的钱，而且还不是定月发放。我们月薪也是一样。不知总部拨发的钱财弄到哪里去了？我们要求账目公开，防止有人做手脚！”

“还有吗？”

“林乐知的非教徒行为也是大家共知的，孙乐文牧师更清楚，让他讲吧。”

大家你一言我一语，使曾一手遮天、专横跋扈的林乐知低下了头，撕开了他在上海教区搞独立王国的面纱。他心里明白：不仅中国教区的“教皇”宝座无望了，甚至他还会得到某些惩罚。他把所有这些积怨埋在心里，算在宋查理的头上。

会议进行到第三天，美籍传教士兰柏等人也不请自到了，向主教列举了林乐知对自己的不公，并发起火来，弄得林乐知十分尴尬；就连林乐知苦心经营的佐治亚州帮也发生了内讧，形成了墙倒众人推的局面。

年议会的主持人韦理生主教在总结时，本来想为林乐知开脱，但众怨难平，他也不得不顺水推舟、见机行事。最后他宣布：

“林乐知在已过去的年度做了大量工作，在工作中难免还有错误。鉴于他的问题，议会撤销林乐知的教长和司库两职。同时决定，中国布道区改为中国教区后不设主教，教区下面设两个连环——上海连环和苏州连环的最高圣职（上海连环长老司、苏州连环长老司)，分别由李行牧师和孙乐文牧师担任。林乐知仍保留上海中西书院监院之职，以观后效。”

在欢呼雷动的掌声中此次年会结束了。

宋查理尤为高兴，衷心地感谢上帝，感谢每一位同人。他天真地认为，以后美国监理会在华的传教事业将会健康发展，他也似乎看到自己命运的希望之光。可是，事情远不像宋查理想象的那样，由于林乐知这只死老虎的作祟，年议会后期又做出了一个出乎意料的决定：将宋查理派到苏州连环（牧区）的昆山循环区，且不准宋查理从见习牧师转为正式牧师。

“这是流放！”兰柏牧师差点说出声来。其他传教士也都这么认为。

年议会结束的第二天，林美丽再次出现在宋查理的住处。

“查理，上帝没给我们缘分！”说完便泪流满面地跑进夜色之中。

夜黑如墨，天上只有几颗星星在闪烁，在唉声叹气……

第九章

上帝赐福

爱情是上帝送给人间的一种情缘。爱琳病逝，宋查理痛不欲生

年议会后，宋查理再次遭受林乐知不公待遇后，林美丽离他而去。黑夜里他回到住室，关上门窗，却难以成眠。

孤独伴随着他，他更感到孤独。

孤独中回忆爱情，爱情更觉甜蜜。

林美丽离他而去，他并不感到意外。说到底，这种爱情，从萌发那刻起，他就觉得这不是上帝赐给自己的缘分，那是姑娘的“一厢情愿”。对这一厢情愿的爱情的失去，他没有遗憾。

让他回味不已的是那次在裨文女子学院聚会时与倪桂珍的相遇。尽管人们的审美趋向是小脚金莲，而他却感到倪家二小姐的“大脚之美”。大脚是开放之美、活泼之美、叛逆之美。不是一家人，不进一家门，这很符合他宋查理的性格。难道这就是爱情吗？虽然倪家二小姐后来多次暗送秋波，但他始终坚守自己的阵地——不射出丘比特之箭。为什么呢？因为还有一位美丽的姑娘一直占据他心头，尽管她在大洋彼岸，万里之遥。这种苦苦相恋，只能一直用书信的形式表达。书信像他们双方心中的情鸽，传递着他们的欢乐——永远不会忘怀他们相爱的那段日子。他与爱琳相识，是他在圣三一学院的时候。当时他遇到了一件不顺心的事，只管低头思考，不巧却闯进了女生的宿舍。爱琳正在睡觉，大白天来了一个男人，而且不敲门，这使爱琳很感意外，宋查理也意识到不礼貌。

“对不起！我走错门了！”宋查理道。

“是查理！”爱琳迎了过来，“来，进屋坐一坐吧！”

“不啦！不啦！”宋查理的脸在羞红、发烧。

第九章
上帝赐福

在爱琳小姐热情的执拗下，宋查理在她屋里稍坐一会儿。可是就从那次走错门开始，姑娘便成了他追求的“小白兔”（他一直把姑娘称为“小白兔”），而“小白兔”也在全身心地追求着他这个私闯女生宿舍的愣小子。

据爱琳后来回忆说：“想象不到这个私闯女生宿舍的愣小子，被我认为做了一件令我反感的事，后来却成了我的心上人。”

而宋查理却认为，这实际是一种天意。

从那一刻起，他们往来不断，以致难分难舍。宋查理毕业那年，爱琳坚持要到中国来当女教士，与宋查理一起传授福音，但被宋查理拒绝了。

“我会回来接你的，请等着我。”宋查理安慰她道。

分别是在一个火辣辣的中午。她把宋查理送上客轮，再也忍不住这种分别的痛苦，“哇”地一下哭出声来，然后头也不回地跑了。

爱琳留给他的印象是美好的，这种美好的印象常常令他在孤独中保持回忆，给他慰藉，给他鼓励。想到目下自己的逆境，一种重回美国传教的想法又萌生在他的心头。于是他便试着给爱琳和卡尔义父写了一封言辞恳切的信，诉说了他目前的境况、心中的苦衷。

信写完了，并且发出去了。暂时的轻松过后，又是焦急难耐的等待，等待大洋那边的回音。

通往邮局的小路，那里布满了宋查理的多少脚印！

就在他度日如年、难熬的等待中，终于收到了回信。信不是爱琳写来的，而是义父卡尔将军写来的。

待拆阅后，他却大吃一惊，一个噩耗像五雷轰顶击在了他的头上：爱琳病逝！

这是真的吗？白纸黑字，这是千真万确的消息。

这是真的吗？是真的，是卡尔义父的亲笔字体！

他伏在床上痛苦而又伤心地哭了。

哭落了太阳，哭出了月亮。那是一种发自心底痛不欲生的痛哭。

就在他痛不欲生的时候，牛尚周不知什么时候推门进来了。他发现桌上的信，明白了几分。

“查理，男子汉大丈夫，遇到这点事，就值得哭鼻子抹眼泪吗？”牛尚周道。

宋查理理智了几分，从床上坐了起来：“尚周兄，为什么命运之神偏偏对我这样不公啊？”

“我们都是基督教徒，也许一切都是上帝安排好的。我很同情你，失去了爱琳，但还有更多的像爱琳一样好的姑娘在等待着你。这也是事实呀！让我为你祈祷吧。”

宋查理在尚周兄的劝慰下，渐渐停止了哭泣。

“向前看，我们有上帝神灵的庇护，一切都是光明的！我们不求因果报应，但是有种有收却是正常的。忍耐是上帝的美德，也是我们中华民族的美德。若求功果，必须忍耐。查理，跟我一块散散心，看看大海去，也许我们的眼界会更开阔些。”牛尚周道。

他们来到海边。

海浪一个接一个从黑暗中翻滚出来，咆哮着直奔脚下，喷溅着泡沫的浪花，在灯火照耀下，闪着红光。潮水愈涨愈高，淹没了沙礁。大洋的神秘语声，清晰地传来，愈加响亮，有时像大炮轰鸣，有时像狂风呼啸，有时又像远处人声嘈杂，有时又完全寂静，忽又像听到了长叹的声音，再后来又是一阵猛烈的涛声，惊心动魄。

“尚周，让我寻一下刺激吧！”宋查理说完，和衣跳入大海。

“查理，你不能这样——”牛尚周也纵身跟上。

“在大海中游泳，我感到高兴。”宋查理哈哈大笑，“你不要学我，痛苦归痛苦，我不会去死的！只想在这大海中刺激刺激我这发木的大脑。”

“那我们一起游吧。”牛尚周道。

他们逆风斗浪，向深海区游去……一个大浪打来，把他们卷进谷底，猛地又把他们升上峰尖，两个黑点渐渐消失在深海处。

“查理，我们家二小姐怎么样?”牛尚周道。

“印象很好。”

“需要介绍一下吗?”

“暂不谈这些，咱们还是快游吧！从那边上岸!”

“好吧。”

接着，他们向岸边游去。

“尚周，快游哇!”倪家三姐妹和温秉忠四人已在岸边向他们频频招手了。

“你们怎么也来了?”牛尚周感到诧异。

“有缘千里来相会嘛！我们为什么不能来!”倪桂珍道，“桂清姐怕你游泳出意外，特来保护你来了。”

“不可能!”牛尚周道。

这时，温秉忠道：“三姐妹要我陪他们看戏，找你不在。我们路过这里，看有两个人，以为是呛水了，所以站了一会儿，原来是你俩啊。”

“这还差不多。”

牛尚周和宋查理上了岸，引得三姐妹咯咯大笑：“你们游泳真怪，连衣服也不脱！再说这也不是游泳的好季节啊。”

牛尚周和宋查理，你看看我，我看看你，都笑了：“在美国时，我们都是冬泳的健将!”

查理出车祸，桂珍正巧碰上，查理桂珍互诉心声

宋查理刚刚从爱琳病逝的悲痛中苏醒过来，又接到义父卡尔将

军从大洋彼岸发来的一封加急电报：追问他回国布道情况，到底干没干给义父丢人的事？宋查理刚把回信写好，义父的平信又追来了。里面夹有几张剪报，均摘自林乐知发往美国的传教报告。上面报道宋查理如何如何高傲自大、目空一切，连林乐知都不放在眼里；又说宋查理如何如何政治色彩浓，私自参加非基督徒行动——寻花问柳，竟夺走了林乐知的女儿林美丽等等。卡尔义父气愤之极，在信中写道“如有其事，我意断绝父子关系”云云。

倘若说爱琳病逝是一发轻型炮弹，那么这则是一发重型炮弹了。此时宋查理真看透了“嘴里说好话，脚底下使绊子”的林乐知。

宋查理是一个很珍惜自己名声的人。在美国，他用自己的付出和奉献换来了美国人对他的信任，这是金钱买不到的。如今自己的名声被毁，难道世上还有比这更痛苦的吗？特别是义父——卡尔将军，他听到这些谣言，该多么伤心啊！此时，美国朋友一张张责怪的面孔一起呈现在他眼前，令他生畏。他双手抱住头：天啊！我该怎么办？

风雨中，他向林乐知的办公室走去——他要找林乐知清算。

正当他穿越马路时，一件意外的事发生了——他被汽车撞倒了。

当他在医院的病床上醒来的时候，倪家二小姐桂珍已立在了他的面前。

“查理，感觉怎么样？”倪桂珍问。

“没，没什么，只是头被撞懵了。现在好多了。”

“也真巧，正赶上我去看父亲，碰到你这事。”倪桂珍道。

“谢谢你了！”宋查理道，“不怪人家司机，全怪自己。现在我们可以出院了。我兜里还有些钱。”

“不，司机已经付上了。”倪桂珍道。

“哪能让人家付呢！我兜里有钱。”

倪桂珍道：“我这里也有钱。一会儿我去付好了。”

“付完我们就可以出院了。”

“好吧。”

倪桂珍道：“这是我给你买的水果。”

倪桂珍剥开一根香蕉，递到宋查理手里：“吃吧。”

“谢谢。”

“你怎么老对我这么客气！”倪桂珍嗔他一眼。

“听牛兄说，你很快要结婚，有此事吗？”宋查理问。

“不，你听错了，人家那边要逼我结婚，我不同意，问题就这么岔着。”

“噢，各有各的难处。林乐知把我告了，在美国把我搞得声名狼藉。说实在的，我真咽不下这口闷气！”宋查理道。

“我们都是上帝的人，不要跟这小人一般见识。心里没有鬼，不怕鬼敲门。”倪桂珍劝道。

“想想也是。”

“你去找他，能找出个什么结果来？气多伤身。最后还不是一肚子气。路遥知马力，日久见人心嘛！传言终归是传言，它像天上的云彩，终究遮不住太阳的光辉。”

宋查理点点头。

“听说林乐知要把你‘流放’到昆山，我也随你去吧，也好躲过那边对我的逼婚。”倪桂珍道。

“你真不愿意嫁他？”

“这还有假！”

“这样做怕是不好，恐有流言。”

“流言怕什么？我才不屑一顾呢。”

“容我再考虑考虑吧。”宋查理说完话锋一转，道，“听说你家与明代大学士徐光启有血缘关系？”

“一点不假。我们倪家的祖先在三百多年前，就娶了徐光启的女儿。由于徐光启一家是上海最早的天主教信仰者，所以倪家也成了虔诚的天主教徒，世代相传，从无例外。到我父亲这一代，便改为信基督教了。”倪桂珍道。

“看来，我们还有缘分呀。”宋查理道。

“父亲改教遭到反对，所以很多人劝说我，重新信仰天主教。刚才还有一位少女向我游说呢。”

“你答应她啦?”

“这是我们的缘分，我能答应她吗?”倪桂珍话里有话。

二人谈话刚到这里，沈毓桂和兰柏二位老先生亲临医院看望宋查理来了。与兰柏牧师不同的是沈老先生手中还拄着一根文明棍。一个看似健朗，一个看似瘦弱，都极有风度。

宋查理急忙迎上前去:“是二位老先生来了，查理担当不起啊。”

兰柏牧师道:“桂珍也在这里。”

“查理出事那刻我在跟前。”

“听说出事，沈老也坐不住了，执意要和我一起过来看看。”

“孩子，没事吧?”沈老坐下，用文明棍捣捣地面道。

“没事。”宋查理回答,“您老这么大岁数了，不要来了!”

“没事就好，没事就好!”沈老又说,“就是不出事，我也想看看你。你是一个很正义很直率的青年。年议会上的事情我都听到了。你为我和兰柏鸣不平，林乐知又报复你，见习牧师不转正，流放昆山，这些我都听说了。你遇到了不公但务必要想开些啊！我倒是想得开。我从1860年跟随林乐知，兼任《万国公报》主笔，到现在已经近30年了。《万国公报》由小到大，影响到中美两国。在美国很多不知情的人，认为那些文章还是林乐知写的呢！他捞到了不少政治资本，可我仍还是他手中任意宰割的牛。心中无愧天地宽啊！我之所以能活到80岁，除上帝保佑外，就是心胸开阔，清静无为。”

“是啊!”宋查理道,“在美国读书时,我就看到过《万国公报》上林乐知的华文,对林充满着好感。回国后,方知实情。先生不求闻达,默默献身的精神令人敬仰!”

兰柏牧师插话:“沈老原是江苏吴江人,年轻时即能文善诗,有‘吴中名雅’之称。50 岁时,由著名的中国通——英国伦敦会传教士艾约瑟施洗礼,皈依基督教。接着,他又不断为艾约瑟及其他几名教工撰写中文文章,成为上海最有名的‘秉笔士’,在宗教界都是出了名的。”

沈老说:“我和兰柏牧师是老朋友了,从 50 年代初相识,已有 33 年了。兰柏夫妇在上海传教,办教会学塾、开西式小诊所,创办中文印刷所,给上海的教徒和市民印象颇佳。他们夫妇是做善事的耶稣教徒,前不久才被派往日本传教,说得不好听,也是流放啊!”

“兰柏牧师,您什么时候去日本啊?”宋查理颇感兴趣地问。

“船票已订好,一周后吧!”

“说实在的,我忍受不了林乐知的专横跋扈的作风,要是能去日本,和您一起工作就好了,不知您肯收不肯收?”

“欢迎,我举双手欢迎。”兰柏笑逐颜开,他确实很喜欢这个年轻有为的牧师,“但是还有一条,林乐知能放你吗?”

“那你白说了。”

“不是白说。不过我还可以与林乐知交涉。如果我有了你,我的实业会干得更漂亮。我已看准,你是个干实业的材料,将来必有作为。”兰柏道。

“兰柏牧师过奖了。”宋查理道,“说真的,我真想在传教之外,干点实业什么的。我有的是力气。”

“如果有机会,我也与兰柏牧师学习学习!”倪桂珍插话道。

“女孩子我更喜欢!”兰柏道,“我看你俩倒像——如果我没看错的话,那真是天生的一对!”

“那您就为我们祈祷吧！”倪桂珍道。

大家都笑了。

晨曦中，双目对视，互道珍重

早晨8点。宋查理住室。

宋查理要到昆山去了，正忙于收拾行装。

他收拾好一切后，重新将一张地图铺展在床上，用目光寻觅着昆山的坐落方位，好大一阵工夫才找到昆山。

昆山属美国监理会中国教区最偏僻的牧境，它位于上海的西北角，与太湖毗邻，从上海到那儿大约120里路程。苛刻的林乐知坚持让他步行而去，不许坐车。如果再不报到，便克扣下月工资。因此，宋查理不得不去报到了。

据兰柏牧师介绍，自从他来上海传教32年来，上海方面从未派出一个牧师去昆山长住过，因为谁也不愿意去。三年前，林乐知曾打过李德牧师的主意，可是李德与他针锋相对：“我不去！如果是流放，我就去！”林乐知从此再也不敢提及此事。事过三年后，林乐知终于找到了一个迁怒的对象——宋查理，并约法三章：一是把那里的工作迅速开展起来，由林乐知监护宋查理，指导宋查理的布教工作；二是鉴于此地原有的监理会教堂慕文堂已毁，责令宋查理迅速重建；三是鉴于那里力量薄弱，令宋查理尽快发展教徒、建立组织。

出乎教徒意料的是，宋查理经过多日的思索，认为到昆山也好，那里是偏僻区，离开林乐知，也可自由了。通过对《圣经》的学习和体会，他把一切都看得轻淡了，什么名呀利啊，其实都是身外之物。他像一只追求自由的小鸟要起飞了，不过此时离开上海又不免有些眷恋。

第九章
上帝赐福

自从上次出车祸，倪桂珍及时营救了他后，他们之间的爱情便急速发展，这几乎占据了他的身心。倪桂珍现在情况怎么样？她能不能逃脱逼婚这一关，飞向自由？他不能不担心起来。林乐知一再催他报到，自己已经拖了一周，他还向不向倪桂珍告别？这倒又使他为难起来。恰在这时，牛尚周风风火火地赶到了。

“查理，你真的要走啦？”

“林乐知已经催逼我几天了，再不走也说不过去。”

“几时走？”

“现在就走啊。”

“你走，桂珍怎么办？”牛尚周道。

“她现在在哪？”宋查理急问。

“昨天上午，男方那边已送来帖子，指定今天登门娶亲。为逃避这事，昨晚她已到嘉定外婆家了。”

“能躲过吗？”宋查理问。

“那边也是有钱有势的人，先躲一躲再说吧。”

“到昆山路不路过嘉定？”宋查理又问。

“就拐一个小弯儿，路不太远。”

“那我顺道到嘉定去一下，看望一下桂珍。”

“就这样定了。我怕桂珍见不到你，再有别的情况出现，女士不像我们男士那样——心窄会寻短见的！”

“请你放心，我一定去看她！”

殊不知，这时情况又有了新的变化：男方到倪家娶亲不成，便派人四处打听倪桂珍的下落，企图抢亲，其中包括外婆家所在地嘉定。外婆几经周旋，已把倪桂珍送出城区去了二姨家，另寻安身之地。

宋查理来到嘉定好不容易寻到外婆家时，已是一个落霞的傍晚。

外婆还以为是倪桂珍婆家派来的侦探，拒绝开门。宋查理不得不带着几分遗憾踏上了去昆山的路。

天渐渐地黑了下来。

几朵黑云飘过头顶，雨随即落了下来。为躲雨，宋查理不得不在嘉定郊区的大车店里住了半夜。天将黎明，雨停了，他又上路了。

天黑路滑，他艰难地走出大车店十几里的地方，两个蒙面大汉从路旁深沟突然跳出来，令宋查理吃了一惊。

“请留下买路钱！”两个大汉一左一右伸出棍棒，拦住了去路。

“我乃一名穷教士，一文不名，怎么施舍你们呀？”

“请把包放下，让我们搜！”

“弟兄们不必这样！”宋查理在胸前画着十字。

正当两个蒙面大汉动手抢包之时，宋查理灵机一动，拔腿就跑。那两个大汉拼命相追。在追到一个村头塘边时，宋查理几乎被追上。

“再追，我就要喊人了！”宋查理道。

“你小子，这天不亮喊人也没用！快把包放下！走人！”

“来人啊——”

“贼来啦——”宋查理拼命地喊了起来。

就在这时，迎面真的来了两个人，一男一女，呼应着朝这边飞跑而来。

那两个蒙面大汉，果真见有来人，形成了仨对俩的局面，便停住了脚步道：

“好汉不吃眼前亏。娘的，到嘴的肉又丢了！”

宋查理正要感激来人，定睛一看是倪桂珍他们。

“桂珍，是你？”

“你让我好找啊！”倪桂珍道，“这位是我表哥，与我一块找你的。”

“你有神算，知道我在这里？”宋查理道。

“昨天，外婆说她拒绝了一个人。说起那人的模样来，我便想到了你。”

“你外婆好厉害呀!”

“不是我外婆厉害，是她对我好。昨天，那边就来了两拨人马到外婆家盘问。外婆没敢让我在家躲，而躲在了郊区二姨家。你去找我时，外婆又把你当成他们的侦探了。”

“原来如此。”

“我听外婆说后，猜想是你，心里很着急。听外婆说这一带多有不平，所以我更担心了，全家都担心。后来，我们分析一下情况，昨天你去的时候，天也黑了，又下起了小雨。你没带雨伞，不会走的，天明你才会赶路的。所以我和表哥一大早就在去昆山的路上寻你来了。”

“谢谢你们，要不是你俩来得及时，我还不知有什么下场呢。”宋查理道。

“别客气了，表哥家就在前面村里。”倪桂珍道。

“人是铁，饭是钢。到我家吃点饭再走。”表哥也道。

“走吧!”倪桂珍使了使眼色道。

既然这样，宋查理也不便再说什么，跟着他们来到了倪桂珍二姨家。吃过饭，宋查理要上路时对倪桂珍道:“不行的话，就跟我到昆山躲一躲吧?”

倪桂珍道:“要说去，我还真想去。不过我现在不能去。”

“为什么?”宋查理追问。

“外婆和二姨都在为我操心。我走了，他们更是不放心。再说你初来乍到，多有不便。等躲过这个风头再说吧。”

在晨曦的光辉中，他们双目对视，互道珍重。

第十章

昆山传教的艰难岁月

昆山乃困山。没到昆山想昆山，到了昆山真困山。宋查理想哭哭不成，想笑笑不出声

谋事在人，成事在天。

宋查理在昆山的传教失败，究其原因，一是天时，一是地利。

话说基督教在中国的历史源远流长。据王治心先生的专著《中国基督教史纲》记载，东汉明帝（公元58—75年）在位时基督教就传入我国。相传一天，明帝听到中亚基督教情况介绍后，当夜便做一梦。一觉醒来，他向仆人讲述“夜梦金像”的故事，故事还未讲完，果然东来两位僧侣客人，要求传教，他们正是基督教徒。此后，由于当权者的兴趣和默许，基督教形成过三次传入中国的小高潮。

待到清初，传教士开始受挫。它反映出西方政教之争的问题，更宣告了教廷想凌驾于中国国家政权之上的企图的破产。康熙末年，罗马教廷支持多明会，指责耶稣维护祭祖祀孔、卖主求荣。因而，教廷在“中国礼仪之争”中坚持不让步，结果引起康熙的反感，挥笔朱批道：“以后西洋人不必在中国行教，禁止可也，免得多事。”此后不久，清王朝果真实行闭关自守政策，直到鸦片战争后门户被列强轰开。

1807年马礼逊来华，标志着所谓“第四次对华传教运动”的开始，也是新教来中国内地传教的起点。实际上早在17世纪，荷兰殖民者侵占我国台湾期间，新教传教士就开始在台湾传教并开办教会学校了。1840年鸦片战争后，中国被迫与列强签订的一系列不平等条约中，都规定了外国传教士可随意在我国境内“开设教堂”“入内地传教”。所以在随后短短几十年间，教会势力扩展甚速。洪秀全等在金田起义时，也借助基督教的力量，以“拜上帝会”来同封建政

权相抗衡。

毫无疑问，近代中国的基督教传教史是一部极为复杂的历史，一方面它主要是在列强用炮舰轰开中国门户之后才迅速展开的；另一方面当时的门户洞开客观上又促使这个古老封建帝国告别昨天，力求维新。一些外国传教士与殖民主义者沆瀣一气，骑在中国人民头上作威作福，激起了中国人民的英勇反抗，如义和团运动和一些“教案”的发生，就有这种激而生变的因素；但同时也有不少真心传教、愿意帮助我国人民的西方教士，为我国文化事业的发展做出了不可磨灭的贡献。

外国传教士在中国的种种不法罪行，激起了中国人民的强烈反抗。一些富绅、地主和地方官吏也因自己的统治地位受到教会的损害而愤懑不平。从 19 世纪 60 年代开始，中国各族人民共同反对外国教会侵略的怒火遍及贵州、湖南、江西、四川、江苏、安徽、河南、河北、内蒙、福建、台湾等省的城镇乡村，也燃烧到遥远的云南和西藏各少数民族居住区，到 1870 年终于爆发了“天津教案”。

1870 年 6 月，天津法国天主教育婴堂发现三四十个惨不忍睹的幼儿尸体。与此同时，天津一带又不断发生拐骗幼儿的案件。在拐犯供词中，无不牵连教堂。于是，民情汹涌，反对教会侵略的揭帖不断出现于大街小巷。6 月 21 日，数千名愤怒的群众前往法国教堂和领事馆抗议。法国领事丰大业及其下属西蒙气急败坏地闯入三口通商大臣崇厚的衙门，以手枪威逼他派兵镇压。当崇厚进行规劝时，丰大业竟对崇厚连开两枪，均未命中。接着，他大嚷大叫地飞奔出门。这时街上已挤满了群众，天津知县刘杰亦赶到现场，正在劝说群众散开。丰大业又枪击刘杰，打伤刘杰的随从。西蒙更是猖狂地向群众开枪。群众怒不可遏，当场打死这两个暴徒，并鸣锣聚众，火烧育婴堂，救出了中国幼儿，又捣毁法国、英国、美国的教堂及领事馆，打死外国教士 28 人。

“天津教案”发生后，法、英、美、俄、德、比、西等七国侵略者联合向清政府提出抗议，并调派军舰到天津海口及烟台一带示威，逼令清政府屠杀爱国群众。法国海军指挥官甚至疯狂叫嚣：“十数日内再无切实办法，定将津郡化为焦土。”清政府急忙派直隶总督曾国藩到天津查办，不久又派李鸿章赴津会同办理。他们先后杀害爱国群众 16 人，缓刑 4 人，充军 25 人，赔款 50 余万两，还派使者到法国道歉，残酷地镇压了天津人民的反侵略斗争。这种倒行逆施、杀民求荣的行径，受到全国各阶层人民的强烈谴责。

“天津教案”后，教士、教民更加飞扬跋扈，各族人民反对外国教会侵略的斗争继续向前发展。中法战争爆发后，各族人民群起焚教堂，驱教士，把反对外国教会侵略的斗争推向了新的高潮。特别是地处抗敌前线的西南边疆和东南沿海一带，各族人民斗争更为激烈。在云南洱源孟福营和沙风村，白族人民手持锄头、木棍打死了强奸妇女、为非作歹的法国天主教司铎张若望及其十多个爪牙；在广西的太平、南宁、泗城等地，壮、汉等族人民捣毁教堂，惩罚无恶不作的外国传教士；在贵州安龙、册亨地区，布依族人民掀起了驱逐外国传教士的斗争；在广东潮州、佛山等地，教堂全被拆毁，教民、教士全被驱逐出境；福建的城乡各地，到处都出现了反对传教士的揭帖；浙江温州人民一夜之间拆毁了六所教堂。昆山的慕文堂也在劫难逃。饱受法国战火侵害的中国人民，仇恨和惩罚外国教会是完全可以理解的。清朝统治者不但没有把这些分散的斗争加以引导，而且极力保护教堂、教士，严重地压制和破坏了群众反侵略斗争的开展。

中法战争后，各族人民对侵略者和清政府更加愤恨。1890 年至 1891 年间，各地掀起了反对外国教会侵略的武装起义，其中以四川大足县、长江中下游和热河东部朝阳一带的规模最大。各族人民反对外国教会侵略斗争的高涨，是对帝国主义加紧侵略中国的有力回击。特别是中法战争以后，城乡广大劳动人民已经成为斗争的主力，并逐渐自发地把反对教会侵略和挽救民族危机联系起来，斗争的规模越来越大，斗争的地区越来越广，部分地区发展为武装起义。随着中华民族危机的日趋严重，各族人民反对教会侵略的斗争继续高涨，终于在1900年爆发了义和团反帝爱国运动。

再说宋查理离开倪桂珍后，一路风尘，直奔昆山。

他带着青年人的热情而来。尽管有人把昆山描述得一团黑，那么令人可怕；尽管有人传言，在昆山曾有一个洋教士被当地群众肢解。他觉得上帝力量大，能保佑他成功。明知山有虎，偏向虎山行，是宋查理的一贯性格。

中午时分，他来到一个村口，觉得口渴，看到一位农妇正在井边汲水，于是便信步走去。那农妇见是一个洋教士走来，扔下瓦罐撒腿就跑，边跑边喊：

“吃人的洋教士来了！”

“吃人的洋教士来了！”

“不要跑！我不是洋教士！”宋查理道。

退避三舍的农妇站在家门口，观察着宋查理的动静。

宋查理走到井台，把农妇扔下的瓦罐捡起来，从井里汲水，津津有味地喝起来。喝完后又抹抹嘴。然后，又将瓦罐重新放进井里，打上一罐水，拎起向农妇跑去的方向阔步走去。

农妇见了，十分感动道：

“你不是吃人的洋教士？”

“我不是吃人的洋教士。”宋查理接着把一罐水送到农妇手里，“我是中国人。”说完取下瓜皮帽，露出那不长的辫子。

“屋里坐，屋里坐。”农妇变得热情起来。

在农妇家，宋查理坐下来，问道：

“家里几口人呀？”

“他爹殁的早，只有俺和儿子。”

“儿子今年多大了?”

“打过春就18周岁了。”

“叫什么名字?”

“阿虎。”

“与我同名啊!”

“啊，你也叫阿虎?”农妇惊奇起来，“阿虎，快过来，瞧瞧你这位大阿虎哥。”

正在院子里劈柴的阿虎，应了一声，停下手中的活计奔过来。

“这就是你阿虎大哥，给我们送水来了。”

“谢谢阿虎大哥!”小阿虎道。

“快坐下，我们一块唠唠。”宋查理招呼小阿虎道。

小阿虎坐下后，宋查理又道:“大妈，你为什么对洋教士那么怕啊?”

“说起来话长。”农妇道，“去年有一个洋教士来这里传教，说是英国人。他以传教为名，实则尽干坏事，村里的姑娘没少让他糟蹋。打从那，人们见了都怕。”

“是不是那位被群众恨之入骨、当场肢解的亨特教士?”

“对，就是亨特!”

“我也是传教士，但我是中国人，我与他们不一样。劝人信教、劝人为善是我们的信念。他们那些人是混进教内的败类，事情被他们搞糟了。”

“那信教有什么好处?”

“耶稣为人类而献身，信仰主耶稣便能免祸。吃奶的婴孩，都不熟悉仁义的道理，因为他是婴孩，长大成人后，才能吃干粮。他们的心窍习练得通达，就能分辨好歹了，就能在至圣的真道上造就自己，上帝也就会保护他。信则灵，心诚则灵。上帝是无形的，又是有形的，实实在在在我们头顶，保佑着善良的人，不做坏事的人。不管遇到什么天灾人祸，我们都能在上帝的力量下，得到避免。”

“有这么多好处，妈妈让我也信主耶稣和上帝吧!”小阿虎道。

妈妈摇了摇头道:“不是我不信，这世道太乱，我是信命的。”

宋查理道:“信命也是信上帝啊！实际我们都有缘相聚的。阿虎既然提出了，大妈，你就依了他吧。今后我要与阿虎以兄弟相称，有福同享，有苦同担。”

小阿虎又道:“我恨死那个族长、官府和皇上了，他们欺压百姓，尽干坏事。信教倒是不错，与人为善，善有善报嘛。”

阿虎妈又道:“大兄弟，你在哪里住?”

“昆山城里。如阿虎愿意去，我还缺一助手呢。”宋查理回答。

“昆山离家不远，每天都可以来回一次，就让我去嘛。反正在家吃没吃的，烧没烧的，活受罪。”

这时，宋查理从兜里取出林乐知刚发给他的月薪 15 美元，拿 10 美元递到了阿虎妈手里:“让阿虎跟我去吧，这 10 美元是信用金。你若不信，今天可以跟我们到城里去看看，放心后再回来。”

“我信得过，信得过，一看你就是个好人。阿虎，你就跟你大哥去，过几天回来看看娘。”

“妈妈，您真好!”小阿虎抱着妈妈的头摇着亲着。

“阿虎，你今后愿意上学，我可以帮助你。”

接着，宋查理向主耶稣祈祷一番，便上路了。

宋查理憧憬着昆山，昆山对于宋查理是座陌生的城，小阿虎给他介绍昆山的风土人情。

昆山在望，昆山在迎接他们的到来。

当时的昆山，街面不大，十几家铺子，几十户住家紧紧夹着一条青石板街，当地人称“裤裆街”。街道两旁，几乎没有楼房，显得比较破旧。街面没有生机，就连小贩的叫卖声也显得有气无力。

美国监理会购置的一栋破瓦房就位于裤裆街的岔口上。几位教徒得知宋查理到来的消息，在这里为宋查理举行了欢迎会。

欢迎会并不热烈，像这小城一样死气沉沉。

宋查理决心唤醒这座小城。欢迎会一结束，他就提出在城中街道搞一次布道会。当地几位教徒抱着怀疑的态度投了赞成票。

可效果并不尽如人意。

宋查理一边讲，下面一边起哄："赶走洋教士，又来了二毛子！"有人吹起了口哨，有人扔起了帽子。嘲骂、讥讽铺天盖地地卷来。唾沫、泥土、石块、木块、烟头、碎屑，雪花一般在宋查理头上飞旋。

"大哥，不要讲了。"小阿虎扯了扯宋查理的衣襟。

宋查理却不管这些，仍然大声地宣讲教理教义，颇有神韵地朗读着《圣经》箴言。当地的一些教徒们则面对着宋查理默默地祈祷着。

"二毛子，滚回去！"

"传洋教的滚回去！"

人们的口号声盖过了宋查理的宣讲声。

不知在谁的操纵下，围观者开始了游行。

"快走开！"

"快走开！"

一会儿，四周都是人，纵横交错的队伍将他团团围住，他被夹着往前走。口号声振动着他的耳膜，他感到热血沸腾。他个儿不高，左顾右盼，四下张望。这支勇往直前、蔚为壮观的游行队伍使他惊叹不已，他不得不停止了讲演。

宋查理看到的是一个波涛汹涌、响声震天的海洋！

看不见哪儿是路了……这万头攒动的海洋，像一颗民族的心脏急剧地跳动着、沸腾着。

夜幕降临，宋查理和小阿虎呆呆地坐在这座四周透风的瓦房里，感慨万端：昆山、昆山，莫不是“困山”？难怪林乐知派不出人来！

宋查理想哭，哭不出声；想笑，笑不出来。唯有小阿虎能理解他，也许这是生命中的一丝安慰。

昆山遥远，却牵着她的心；上海遥远，他永远忘不了心上人

宋查理来昆山已经半个月了，这半个月是在忙碌中度过的。

一天早晨，他和当地教徒在慕文堂的旧址，商谈重建慕文堂之事。

慕文堂是当地教徒活动的场所，一场大火，使它荡然无存。废墟上焦黑的残垣伫立在那里，直刺苍穹，活像一只寻找自由而欲飞的秃鹰。

此时，他手中拿着林乐知给他写来的亲笔信：尽快把慕文堂重新建起来。当宋查理询问林乐知资金如何解决时，林乐知回答得很干脆：“自筹，上面无资金可拨。”

宋查理为难了。思来想去，他还是发动大家干起来。

靠天不能吃饭，靠手万事能干！此时，他动员教徒先动手清理地基，然后再动手打坯子，资金不足，再搞一些募捐。“不管怎样，先动起手来。”

教徒们在宋查理的动员下，开始热火朝天地清理地基了。有的拆墙，有的铲土，有的搬运垃圾，尘土飞扬，不少人脸上、眉毛上都沾满了灰尘。宋查理也一样——猪八戒照镜子，里外不像个人样了。

正在这时，两位穿短裙的亭亭玉立的少女，迎着满天飞扬的灰

尘来找宋查理了。

“查理，瞧，有人找你!”

满脸灰尘的宋查理，停下手中的活儿跑了出来。

“桂珍，是你啊?”

“啊呀，真像个黑老包了，叫人都不敢相认了。”倪桂珍笑道。

“这位……”宋查理喃喃地道。

“她叫云芬，是我裨文女子学院的同班同学，家在昆山。今天我们一起从上海坐船过来。”

“好，好。”

“今天中午到我家吃饭。我请客!”

“岂敢当啊。”宋查理道。

“你快洗一下，桂珍姐有话跟你说呢。”云芬道。

“那好，那好。”宋查理说完，向身后的教徒们喊道：

“大家先干着，我有点事，去去就来。”

在宋查理的房间里，云芬推说她要回去准备一下午饭，房内只剩下宋查理和倪桂珍了。

宋查理迫不及待地问：“桂珍，你好吗?你的情况怎么样?那边还追吗?”

“这不，我来就是为这事。”倪桂珍道。

“这些天我也一直担心!”

“你走后的当天，”倪桂珍理了理腮边的秀发，不慌不忙地说，“他们又到了我外婆家，找不到我，便气急败坏地绑走了我二舅，说什么三天交不出我来，抬棺收尸，要挟外婆一家。”

“那后来呢?”宋查理追问。

“既然是这样，我就毅然决然地回到了上海家。当时，外婆劝我不要回去，回去会中计的。至于二舅的事，她会想办法赎回来的，让我不要着急。我没听她的话。”

“到了上海怎么样?”

“到了上海，我找到牛尚周和秉忠，我提出要见国平，有话当面讲清。他们感到很吃惊。我说躲是躲不了的，躲了和尚躲不了庙，过了初一还有十五等着。他们问我怎么见面，我说在外滩饭店的最顶层楼上。他们笑了，问我是不是以死要挟?我说对了。最后，他们同意了我的意见，并答应通知男方。”

“你们见面了吗?”

“在15层楼上我们终于见了面了。我骑在凉台上，以死相挟。他说只要你不跳楼，我什么都答应。我说，我已经把凉台的门锁上了，请你不要砸门，你若砸门，我会跳楼的!咱们就隔着窗户谈判。我直言奉告他：我已经铁了心了，我不会嫁给你的，你要强行，我只能是你家里的鬼!作为教徒，我们都讲博爱自由。难道你国平一辈子就找不到媳妇了!如果你答应，我们今后见面是朋友；如果你不答应，我今天就跳给你看看!两条路，何去何从?”

“那国平答应了吗?”

“最后，我限他八秒钟考虑。最后一秒时，他答应了，说今后不再追我，并放走二舅。事情就这样和解了。”

“桂珍，你真行!”宋查理高兴了。

“任何事情都是逼出来的呀!”倪桂珍回答，“这都是昨天的事，今天我便回到了你的身边。”

“太好了。我们可以订婚了。”

“让我们一起祈祷吧，为我们的幸福。”

倪桂珍摘下自己的金戒指戴在宋查理的食指上，表示已有对象，正在热恋。

宋查理道：“我一个穷光蛋，送给你什么礼物呢?”

倪桂珍道：“我不要你什么礼物，只要你一颗忠于我的心。”

“不，我也要送你一件礼物!”宋查理说完忙打开包袱，取出一柄东方宝剑道，“这宝剑是避邪之物，上刻反清复明，是一位要好的朋友送给我的，今后它的主人就是你了。”

“好，我收下。”倪桂珍道。

从此，宝剑从宋查理手里转到倪桂珍手里，又从倪桂珍手里传到日后他们的二小姐宋庆龄手里，陪伴宋庆龄四年的留美生活，以后的岁月里，这柄宝剑一直陪伴她，至今仍保留在北京宋庆龄故居里，供人参观瞻仰。

倪桂珍来昆山这段日子，晚上住在同学云芬家，白天与宋查理一起忙于修建慕文堂事宜。据宋查理后来的回忆说：这段日子是他最黑暗的日子。但有倪桂珍相陪，亦是一大幸福。这段不寻常的日子，奠定了他们之间白头偕老的人生感情，考验了他们，也渡过了人生难关。

那是一个多云转晴的日子。

为修建慕文堂，宋查理发动他的教徒，在昆山街头募捐，倪桂珍也跟着去了。一场意想不到的教案流血事件发生了，当地群众反对修建慕文堂，反对捐款。事件从口角升级到武斗，不到几分钟，一位教徒死于非命。若不是倪桂珍挺身救护，宋查理恐怕性命难保，不过他还是受伤了。

“查理，我们走吧，离开这个吃人的地方。”倪桂珍边包扎边对宋查理道。

“不，教堂还没有修起，我怎能离开？”宋查理倔强地说。

这下可惊动了官府。官府出面抓了人，事情才不了了之。宋查理相信上帝的力量，他相信仁慈的上帝是能感化一切的！

自筹资金建不起教堂，怎么办？宋查理在困惑中，思索了一天又一天。最后，在倪桂珍的提示下，他们开始走经商的道路。他凭着在美国求学经商的经验，在当地以教会名义开办了商店，从上海进货，利用物价差，很快赚回了一笔钱。宋查理的腰包鼓了，修建慕文堂的款也不愁了。于是他继续以承包的方式，雇用当地民工，限期完成这一任务。

腰包里有了钱，林乐知对宋查理也刮目相看，不过，更多的是妒忌。

风云突变，住室着火，宋查理及时逃脱，否则将在烈火中永生

一天，宋查理从昆山回到上海。

上海，像一位多日不见的老友迎接了他。

在林乐知的办公室里，见钱眼开的林乐知眉飞色舞地对宋查理道："听说你挣了不少钱？这很好嘛。能挣钱是好事，我这里正缺钱呢。干脆调回来，咱们一起挣钱吧？"

宋查理摇摇头："这样做大可不必，有悖于当初你让我去昆山的宗旨；再说慕文堂还没建成，我岂能当逃兵呢？"

"这次来，要办什么事啊？"林乐知又问。

"我有一个弟子想到上海求学，顺便来看看。"

"有了钱，也不要忘记对咱监理会的捐赠。"林乐知暗示道。

"我们那点钱是有数的，不像你们传说那样如何如何多。我们的钱取之教会，用之教会，发展教会，巩固教会，这比募捐更崇高。"

听说宋查理来了，多日不见面的林乐知之女林美丽也闻声找到了宋查理。

"查理，哪阵风把你吹过来了？"

"噢，林小姐，你还是那么漂亮！"宋查理彬彬有礼道。

"漂亮有什么用！"

"听说你要当新娘了？得告诉我个具体时间啊，我们朋友一场，

起码也得表示表示我的心意啊!”

“唉，别提了。”林美丽答非所问,“爸爸把你流放到昆山，因祸得福。当初，我……”

“当初，你对我很好，我永远忘不了。”宋查理脱口而出。

“唉，都怪我先前没有主见。听说倪二小姐一直在昆山陪伴你，是吗?”

“有福同享，有难同当吧!”

“你们结婚得通知我一声啊，也好送去我的祝福。”

“还早着呢，届时我会通知你的，你等着吧。今天我还有别的事要办，改日再见。”

宋查理告辞时，林小姐把他送得很远很远。

宋查理出了林乐知的门又登上吴虹玉的门。

吴虹玉道:“查理，刚才有人见到了你，说你回来了，我就琢磨着你会到我这里来的。这不，话还没说完你就来了。”

宋查理道:“我这次来上海，是专到你这里做客的，岂有不来之理?”

“昆山的情况，有人给我讲了。有苦有甜，听说你干得不错?”

“哪里哪里。不过，林乐知交给我的事情基本有了结局。慕文堂的修建资金已经落实，我已承包给当地修建。要不，我还赶不过来呢。”

“那好啊!我们也该庆贺庆贺。颜牧师知道你回来吗?”

宋查理摇摇头:“我还没看望他哩。刚才我到了林乐知那里，他说什么要让我为他募捐。”

“你答应他了?”

“我能答应他吗?对这种势利小人我是不屑一顾的，包括他的女儿。”

“通知颜老他们，还有你未来的岳父大人倪韫山等，咱们一起坐坐。我做东。”吴虹玉道。

“不，我来做东。”宋查理道。

“不管谁做东都好。这次回来，还有什么事要办？”吴虹玉牧师又问。

“我新收了一位徒弟，叫阿虎，人很好很聪明。我想培养他，想通过你院长的关系，到贵校学习，能行吗？”

“他有文化基础吗？”

“文化基础没有，但是有培养前途。”

“欢迎啊，只要是我们查理推荐的，学费可以减免一半。”

“就这样定了。”宋查理惊喜道。

“一言为定。今天他过来了吗？”

“我这是先投石问路，改天我会把他带来的。”

就在这时，从昆山来的小阿虎，风风火火地跑了过来，气喘吁吁地道：

“查理大哥，您让我好找啊。”

“你怎么来了？快坐下，有什么事慢慢说。”宋查理又对吴虹玉道，“这就是我刚才提到的阿虎。阿虎，他就是我要找的吴院长。”

“吴院长，您好。”小阿虎有礼貌地道。

“阿虎，这么着急，出了什么事啦？”吴虹玉也问。

“当地非教徒将我们快要落成的慕文堂给拆了。大哥，您快回去看看吧。”

“什么时候？”

“就在昨天夜里。”

“拆的情况怎么样？”

“不光房子给扒了，连地基也拆了。他们还联名上书当地官府，不准在昆山修教堂什么的。”

风云突变，宋查理又随小阿虎连夜赶回昆山。

在慕文堂基地，他们看到，好好一座教堂被拆得七零八落，不少砖瓦梁料被人盗走了，只剩下一片废墟，像是在哭泣。

宋查理落泪了。

落泪莫如攥拳头。宋查理攥起拳头道：“我还建。要建一个比这更好的！让他们看看。”说完他在胸前画着十字，连连祈祷着。

这时，小阿虎却打退堂鼓了，对宋查理道：“查理大哥，我不想上学了。如果我真的去上学，他们不把我脑袋搬家才怪呢。”

宋查理问：“你听到什么话啦？”

小阿虎点点头道：“是，是我娘告诉我的。”

“阿虎，你让我怎么说你好呢？听拉拉蛄叫，就不种庄稼了？”

正说着，小阿虎的妈妈也风风火火地赶来了，执意要领小阿虎回去。

“大妈，您不能这样。”宋查理劝道。

“去上学，等于去喂魔鬼！”大妈道，“你有兄长和儿子的话，让他们去吧，反正我们是不去了！”

“我会让他们去的！不但要去上海，还要送他们到番邦（美国）呢。接受新式教育，有什么不好！我们做得并不错。”宋查理直言相答。

就在说话的当夜，宋查理的住房，也被人放了一把火。若不是宋查理发现得及时，逃跑得迅速，恐怕也在烈火中永生了。在极度困境中，宋查理不得不与倪桂珍回到上海。

倪桂珍在船上百般劝慰宋查理：

“钱和东西都是身外之物，只要人好就行。查理，我们结婚吧？今后我们会好起来的！黎明一阵黑，你看那启明星升起来了，黎明还会远吗？”

宋查理点点头：“我们会好起来的，我们一定会好起来的！我们的慕文堂还要修建起来！”

第十一章

圣洁的婚礼

基督徒之爱是兄弟般的爱，是神圣的爱。只有在男女的结合中，爱才具有双重意义，才是生命脉搏完美的跳动

宋查理回到上海，便病倒了。

倪桂珍在病榻前，默默地祈祷着：

“有谁能够不受苦难呢？因为这是通向天堂的路……”

倪桂珍太理解他了，这不是病，这是失败中的痛苦！慕文堂的修建倾尽了他的全部心血，如今化为一堆废墟，他能不痛苦吗？能不沮丧吗？将心比心，倪桂珍落下了眼泪。

“查理，咱们结婚吧？”倪桂珍央求着宋查理。

看望宋查理的人来了一拨又一拨，也都劝他：“有桂珍这样贤惠的姑娘陪伴你，你应该感到幸福。查理，该结婚啦。”

牛尚周的话更能刺激宋查理：“查理，你若不与二妹桂珍结婚的话，秉忠弟永远是个光棍汉！”

是啊，按传统风俗，儿女婚事应先大后小，不能越规。如今倪家三姐妹中，大姐已与牛尚周结婚，早就风闻温秉忠想结婚，只是缘于二姐的婚事没办，便拖了下来。

“看样子我们真成了小妹和秉忠的绊脚石了。桂珍，我们结婚！”宋查理终于答应了倪桂珍。

他们闪电式地结婚，也体现了宋查理的性格。他办事情一向是痛快的，绝不拖泥带水。他有“一急四快”之称，“一急”即性急，“四快”即吃饭快，走路快，说话快，办事快。他胸有大谋，从不甘心寂寞，按心理学分类，他属于胆汁质型，情感强烈、持久并易爆发，有时也会因为一点小事而大为生气、愤怒，与人争吵，甚至动

起手脚，大有“拔剑而出，挺身而斗”之势。只是他信仰的上帝又不让他爆发——和为贵，忍为高。因此，他心里常常处在矛盾状态中。

结婚为人生大事。

1887 年仲夏的大上海，天气异常炎热。

天热不如人心热。

宋查理闪电式的婚礼便在这坐着也出汗的季节里举行。

婚礼由传教士克拉伦斯·里德主持。由于宋查理在上海还没有多少朋友，他的亲属远在海南无法及时赶来，所以只有倪家的亲朋好友出席了。数以百计的亲友和宋查理并不认识的其他有势力的头面人物都来倪家贺喜。

由于倪家显赫的社会地位和先祖徐光启的影响，倪家拥有丰富的社会关系和人际交往——政界、军界、商界、宗教界，以及基督教徒和非基督教徒等。婚礼分两阶段进行，亦称两次婚礼：一是宗教婚礼，一是社会婚礼。

清晨，当东方第一缕晨曦给尖顶钟楼的穆尔教堂披上金色朝晖的时候，两面透风可以望穿的窗子里有件东西急速地晃动着，在窄窄的窗口里时隐时现——这就是那一直不停地敲着的教钟，它迎接东方的红霞，召唤上帝儿孙们的到来。

教堂的门敞开着，新郎新娘在喜娘的陪伴下，已步入教堂了。

倪家的掌门人倪韫山，红光满面，和他那如花似玉的长女和小女穿戴一新，站在门外，迎接宗教界朋友的到来，拱手、鞠躬、微笑。人们陆续地步入庄严肃穆的教堂。

教堂里，教士正在祭坛前面等候。

在欢乐的琴声中，唱诗班的少男少女唱着一首首赞美诗和祝福歌：

祝你幸福，祝你幸福，

我们都是上帝的牧羊人，
我们都有自由博爱的心，
你要爱邻人，如爱自己。
基督之爱，兄弟之爱，永远是神圣的。
还有上帝之爱，让我们与他融为一体。
我们就像玫瑰花，在春天里盛开。
我们纯洁地渴望融合，纯洁地渴望独立。
不可言喻的独立，两人美妙的结合。
那超然的存在，是两人完美的独立，
飘入了一个超凡的玫瑰花乐园。
……

在悠扬的音乐声中，教堂的人爆满。他们是美国基督教会、英国基督教会、法国基督教会以及中国牧师颜永京、吴虹玉、沈毓桂、张侨生以及他们的儿女等48名基督教徒和至亲好友。

当教堂钟声再次响起的时候，人们聚集在耶稣像前。一对新人——宋查理和倪桂珍站在最前排，第二排是倪氏家族的人，其次是倪氏家族的亲朋。倪韫山老人头发已花白，但精神很好，神采奕奕，他对安排的一切很满意，可以说二女儿的婚礼是他最满意的。主持婚礼的牧师从后门步入教堂，他不是别人，正是美国传教士克拉伦斯·里德牧师，此人办事干练，多次主持过婚礼，在江浙一带小有名气。本来教堂就很沉静，他干咳一声后，教堂更是寂静无声。

在里德牧师的主持下，婚礼顺利进行。

接着是一阵朗朗可闻的《圣经》祷告声漫过这寂静的教堂，这声音像一部合唱的歌曲一样悦耳动听。

婚礼告一段落，大家簇拥着宋查理和倪桂珍二人走出了庄严宽敞的教堂，来到教堂附近的带有舞厅的餐厅，举行婚宴。

人们早在这里聚齐。尤其值得提一笔的是，电报局学堂学生陆皓东也来了。陆皓东与孙中山是同乡同村，都是广东中山县翠亨村人。孙中山大他两岁，被尊为兄长。他对孙中山反清复明，要做“洪秀全第二”极为称赞。他是牛尚周教习的学生。

如果说教堂过于严肃的话，那么餐厅则是异常的热闹。偌大的餐厅，一条黄绿相间的琉璃屋檐，把巍峨的餐厅从蔚蓝的天空中勾画出来，那壮丽的柱廊，淡雅的色调，以及四周层次繁多的建筑，组成了一幅绚丽夺目的图画；屋内的天花板上，吊着金黄流苏的五彩宫灯，宫灯四周又有小彩灯相配，犹如众星捧月。台上摆着白色的鲜花，一个大红“喜”字占据了显赫的位置，在另一个台上坐着管弦乐队，他们个个穿着白衣白褂，可谓浑然一体；大厅里早已坐满了一百三十多名来宾，他们怀着兴奋的心情耐心地等待着；舞厅外面还有不少看热闹的人被堵在门外；餐厅六层楼的房顶上垂下十行花花绿绿的鞭炮，一直到地面。看热闹的人围观着，谈笑着。

中午 12 点一刻，爆竹点燃，乐队开始奏乐，煞是热闹。

“噼里啪啦”的鞭炮声洋溢着婚礼的气氛，把人们的兴致推向高潮。当主持人牛尚周走到前台时，台下爆发出经久不息的掌声。

牛尚周用英、汉两种语言向来宾致意，台下又是一阵热烈的掌声。

“先生们、女士们，今天是大喜的日子，客盈厅满，让我介绍一下各位来宾。”餐厅里顿时鸦雀无声。

牛尚周把来宾一一介绍完毕，足足花了十分钟。末了，他宣布：

“欢迎新娘、新郎入场，向众位宾客致谢致礼！”

同时，牛尚周指挥少女跳起舞来。随即，乐队继续奏乐。

宋查理穿着高雅的欧式礼服，在温秉忠的陪同下出场，舞厅里热闹非凡。摄影师把镜头对着他不停地转动、拍照。

又一次掌声迭起，后面的人们登上椅子，伸长脖子。伴随着《新娘来了》的古老名曲，新娘由妹妹桂殊陪同走进舞厅。廊子上铺着大红地毯，两边摆着白色的鲜花。倪桂珍披着银白色婚纱，披纱用一枝香橙花别着，稍稍偏向一边；饰以银丝的白软缎长长地拖在身后，像一只出水的白天鹅。新娘的乌发藏在白色尚蒂利桃花的罩纱里，罩纱垂到肩上，形成第二层披纱。她手里捧着一束用银白色缎带系着的淡红色的康乃馨。

这是一次高雅文明的婚礼，与基督教的习惯相反，新郎、牧师或其他人都没有拥抱或亲吻新娘。

新娘款款走到新郎身边停下，镁光灯闪烁着，拍下了一张张动人场面……

牛尚周指挥道：

“向倪老夫妇鞠躬！”

“向各位来宾鞠躬！”

“夫妻对拜鞠躬！”

新郎、新娘按照主婚人的指挥，一丝不苟地做着。

接着，牛尚周宣读结婚证词。宣读完毕，一个大印盖在证书上，一式两份，新郎、新娘每人一份。在接受证书的时候，一对新人向主婚人躬身施了礼。然后他们又向证婚人施礼，向周围观众施礼。

“向新郎、新娘献花！”在牛先生口令下，只见两个十一二岁的小姑娘，头扎红头绳，手捧鲜花，跑上台向新郎、新娘献花。

在乐队的伴奏下，男高音歌手唱起了《哦，答应我》。洪亮的歌声，伴着人们有节奏的掌声，弥漫于大厅。

“夫妻双方入洞房！”

大家一阵掌声。

从此，宋查理属于倪桂珍，倪桂珍也属于宋查理了。

也许是上帝的安排，他终与孙中山在码头相见

一天清晨，大海扬波，天上的红霞如鱼鳞般。

新婚后，宋查理和倪桂珍在岳父大人倪韫山的催促下，踏上了开往海南的船。

本来宋查理并不急于回家，因为手中没有足够的钱。花岳父的钱，他于心不忍。但倪韫山慷慨大方，给他们提供了一笔足够往返的盘缠。知书达理的倪桂珍也催促道："回家认认家人，拜拜老母，不忘养育之恩，顺便旅游一程，何乐而不为呢?"

"我不是不想回家，作为儿女，父母养育我们成人，实属不易。现在我们已成家立业了，再做父母的寄生虫，觉得脸红。"宋查理道。

"滴水之恩，必当涌泉相报。路还长着哩，把恩惠记在心里，不就好啦。"倪桂珍道。

宋查理点点头，也就默认了。

宋查理从上海码头乘船的那天，海雾很大，笼罩了对岸的青山。起锚后的客轮，鸣叫着昂首驶向雾的海洋。

宋查理 12 岁离开家乡，十年后，作为一位美国传教士，带着新娘，再回到阔别多年的故乡，心情该是何等的激动啊！故乡的老母，故乡的亲人，故乡的山水，故乡儿时的伙伴，那一张张纯朴善良的面孔，又一起闪现在他的眼前……站在甲板上的宋查理眼角挂着泪花。

"查理，这里风大，到舱里休息一下吧?"倪桂珍道。

"不，故乡就要到了，我着实太想家了，还不知老母现在是什么

样子呢。”宋查理喃喃地道。

是啊！十多年来，家乡也发生了翻天覆地的变化，成为法军的殖民地。他的父亲病故了，小妹也出嫁了。家中的房屋倒了山墙，成了海风肆虐的天地。母亲病倒在床上，声声呼唤着儿子的归来……

“妈！我回来了！”宋查理呼唤着妈妈，一步跨到妈妈的床前跪下来道。

“你是谁啊？”妈妈问道。

“我是阿虎。”

“是阿虎？”妈妈慌忙从床上坐起来，两眼瞅着儿子，“是阿虎，你叫妈好想啊！”说着说着眼泪扑簌簌地滚落下来。

“妈，您瞧，您的儿媳妇也回来了。”宋查理又道。

“妈，我们回来看您老来了。”倪桂珍说完把礼品放在妈妈的床前。

“姑娘，拿什么礼物啊，只要你们能回来看妈一眼，妈心里比啥都高兴。”妈妈道，“快坐下吧，姑娘。”

“妈，您病了？”倪桂珍问。

“病什么啊，还不是想你们想的呀？”妈妈又道，“你们还没吃饭吧，我去做饭。”

“妈，您好好休息，我们自己来吧。”

“姑娘，你坐吧，第一次认家门，哪能让你去做呢？你们回来了，妈的病全好了。”

听说阿虎带新娘回来，乡邻们都来了。这家拿来了年糕，那家拿来了鸡蛋，还有的送来了他们平时舍不得吃的腊肉。纯朴的乡情民风，使宋查理感动了。他凭着在海外学到的医学知识，在倪桂珍的陪同下，走家串户，为乡亲们看病。

可是作为传教士的他，一刻也没有忘记耶稣福音的传授。说归说，信归信，乡亲们皆摇摇头说：“孩子，不是我们不信，那洋人欺压我们太甚了！”一句话道出了天机，宋查理显得无奈。

宋查理和倪桂珍在家陪母亲住了一周，又要走了，惹得母亲又哭了一场。

“妈妈，我们还会回来看您的。”倪桂珍道。

“妈妈，我那里还有好多事情要办。”宋查理道。

“只要你们常常回来，妈妈就好了。”

宋查理从文昌码头上船，到了广州再换船到上海。就在这换船的当儿，他与孙中山的同乡好友——陆皓东，不期而遇。

“这不是查理兄吗？”

“啊，你是陆老弟。”

“上个月尚周兄介绍，我去参加你们的婚礼，想不到今天我们又在家乡见面啦！”

“是啊！”宋查理道，“上次见面时，你介绍了孙逸仙的情况，现在他还在香港读书吗？”

“他还在香港读书，并且念的是医学。我刚刚从他那里回来。”陆皓东道。

“他的情况怎么样？”

“他不想再学医了。他说，中国目前处于多事之秋，世道太乱。学医只能治末，反清才能治本。他现在正在秘密从事反清工作，自称‘洪秀全第二’。”

“太好了，中国要出华盛顿和林肯了！”宋查理高兴了，“他在国外留了几年学？”

“他在檀香山那里学了三年，因其政治思想色彩太浓，被学校开除了，与供养他上学的兄长也闹僵了。后来，他回到国内，依然故我。”

“听说你们是同村同乡？”

“一点不假。我们是光着屁股一起长大的，又一块儿捣过神庙。”陆皓东说，“如果查理兄要见他，很容易。”

“我倒是很想见见他。不过，这次船票已订好。如要见面，恐要误船。日子长着，我们会见面的。”宋查理思索着道。

“听说这两天还有强风暴通过，你们是走不了的。”陆皓东道。

“如走不了，倒可以见见面。”宋查理道。

就在这时，码头的广播响了，传来了播音员的声音：

“旅客们，请注意！今晚有强风暴通过，前往上海的轮船推迟24小时后再通知开船时间。”

“这叫人不留天留。”陆皓东说，“我现在就去通知孙逸仙，今晚你们可以会面了。”

他们在码头附近的一家旅馆会面了。

物以类聚，人以群分。当年这两位出洋留学、同喝过西洋墨水、吃过西餐的广东同乡，终于有了会面之缘。他们谈西洋，谈林肯，论中国，议皇帝，讲民权，说自由，两人义愤填膺。他们都是基督教徒，当初志愿都是学医，因而话越谈越多，情越说越浓。最后，他们又各自谈了自己眼下的情况。一直谈到启明星在空中收下它的余晖，两人才握手言别。

后来，宋查理回忆这次见面的情况时说：

“那次见面很偶然。本来我们已订好了船票，人不留天留。也许是上帝的安排，强台风通过。我们乘坐的客轮推迟了开船时间。在陆的引见下，我与孙见了面。他给我印象极好，穿戴很整齐，给人极精明的感觉。口碑也佳，抱负也大。我们很谈得拢，相见恨晚。想不到后来他竟成了推翻清朝的民国第一任大总统。也许是上帝的刻意安排，这一次见面成了我人生的转折点。不过，当时我还未意识到。”

这成了宋查理儿童救济事业的开始，并一直延续到他的儿女们

蜜月中的宋查理夫妇，他们不仅是到“远在天边”的海南去探亲访友，而且是一次对中国国情的实地考察。官府的腐败，人民的痛苦，历历在目。此时他已认识到：清政府仿佛置身于一座即将爆发的火山口上，到处布满了干柴。

在一个三等舱里，半夜时分，一位老妇突然嘤嘤啼哭，像孩子一般。

倪桂珍和宋查理跑过来，询问是怎么回事。老妇人答道：“我的孩子被他们投入海中喂蟹了！”说完又是一阵放声大哭。

老妇人有三个儿子，大儿子和其父在参加洪秀全领导的太平天国起义时阵亡了，剩下孤儿寡母度春秋。屋漏偏遭连夜雨。前一年天不作美，一直下了七七四十九天大雨，田里的禾苗泡了汤，颗粒无收。知县派人到他家催粮，小儿子不在家，正遇上二儿子讨饭回来。双方发生争执，官府借人多势众，强行捆走了二儿子。次日凌晨，小儿子回家，闻听此事，满腹愤慨，便号召全村百十号乡亲，手执棍棒，要求知县立即放人。其实乡亲们此来，并非恶意，只求放人而已。可那知县错判了形势，见来人这么多，误认为要拿他的人头是问，不觉慌了。他一边应付着与乡亲代表谈判，一边提出小解一下。趁此机，他从后门溜走了。乡亲们左等右等，不见知县出来，判断他定是跑了。这时，群情激愤的乡亲们揭竿而起，点火烧了知县衙门，接着又围剿知县的家，一时轰动全城。后来州府派兵镇压，又抓走了老妇人的小儿子，当天就把包括她小儿子在内的33名乡亲捆绑起来，投入了大海。

大海涨潮了，老妇人哭声更悲了：

“小儿子喂蟹了，二儿子还不知死活，让我一个老太婆可怎么过啊！天啊，你睁睁眼……”

倪桂珍把从海南带来的水果送给可怜的老妇人。老妇人摇摇头：“闺女，我已经三天一粒米没进了，我吃不下啊！”

宋查理和倪桂珍不觉落下了眼泪。

使宋查理夫妇更惊心的是那一个个留着长发、满脸污垢的流浪儿。他们中不少失去母爱、父爱，流落在码头、街头，过着非人非鬼的生活。儿童是未来的希望，这对新婚蜜月中的夫妇，他们也将做人之父、人之母，对这些流浪的孩子不免动了恻隐之心。

流浪儿童几乎在每一个码头都能看到。

那是在福州码头，客轮要在这里加油停靠，他们下了船，在码头小憩。一帮帮乞讨儿蜂拥向他们走来，有男有女，有大有小。每来一拨，都把小脏手伸过来，说些与主人身份不相符的乞讨话，令宋查理夫妇哭笑不得。

“我成了大爷了！”宋查理道。

“我成了大娘了！”倪桂珍道。

“但愿我们的孩子不要像他们这样！”

爱子之心，人皆有之。宋查理夫妇倾尽身上的碎银递给这些流浪儿。

在返回客轮时，他们路过一个椰林处。

椰林已成了流浪儿的栖身之地，昔日空气清新的椰林，此时弥漫着一股腐烂的臭味。被流浪儿捡来又扔出的瓜果、皮核，满地皆是。他们看到一个矮小的流浪儿捡起地上一个橘子（表皮很好，实际已经烂了），拿到嘴边一咬，便知里面腐烂了。另一个高个儿流浪儿走过来，重新捡起矮个儿扔下的那个橘子，咬了咬又扔掉了。那矮个儿流浪儿站在一旁，捂着嘴哧哧发笑。那笑声有几分乐意：你还不如我呢，捡我扔下的！儿童也有儿童的乐趣，不过那在宋查理夫妇看来实在太酸楚——它提醒宋查理夫妇在人生的路上该干些什么。

快到码头的时候，宋查理夫妇突然发现前面的路上有一个黑乎乎的东西，以为是别人丢失的头巾。当他们走近跟前时，一群黑苍蝇“轰”地一声从上面飞起。原来是一张大荷叶，荷叶下面躺着一个牙关紧闭、面目铁青、浑身颤抖的儿童。

“他病得厉害，快要死了。”倪桂珍道，“查理，你有办法吗？”

宋查理在胸前画着十字，似在祈祷：“上帝是仁慈的，我们要救救他！”

他们俯下身来，宋查理一边掐孩子的人中穴，一边嘱咐倪桂珍，快到船上取些药来。经过一阵抢救，孩子苏醒过来了。长长的脖子挑着一个大脑袋，菜叶色的瘦削脸庞上镶着一双痴呆的眼睛。

“孩子，你叫什么名字？”

“我叫阿龙。”

“家在哪里？”

孩子用手指了指岸上边。

“快回到你阿爸阿妈身边去吧？”

“阿爸阿妈没有了！”

听了阿龙的诉说，宋查理夫妇不禁心里一寒。

“阿爸阿妈怎么没有了？”

原来，阿龙也曾有一个温暖的家，阿爸阿妈十分喜爱他。阿龙5岁那年，阿爸参加了当地的反清组织。一个夜间，他家突然闯进一帮人，睡梦中的阿爸被强行抓去，后来被杀害了，临死时，脚上还捆着铁链子。阿妈经不起命运的折磨，疯了，也顾不了孩子了。阿龙从5岁开始流浪，至今已经三年。

“这孩子怪可怜的。”倪桂珍道。

“愿上帝庇护我们天下的儿童!”

眼看开船时间到了，宋查理夫妇又把一些药物留给孩子，慌忙上了船。

船开了，那凄惨的一幕仍留在宋查理夫妇的眼前。他们萌发了兴办儿童福利事业的念头，并且把它当做生命的一部分。

第十二章

爱国从传教开始

在两股力量中寻找共同点：关心国事与传授福音是统一的，将两者对立不可取。坚持一面，充其量只是一个理想主义者。变革，使他一夜成为百万富翁

宋查理在上海传教期间，正值清王朝自顺治帝以来第九位皇帝——光绪执政。

宋查理夫妇从海南回到上海后，沿途耳闻目睹，尤其与孙中山的谋面，使他眼界大开。本来，他只想做个虔诚的上帝福音的传授者，这之后，他渐渐地发现这种思想若不与中国的实际结合，充其量只能是一个理想主义者。中国人民头上有两座大山：一是封建的压迫，一是帝国主义的压迫。如不反封建反帝，传授基督的信仰就是一句空话。

也就在这时，宋查理正式加入了上海一个势力不小的秘密会社，开始从传教士向革命者过渡，他在美国接受林肯的思想也替代基督的教义而占据了上风。这是一个年轻人意识觉醒、起来反对旧传统的心灵的热血，这是渴望从世上最美丽又最可怕的谎言——关于上帝的故事中挣脱出来的青年的热血。

无论是面对革出教门的威胁，还是面对社会舆论的压力，他都要坚定不移地为自己开辟道路。

这是一条伟大的解放的道路！

后来，当宋查理回忆起自己这段变化时，承认自己曾度过了虔信宗教的年代，压抑了心灵中对旧制度所产生的一切怀疑，热烈地祈祷过“同上帝交往”，并毫不犹豫地愿意把自己最宝贵的一切贡献出来。然而，宋查理早期的信仰只是一种童稚的信仰。

第十二章
爱国从传教开始

有两股同样强大的力量同时在影响着年轻的宋查理。其中一股力量是林乐知所代表的美国监理会，另一股是姻兄姻弟牛尚周和温秉忠所代表的反清思潮。林乐知的冰冷如铁的意志遭到反抗时，牛、温二位的热情洋溢的教诲在自由地驰骋。

美国监理会送宋查理上学，希望这个东方血统的孩子、上帝恩赐的这件最宝贵的礼物成为真正的为其服务的传教士，进一步奴役中国。根据传统，他们所谓的“真正的”概念包含着一个主要的品德，即信神。严厉的林乐知，不惜精力，担起宋查理监护人的重任，宋查理必须听从美国人的命令，不得有违，每月15美元的薪水，就是林乐知给他的脸色。不顺从吗？把你流放到偏僻的昆山去。有意见吗？给我修教堂。修教堂必须有钱，钱嘛一分不给。

林乐知的身影犹如一块巨石，压得宋查理喘不过气。一次，林乐知生气地说：“你是我们美国养大的，你一定要服从我的要求，完成我们美国交给你的使命。”

惩罚的手段是多种多样的，从最弱的惩罚——多次警告和道德训诫到最强的惩罚——停发月薪。

美国在华盛顿的领导下，创造了美利坚合众国。这是一种历史进步，使民主和自由更大地发挥出来，但是美国监理会并不想把这些传授给中国。对于一切“新事物”，不管是通过什么途径来的，无论是通过急剧的社会动荡，还是隐秘的思想潜流，林乐知都准备以他固有的全副精力与之斗争。他寻找斗争中的盟友、助手和支柱。这就是教会的意识形态，教会虔诚主义。

不过，反对这座不可征服的堡垒（宋查理的意识）的还有另一个少壮派的队伍。在这支战斗的队列中，有罗马时代的箴言，有高卢的神话故事和士瓦本的讽刺笑话，有艾拉兹姆的智谋和霍夫曼的幻想，有巴赫的旋律和杜勒的雕刻，有斯堪的那维亚的神话和莱茵地区的格言。牛、温就常常以一个备受欢迎的征服者形象出现在这座不可攻克的堡垒中。宏伟而美妙的思想要比林乐知的油光锃亮的“手杖”更令人信服。

新教派的教会，不管它是路德派的还是加尔文派的都不能满足正在成长的天才人物的巨大精神需求。宋查理在寻求知识的食粮，可是教会提供给他的却是冰冷的石块。新教派的教会由于禁欲主义的观点和方式而变得毫无生气，它像一块墓碑石压制着宋查理的意识。教会试图麻痹他的思想，要他放弃一切世俗的东西，要他丢开他所喜爱的和感兴趣的一切。教会不是给他以翅膀，而是给他以枷锁；不是让他看歌德的著作，而是让他念圣热尔门的行传；不是让他听莫扎特的令人鼓舞的乐曲，而是让他听施蒂尔牧师的赞美诗。更不消说世俗的哲学，对于多少有点自由的哲学思想，都要挂上一把神圣的宝剑，随时准备加以斩断。

一个晴朗的冬日的下午。

宋查理高兴地收到了一封发自美国的来信和一个邮包，是卡尔义父寄来的。邮包中有一叠报纸。他从中获悉美国正时兴“大学生自愿出国传教团”，许多应届毕业生纷纷乘上火车和轮船赴世界各地传授基督福音。直率的年轻人在国外组织起“青年基督徒会”，它们超越原来的各宗各派的观点，团结起来，把基督的福音更广泛地传遍四面八方。

“这是了不起的变革!”他对这种超越各宗派而独立存在的组织很感兴趣。

宋查理早有此变革的想法，只是没有执行。以前，宋查理亲眼看到各个教派之间的争斗影响了福音的传播，仅美国在上海就有两大派，一是南方派，一是北方派。他早已深恶痛绝各派之间的对立，并为不能摆脱宗派的困惑而深深苦恼。现在，他感到有“尚方宝剑”了，也想用“青年基督徒会”的形式把中国的青年和学生聚集起来，用基督精神对他们进行启蒙教育，唤起他们的社会责任感。创立

"青年基督徒会"，这一欲念立即强烈地摄住了他的心，他高兴得连呼 OK。

事不过夜，他立刻找到牛和温，高兴地对二人道：

"我有尚方宝剑了！我们应当组织一个像欧美那样的'耶稣教徒会'！"并拿出报纸给他们看。

"为什么作为一个中国人，一切都要听欧美传教士的？"宋查理愤愤地对牛、温二人说，"都是为了传播上帝的福音，他们能传，我们也能传！"

牛尚周笑道："查理你变了，与昨天判若两人！"

温秉忠也说："本来我们早就想让你摆脱林乐知，你就是不敢。"

对宋查理这种想法，二人大为称赞。最后，牛尚周道："最好再征求征求颜牧师的意见！"

接着，宋查理又找到颜牧师。

颜永京对宋查理要标新立异再来创办一个基督教青年社团的事虽然表示支持，但又不无疑虑："我们何尝不想独立传教？只是那些蛮横的传教士让人奈何不得！过去，咱们上海已经有一个基督教徒的联谊组织勉励会，是上海基督教外籍传教士控制了中国教徒会。该会几乎把所有的中国教徒都网罗进去了，这是一个打破宗派的以社交为形式的社团。我和吴牧师都是这个组织的委办（委员）。如果再创一个，势必会被人看做是分庭抗礼的举动。这点我想不好。"

"我的处境你是知道的，我就是不能忍受外国传教士的专横。如果独立传教的话，我可以除了上帝的旨意，谁的命令都不听，可以自由了！"宋查理决心独树一帜。

可是正在宋查理酝酿和征求意见时，不料走漏了风声。美国监理会大动干戈，以林乐知为代表的洋教士们出来干预了——像对付叛教者一样，对宋查理开始"审讯"和警告。

"听说，你要另立教会，是真的吗？"

宋查理道："既然你们已经知道了，何必还要问我？再说，美国已经风行青年基督徒会，我这里有报纸，请你们过目，并不是什么新鲜玩意儿，何必大惊小怪！"

"这里是中国而不是美国！那是指我们美国学生而不是你！"

"你理解错了，这里并没标明啊。"

宋查理说得洋教士哑口无言，林乐知最后道："你是我们美国培养出来的，一切应该听从我们的命令！"

"我们都是上帝的代表，对你的责难我感到遗憾。"

第二天，他便接到通知，派他立即到上海西南的七宝镇去传教。显然，这是报复——再次被"流放"。

更可悲的是，不但洋教士阻挠，就是中国籍教徒亦不敢响应他的号召。但是这丝毫没改变他的决心，只不过时间推迟了。六年后，这一组织终于诞生了，再后来，他的三女儿宋美龄从美留学回国，出任青年基督徒会的会长，工作十分出色，还受到美国监理会总部的通报表彰呢！

此后不久，宋查理便加入了一个以反抗清朝统治为宗旨的组织，名叫三合会，又称红帮会。

当然，这是在极其秘密的状态下加入的，随时都有掉脑袋的危险，三合会在外一般称为红帮，是在中国最有影响、最耐人寻味的组织之一。上海是它的老营，在上海的当权人物中，多数都秘密加入了这一组织，否则就在这里站不住脚，包括后来的蒋介石在内。

宋查理的加入显然是由于牛尚周、温秉忠的介绍。他们既然非常慷慨地使宋查理进入了他们的家庭，也就有必要把他带入现实世界。从这时起，宋查理最密切的同事大多数都是红帮的爱国成员。

奇怪的是，宋查理自从把主要精力放在反清事业上后，他作为一个传教士也开始走红了。林乐知不再和他为难，不久他被提升为正式牧师，接着又调到上海地区进一步接近中国财政和革命风暴的中心。

为了反清事业的需要，也为了自己的生计，宋查理迫切地感到他需要钱。在美国经商的实践和多年资本主义社会的耳濡目染，使他很快看清了目标。当时的宗教书刊都由国外印刷再运到中国出售，一则价钱太高，一般劳动阶层都买不起，二则这些书都是英文，大多数人买了也读不懂。宋查理当了一段时间的批发商后，一个大胆的计划形成了——自己办一个印刷厂，用本地生产的便宜纸张、硬板纸封皮和廉价劳动力，在中国印刷这些书刊。从宗教方面看，这是一项值得称道的事业，西方一些传教组织和宗教团体在金钱和技术方面提供了帮助。在三合会方面看来，有一个自己人控制的印刷厂，他们的许多宣传品就可以轻而易举地秘密大批印刷，真是再好不过。

宋查理的主意得到各方面的支持。

在筹办印刷厂的过程中，宋查理又听取别人的建议，组织人把《圣经》等书翻译成了吴语方言，牛尚周、温秉忠出了大力。这样，信教的即使是纱厂女工、种田农民和码头装卸工，也都能买得起、读得懂了，而且可促使印刷数量猛增。

宋查理为自己的事业所鼓舞，整天东奔西忙。他的急性子这时显现得更明显了，而且也用同样的标准要求别人。

有一天，他与一个三合会的掌门人约好在一家咖啡店接头，洽谈有关厂址的几个问题。约定时间过了两小时，那个掌门人还没到。宋查理怒火冲天，不顾天下着大雨，一口气跑到掌门人家里，只见他正和几个人打麻将。宋查理一言不发，上去把麻将桌哗啦一声掀翻在地。三合会内部的规矩非常严厉，冲撞会首有可能被秘密处死。宋查理却不管不顾，指住掌门人的鼻子就吼：

“约好的时间为什么不遵守？”

掌门人倒很宽容：“查理，没看见天在下雨吗？瞧你淋得像落汤鸡似的。”

宋查理火气更大了:“下雨，下雨算什么！约好的事情别说下雨，就是下刀子也得办!”

掌门人也来了气:“既然下雨，约定的事就自动取消了，历来都是如此。你在那里傻等能怪我吗?”

宋查理想不到还有下雨就取消约定这一说，他气呼呼地喊:“时间，时间!”

“什么时间？你少来这一套！这不是美国，不是军队！时间有的是，今天办不了，还有明天，你急什么?”

中国人传统的时间观念就是这样，比约好的时间晚两三个小时都是常事。宋查理回国后吃这样的苦头太多了，他干脆大吵来一次总发泄。掌门人后来感到实在有损尊严，威胁要对宋查理进行惩处。宋查理则警告，如果会众不养成良好的遵守时间的习惯，则将一事无成。这次争吵提高了宋查理的威望，许多人知道了宋查理是讲究效率的人。与他打交道或在他手下工作时都不敢懈怠和懒懒散散，他的印刷厂很快开始运行，情况良好。不久，一家亏损的面粉厂也因宋查理的名气而交给他经营。宋查理作为一个实业家开始在上海滩崭露头角。宋查理一夜成为上海百万富翁，在大上海被传为佳话。

宋查理为怀念心中的美国恋人，为长女取名霭龄

宋查理结婚几年，因为经济上的困境，一直不敢要孩子，他怕在贫困中使孩子得不到良好的教育，影响他们的前程。现在，他的事业蒸蒸日上，手里有了足够支配的金钱，便决定造一幢房子，要一个孩子。

宋查理在虹口买下了一块不小的地皮，准备在这里建造他的

新居。

他对这一地点的选择被许多人认为是在国外养成的怪癖的表现之一。这时的上海，是个地道的“万国总会”。自从英国人用炮舰轰开了国门之后，形形色色的外国人就一批一批地涌到这里，或是想大发横财，或是来寻欢作乐。官宦、商贾、财主带着资本来这里经商，破产的农民到这里打工谋生。人口的高度密集，又滋生出不少流氓阿飞、大盗小偷，有的相互勾结发展成黑社会团体。由于缺乏统一管理，治安相当混乱。外国人出门要自带火枪，有地位的中国人则随时带着保镖。至于建房，有钱的人选址时尽量靠近外国领事馆，以求得庇护。宋查理居然要将房子建在远离市区的荒田旷野当中，许多人感到不可思议。但后来事实证明他的选择是有远见的。老城里街道又狭窄又肮脏，而这里环境优美，视野开阔，空气新鲜，很有现代的别墅味道。他的房子建好后，又为牛尚周、温秉忠和其他一些朋友在这里购买了地皮，帮助他们建房，这一带很快发展起来。十几年后，这里的房屋纵深已有好几公里，他门前的大街称为东有恒路。他搬往别处后，当初在廉价的地皮上建造的这所房子给他带来了丰厚的租金收入。当然，这是后话。

宋查理亲自设计了房子的式样。

建房开始的时候，夫人倪桂珍怀孕了。宋查理干劲十足，他跟夫人肚里的孩子比速度，要看看是孩子先出生还是房子先建好。

宋查理设计的是一幢中西合璧、风格独特的建筑。房子在一片绿茵茵的庄稼地中间，一条小河从门前流过，快到门口时又向远处绕个弯再拐回来，很有点风水先生们讲究的“砂环水绕、灵气所聚”的味道。小河上，一座江南水乡特色的石拱桥指引着进门的路径。门两边延伸出一溜不高的石墙，墙身被涂成深黄色，与四周绿色的田野相映成趣，充满诗情画意。院内有两幢房子。前排是两层楼房，底层有宋查理的书房、餐厅，配有红木方桌和立式小凳的中式客厅，摆设着钢琴、舒适的扶手椅和沙发的西式客厅。沿着油漆锃亮的木制楼梯可以登上二楼，楼上宽敞的游廊显得气派不凡，尽头通向一个宽阔的凉台，可供一家人露天就餐。楼上的房间是舒适的卧室和浴室，还有孩子们的游艺室。每间卧室里都有精美舒适带有弹簧的美式沙发床。浴室里安装着考究的苏州澡盆。这种盆外面镶着名贵的柚木龙雕，里面是洁白如玉的釉质陶瓷。盆里装有冷水龙头，热水要在楼下烧好提上来。在电没有接来之前，整个房间的取暖由煤气加热炉供给，这在当时是相当豪华了。后面一排平房是厨房、贮藏室和佣人住房。房后有一个菜园，自己栽种蔬菜。宋查理还从美国订购了棕榈等他喜爱的植物，对房前屋后进行了绿化。对于多年漂泊异乡和回国后曾一度租住农民破旧草房的宋查理来说，这真是一所天上的琼楼玉宇，人间的王侯宫殿。孩子出生前，房子已造好。

这一天，在宋查理的提议下，一些反清义士在法国使馆附近的一间房子里，举行一个小型的集会，宋查理在会上发表了慷慨激昂的演说，他讲解美国的民主和自由，宣传林肯“民有、民治、民享”的主张。但是，他还没讲完，有人便提出了不同意见，到后来终于发展成为一场争论。

和宋查理争论的主角是一位传奇式的人物，名叫洪春魁。他是洪秀全的大哥洪仁发的儿子，15 岁随洪秀全参加金田起义，以后转战桂、湘、鄂、皖、赣、苏、浙诸省 15 年，作战骁勇，屡建功勋，洪秀全亲封他为“瑛王三千岁”。天京陷落后，洪春魁率残部转战闽粤，后来撤到了香港。他一心想恢复太平天国的大业，组织洪门，开展秘密反清活动。宋查理对这位反清老英雄内心非常尊敬，他们在推翻腐败的清政府及信仰上帝这方面意见一致。但是洪春魁听宋查理今天一再赞颂美国的制度，终于拍案而起。他气愤地说：“天国的事业就坏在美国人手上！传教士罗孝全是美国人，天王待之以国师之礼，封他当丞相，可他却忘恩负义，逃出天京去上海，谩骂天国。洋枪队的头目华尔、法尔思德、白齐文都是美国人，他们用洋枪洋炮帮清朝打天兵。我曾亲自同他们对阵，天兵只有大刀长矛，洋枪队却有开花大炮，强弱悬殊，惨不忍睹啊！美国人手上沾着天国将士的鲜血，你怎能老讲美国好。”

宋查理耐心解释说：“美国有坏人，有最坏的东西；也有好人，有最好的东西。有的东西我们不能效仿，有的东西却可以学习，为我所用。比如这民主、平等……”

洪春魁大叫：“不行，不行，咱堂堂中国，怎么能没有一个好皇帝，没有一个真命天子！”

宋查理也叫了起来：“时至今日，如果有人还想当皇帝，我们就连他跟清政府一起反！”

两人正争得不可开交时，平日跟随宋查理的阿怀冲了进来，他急匆匆地说：

“先生，先生，恭喜先生！夫人，夫人生了！夫人生了！要你快回去，回去看看……”

宋查理还要和洪春魁辩论，倒是洪春魁大度：“今天休战休战！走，咱们一起去，给你贺喜！”

众人随宋查理一起来到他的新宅。孩子的哭声响亮，使新落成的房子一下子充满了生气。洪春魁刚进院门就听见了孩子响亮的哭声，他蛮有把握地对阿怀说：“你先不用讲，我一猜一个准！这小儿的哭声霸气十足，定是位将来要成王的公子！”

宋查理呵呵一笑：“我最崇拜主张民主平等的林肯，坚决反对任何人称王称霸。”

宋查理把众人留在客厅，轻手轻脚地进了夫人的产房。倪桂珍头上还在冒着虚汗，见宋查理进来，她似乎有些愧疚地说：“查理，对不起，是个女儿！”

宋查理在她额上轻轻地吻着：“快不要这样说，我本来就希望我们的第一个孩子是女儿。况且现在出生的孩子，属于巨蟹座，若是女儿，必然大有成就！”一席话说得倪桂珍脸上浮出了笑容。

宋查理无限爱怜地抱起刚刚出生的孩子仔细端详，只见她胖嘟嘟的脸蛋，红润的小嘴，浑圆的胳膊腿儿一舞一抡，煞是可爱。宋查理刚想把她的小脸贴上来亲亲，她的小嘴竟嘟嘟地吹了起来，口水喷了宋查理一脸。宋查理笑笑说：“嗨，这孩子日后定有成就！”

一连几天，宋查理沉浸在欢乐之中。

喜得“千金”更激发了他为孩子的未来争民主争自由的念头。他的印刷厂日夜开工，在印刷《圣经》的掩护下，勇敢地承担了为革命团体印刷宣言、通告、传单，甚至债券、金币票和委任状的任务。他没有中国传统的重男轻女思想，对女儿的步步成长都注入了自己理想的因子。他给这个刚刚出生的女儿取名霭龄，外国人听起来，很有点像他那位痴情的美国女友爱琳，个中苦心也许只有宋查理自己明白。不过，他倒是给女儿另起了个洋名——南希，以表示他对给予他上学很大帮助的卡尔夫人的感念。

第十三章

商战风云

屈辱的岁月，爆发的时刻……

1892 年 5 月 5 日。大上海。

天是灰色的天，地是灰色的地，上海是灰色的上海。灾难深重的中华民族，已经到了国将不国的时候。上海，这座美丽的海滨城市，也是备受西方列强侵略欺凌的东方明珠。

自 1840 年 6 月起，持续两年零两个月的鸦片战争，结出了罪恶的果实。1842 年 8 月 29 日，中英签署了奴役中国人民的不平等条约——《南京条约》。条约第三款把广州、福州、厦门、宁波、上海五处列为通商口岸，从此，我国东南沿海门户洞开，西方列强纷至沓来。上海成为西方列强侵略中国的桥头堡和帝国主义冒险家的乐园。上海市内租界林立、洋人横行，帝国主义分子以租界为据点，向四周散射着毒素，吸吮着中国人民的骨髓和血液。上海及我国东南沿海人民饱受蹂躏、备受摧残。哪里有压迫，哪里就有反抗。有着优良传统、富有斗争精神的上海人民不甘忍受西方列强和清王朝的双重压迫，1853 年 9 月，上海爆发了著名的小刀会起义，与太平天国革命遥相呼应。群众杀死县官，占领上海县城，建立“明太平天国”。小刀会起义所向披靡，一往无前，十余天内，攻克青浦、川沙、南汇、嘉定、宝山等州县，革命力量迅速壮大。西方列强和清政府视小刀会为洪水猛兽，小刀会控制上海后，旋即遭到中外反革命势力的疯狂反扑。刘丽川率领起义军英勇拼杀，以身殉国。起义坚持了 17 个月之久，终被中外反革命势力的联合围攻所剿杀。小刀会起义虽然失败了，但给西方列强和清王朝以沉重打击，给上海人民留下了宝贵的精神遗产，并充分展示了上海人民不畏强暴的精神，孕育、激励着后人为反抗压迫而斗争不息。

第十三章
商战风云

1892 年 5 月 5 日，美国国会悍然通过反华排华的《吉瑞法》，与 19 世纪 80 年代的《排华法》如出一辙。

条文规定：除外交官及其随行人员外，中国人一律不得入美国国境或重返美国；如运载一名华工入境，对船主处以 1000 美元罚金或一年监禁，船只充公；华人不能证明本人入境手续合法者，罚做苦工一年，一年后再驱逐出境，云云。

凡是具有民族感和正义感的中国人对《吉瑞法》无不愤慨。

《吉瑞法》颁布的当天傍晚，上海正好停电。

在一个没有灯光的客厅里，几位中国人在谈论着此事。他们是颜永京、吴虹玉、牛尚周、温秉忠和宋查理。

牛尚周道："当年，我和秉忠在美国求学期间，美国国会颁布一个《排华法》，使我们中断学业，被迫回国。如今这个《吉瑞法》，又是故技重演。"

温秉忠道："他们把中国人当成东夷，任意驱赶。这样野蛮对待中国人，中国人不能再沉默了。这不是对华工而言，而是对待一个民族的大问题！"

颜永京也愤愤不平道："这也是当年英国制裁美国人的办法，如今美国人又用到中国人的头上。当年美国人用抵制英货与之还击，我们何不采之。这叫以其人之道，还治其人之身。"

宋查理道："如果可行，我还有几处商号，从明天起，我就挂出招牌，抵制美国货！"

吴虹玉道："一家力量太小了，还要串联一下，形成规模，或搞一次游行，给美国人一个脸色，中国人也不是沉默的！另外，沈毓桂老先生也可写篇檄文，评述《吉瑞法》，刊登于《万国公报》，警告美国国会和提醒我国国民。"

大家你一言我一语地出主意、想办法。

沉默的上海不再沉默。上海开埠建市以来第一次发生的抵制美货事件爆发了，它像当年上海人为反对“华人与狗不得入内”招牌而举行的示威一样，将永记在史册上。

第二天一早，宋查理的几处货栈处便打出了“这里不卖美国货”的招牌，引来了众人围观。宋查理趁机又和他的职员敲锣打鼓，吹起号角，发表演讲。等人员到齐后，他们组织了大游行。

一位美国商人挤进人群问宋查理：“为什么不卖美国货？”

宋查理道：“问你们国会去吧！是他们不让我们卖的！”

“国会是国会，商家是商家，我们是朋友！”

“是朋友，为什么还颁布《吉瑞法》，反华排华？”

当长长的游行队伍，穿越长街来到美国驻上海总领事馆门前时，“龙头”停下了，“龙尾”还在蠕动，口号声此起彼伏。

关于宋查理参加游行一事，早有人报给美国监理会林乐知。林乐知立即赶往总领事馆前，见宋查理带领群众正起劲儿地呼喊口号，脸一下子拉下来了，对宋查理道：

“查理先生，请你自重！”

“我没有做出格的事！”宋查理分辩道。

林乐知问：“你这是干什么？”

“我们是抗议美国国会！”

“你要记住你是美国监理会人员，而不是中国监理会的。此事请你不要参加！”林乐知语气很硬，似是下了命令。

“可我是中国人！”宋查理道。

“中国人也要属于我们美国人管！”林乐知霸气十足。

“今天，你管不了！”宋查理针锋相对。

“我管定了！除非你现在退出美国监理会。”

“冲你这话，今天我就宣布退了！”宋查理高声道。

“你，你……”林乐知语塞，头也不回地走了。

第二天，上海各家报纸以“林宋龃龉终有所结，宋查理与美国监理会决裂”为题的头条新闻，轰动了上海宗教界。宋查理也借此发表声明：他此次脱离美国监理会，实属无奈。但他仍是基督教的信仰者，离会不离职。他将作为独立传教人，继续传授上帝的福音，让上帝的恩泽普照国人！

同时，他还声明，他将成立一个新的类似世界各地的青年耶稣会性质的自立幼教基督会，还要办一所学校，培养新人。

一石激起千重浪。

最先引起强烈反响的是宋查理所在的美国监理会。

气急败坏的林乐知立即召开了一次紧急会议。他在会上指手画脚，板着脸喋喋不休地说：“有人要背叛我们监理会了！对这样的人不能手软！按教规，我们有权处死他！今天召集大家来，就是要研究个对策，我听大家的！”

上海之外的牧师，还不知道真实情况，以为出了什么大事，后来才知道是宋查理脱离美国监理会一事。

“其实，这事也是大家早就预料到的。独立传教问题，仍在世界风行。对查理脱离教会一事，不能这样简单看。因为他仍信仰卫斯理信条，走独立传教的道路。这也符合上帝的宗旨。”与宋查理比较要好的朋友美籍牧师步惠廉道。

“要知道，他是我们美国一手培养起来的，这实际是对我们美国人的背叛！何止是对一个监理会组织？”林乐知的一个爪牙立即反驳道。

林乐知向他的几个心腹使了个眼色，又貌似公道地说：“大家继续发言，看还有什么意见？”

几个心腹心领神会地发了言，与林乐知会前的定调如出一辙，骂宋查理是反美分子、间谍分子、反监理会的精英、背叛上帝的疯子等等。

李德忍不住霍地站起来了：“我不同意这种说法！大家知道，我和查理关系不错，无话不谈。我比较了解他的思想感情，查理是爱国爱教的。可是作为上司，林乐知没把上下级关系处理好，这是查理退会的主要原因。他脱离我们监理会一事，按他的声明讲，实出于无奈，这也是真情。大家讲，他是我们美国培养出来的，这也是实情。可是，我们并没有把他当自己人对待。比如说月薪，在座的每人拿多少钱？不说大家也明白。可查理只有 15 美元，这比大家少多少？另外，查理的见习牧师，按教会规定，大学毕业一年转正，可是推迟了三年。还有，我们美国国会近日颁布的《吉瑞法》，实际是一个排华的法案，眼下的美国正在走当年英国的老路，对外侵略、扩张。查理作为一个东方人，有个人自尊心和民族自尊心。可林乐知不把人家放在眼里，能全怪查理一个人吗？矛盾发展到今天，又要这样处理那样惩罚。我觉得作为一个组织，当务之急是反省我们自己。查理的工作我可以做，大家也可以做嘛！”

林乐知板着的脸，抽动了一下，皮笑肉不笑地说：“听你这么讲，原因都在我身上了？”

“一个巴掌拍不响嘛！”李德予以还击。

林乐知见人们不再发言，于是便把口气缓和下来，总结道：“这样吧，先找查理谈，看他有无悔改之意。如果没有，再想别的办法。散会。”

第二天，林乐知又把宋查理请过来，进行秘密“围斗”。所谓秘密“围斗”，即林乐知事先没有通知步惠廉和李德牧师参加。

“围斗”很不成功。在会上，宋查理反唇相讥，以理服人，以事实为据，让林乐知下不了台。“围斗”会期间，李德、步惠廉不请自到，弄得林乐知尴尬万分。

第十三章
商战风云

"美华"变"华美"，宋查理打了个漂亮"仗"

一切仿佛都是上帝安排好的。

宋查理脱离美国监理会上海教区后，他的生意出现奇迹般的转机。

自从那次抵制美货的风波后，宋查理的名字走进了上海的千家万户，成为人们茶余饭后谈论的话题，"牧师经商"成了时髦的词语。到宋查理的商栈买东西的人多了，到其华美印书馆印制商品的顾客多了。机器昼夜轰鸣，仍满足不了顾客的需求。而与华美印书馆一墙之隔的美华印书馆（美国人办的），却是门可罗雀，十分冷清。

宋查理决心大干一番。他进口机器，翻修厂房，跟与他一墙之隔的美华印书馆一争雌雄。

一个落霞的傍晚，两个戴礼帽、穿西服的陌生人来到华美印书馆，声称要找宋老板当面谈。

宋查理走出办公室，见是两个美国佬，也没让座，便说："找我有什么事？"

"到屋里谈吧！"一位大个子美国佬拍了拍手提大黑包。

"就在这里吧。"宋查理道。

"听说贵厂要投资扩建，我们兄弟俩想入股。资金已带来了，请宋老板报个数字？"

"带多少？"

"200万，不够还有支票。"

"这里已经有人投资了。谢谢你们。"宋查理实际并没有资金，但他一见是大鼻子美国佬就来气。

“那好，那好!”两个美国佬碰了个不软不硬的钉子。

两个美国佬走后，宋查理却睡不着觉了。

他翻来覆去地想，老觉得这两个美国佬行踪可疑。商场如战场，是不是有别的目的？他好像在哪里见过这两人。对，在美华印书馆见过！此人与林乐知挺熟。宋查理暗暗庆幸自己没有答应他们的要求。这是美华印书馆和林乐知的计谋——企图收买吞掉他，所幸没有中计。不过，他们以后还会耍出别的花招，自己可得警惕。

黎明时分，宋查理的决策渐渐明朗了：以其人之道，还治其人之身。何不走出去，针锋相对？我们何不去收买美华印书馆？这样也不必再兴师动众——进行扩建。可是资金从哪里来？这一下却使宋查理犯了愁。于是，他想到了在美国的卡尔义父，他也许能帮助自己。宋查理赶紧写了一封信。

卡尔义父很快写来了信。钱吗？请报个数。

于是一场收购与反收购的拉锯战开幕了。虽然这场拉锯战没有硝烟，没有炮火，可它比明火执仗更惊险。

在卡尔义父的资金未到位之前，宋查理决定将这场反收购之战的棋分为两步走：其一先派人到美华印书馆去订货，投其所需，逼其破产；其二待卡尔义父资金到位，见机收买。

也是一个落霞的傍晚，宋查理选派的两位“精兵强将”，手提黑提包，大摇大摆地走进了美华印书馆，被门卫拦住。

“我们要见总经理。”

“你有什么事？”

“谈业务。”

门卫赶忙把他们领进总经理办公室。

总经理名叫李洁田，是化了中国名的美国商人。这些日子，他正为上海人抵制美货，为无生意做而发愁呢！见有客户上门，笑脸相迎：

“请坐，请坐!”

“你们有什么业务要谈?”

“我们有十本书要印。”

“华美印书馆去过吗?”李洁田警惕地问。

“去过。他们那里的活很多，怕限期交不了货。”

“价钱呢?”李经理又问。

“也谈了，不是很贵，主要是时间问题。听说你们这里没活，所以特意跑来了。”

“我们这里的活是不多。在我们美华印书馆印制，时间绝对能保证，质量也比华美略胜一筹。这就是‘美华’与‘华美’的一字之别!”

“不过，我们印制的数量是很大的。”

“越多越好嘛!我们都是为了赚钱嘛!”李经理哈哈笑了。

来者立即呈出每本书的印制数量和交货日期，让李经理过目。李洁田点点头:“数字惊人啊!那要有预付资金!”

“预付资金多少?”

“成本的一半。”

“太多了吧?李经理，我只带来了三分之一的资金。”

“少了点。”

“实际，华美也是收取三分之一预付资金，我们是怕他们交货日期有问题。”

“三分之一就三分之一。”李洁田当场拍板，“你们找业务室签订合同吧!”

就这样，合同很顺利地签订了。美华印书馆的机器也重新轰鸣起来，印啊赶啊，1000万元周转资金，不几天就变成了堆积如山的书本，屋里装不下放在院子里。可是到了交货日期，不见提货的人踪影，方知上当。

这时，印书馆已开不出工资，工人罢工。

作为美华印书馆总经理的李洁田也如热锅上的蚂蚁一般，急得团团转，跑银号贷款，连吃闭门羹。远亲不如近邻，便登门找到了近在咫尺的华美印书馆。

“欢迎啊，老朋友！”宋查理道。

“我要倒闭了，查理先生请帮个忙吧？”李洁田一扫往日威风。

“怎么帮忙？”宋查理道。

“资金。我已经揭不开锅了，工人要炒我的鱿鱼，我连门都不敢进了。”

“这么可怜？不会吧？”宋查理故作镇静。

“我们美国人都佩服你，再说你是我们美国人真正的朋友！求你开恩！”李洁田拱手相求。

“你让我入股？”

“入股也可，借资也可，随你的便。”

“既然这样，我就帮兄一把，入股经营吧。我占七，你占三。”

“可以，可以。”

“不，还有一条，美华的名字得改一改。”

“改什么？”

“改成华美。”

李洁田想了想，既然火烧屁股，一咬牙道：“那就改成华美。”

这时，卡尔义父的资金也到位了。合同很快签成了。美华成了宋查理的囊中物，他终于消了一口恶气。

宋查理后来回忆说：“这口恶气，全是美国人（主要是林乐知）造成的，压抑了我多年。消除这口恶气，并非我个人如何如何，我是上帝的天使，一切全是天意。人不报天报啊！”

一笔巨额捐款被对方当成“炮弹”回敬，宋查理遇车祸事出有因

宋查理收购了美华印书馆，并改其名。一字之改，大扬了宋查理作为中国人的志气。

试想，一个多年被禁锢在黑屋的囚徒，当他重见天日时，备感阳光的亲切，他所焕发的活力是常人难以想象的。宋查理自从脱离美国监理会后，面临着背水一战的局面。这种局面，使他只能成功不许失败。

收购美华印书馆，就是第一个战役，他胜利了。但胜利丝毫没使他轻松，因为路还很长，他还有更大的抱负——自立教会的组织还待建立，印书馆的生意还待招徕，还有一些社会活动。他忙得团团转，不是泡在印书馆，就是去三合会的兄弟们那里，商谈反清事宜。

宋查理这时的华美印书馆，主要印刷《圣经》教义。宋查理的指导思想不是以赚钱为目的，而是传授上帝的福音。于是他把印制精美的《圣经》赠寄到世界各地的华侨，很快引起了华侨的注意，纷纷来信。他们尤其是对这么低廉的印制价感到吃惊。宋查理去信解释：主要是中国的廉价劳动力和纸张成本较低所致。这样一来，世界各地的教会，也把目光投向了中国的华美印书馆。华美的生意日益兴隆。在美的华侨教徒们联名写信给最大的《圣经》销售处——华美圣经会，盛赞华美的质优价廉，使华美圣经会的订货从几千册，一下子到几十万册，并决定今后的《圣经》不在美国印制。他们算了一笔账，如果全部从中国进口，每年将节约经费达近百万美元。

宋查理眼观六路，财通八方，很快在实业上站住了脚跟。三年后，宋查理不但还清了卡尔义父的借资和利息，还挣了一笔钱。

接着卡尔义父又慷慨拿出一批款，支持宋查理独立传教和办主日学校的经费。于是宋查理在传授上帝福音上又有了开拓。他先在法租界购买了一块地皮，营造了美式的小教堂，在教堂周围盖起了主日学校。实业的兴起促进了他的教会事业。很快耶稣教自立会成立了，主日学校也开始了招生。

这时的宋查理方如释重负，他真正自由地成为第一个不受外国人指挥的中国牧师。除了在法租界的教会，宋查理还在虹口、浦东家里、华美印书馆、主日学校等地，设立了不下八个布道处。他常驾着贵族人常用的单人马车，奔波于各处，真正成为了上帝的天使。

尽管手中有了钱，但宋查理不是那种忘恩负义的人。

一个晚上，他把一个预先封好的红纸包交给仆人道：

“请把这笔款给我送到美国监理会林乐知那里。”

仆人接过红包，宋查理又道：“请转告林乐知，昆山慕文堂是我未竟的事，至今想起来，还不免有些伤心。此款算是我为慕文堂的捐资，坐我的马车去！我因事务缠身去不了，代我致歉。”

一笔款代表着一个人的心意。

一笔款代表着一个人的品行。

可是林乐知收下这笔款后，并没有收敛他和监理会的洋教徒们对宋查理恶意的讥讽。倒是洋教士步惠廉说了句公正话：“查理虽然脱离我们监理会，但他还没有忘记我们，还惦记着慕文堂的修建，精神可嘉！”

林乐知恩将仇报。

一个更大的阴谋在林乐知的心中产生了。林乐知已完全把这笔款当成宋查理对自己最大的嘲笑，决定秘密杀害他，以示回敬。

自从宋查理脱离监理会后，林乐知一刻也没有停止对宋查理的人身攻击。他先后撰文在教会的各种报刊上发表，骂宋查理是地地道道的反美分子，是基督教的叛逆者，是阴谋叛乱分子，是精神病院的疯子。在此期间，他曾与工管局警察们秘密接触，只因警察要款太黑，“生意”没有做成。如今宋查理送来了这笔巨款，林乐知顿时来了精神。

事情发生在宋查理给林乐知送款后的第五天晚上。

这晚，天下着小雪，宋查理家遭了贼。贼是翻墙进院子里的，脚印一直延伸到宋查理卧室的窗台下，窗户被贼用刀子捅了。贼进了屋，却被看家狗发觉，汪汪地叫起来，等仆人起来后，贼已逃之夭夭了。

这天夜里，小霭龄突然高烧，被送进医院，夫妇俩是在医院里度过的。宋查理后半夜回到家里，贼早已逃走。

“没丢东西吗？”宋查理问。

“没有。”仆人道。

“贼从哪里进来的？”

“是越墙过来的。”

宋查理打着手电，在院子查看了一下脚印。此脚印为男士，而屋内的东西又一点没少，包括桌上放着的钞票在内。这时宋查理心里多少有点儿谱：

“肯定不是贼！”

“不是贼，来干什么？”仆人问。

“是冲我来的。”宋查理呵呵笑了，“若不是小霭龄有病，怕是我的寿辰已到。天不绝我，这叫福兮祸所伏，祸兮福所存。”

“是不是要报案？”仆人道。

“上帝会保佑我的，今后你们机灵点。今天就不报案啦！”宋查理道。

“老爷，这世道很乱，家贼难防，我看你还是躲一躲为好。”仆人道。

“心里没闲事，不怕鬼敲门。躲什么？”

倪桂珍回来，知道此事后，也劝宋查理要躲一躲，宋查理没当回事。

可不幸的事还是很快发生了。

第二天早晨，宋查理驾车去主日学校讲课，在横穿马路时，突然一辆美式吉普车疾驶而来，直冲宋查理，宋查理倒在血泊里，被送进了医院。

经过医院及时抢救，宋查理苏醒过来。他的腿部、臀部受了伤，其他完好无损。

“又是上帝保佑了我，看来我命不该死。”宋查理从床上坐起来，乐呵呵地道。

颜永京得知宋查理受了伤，到医院看望并询问情况后，说：“看来，这是有意的伤害。”接着又问，“那辆美式吉普是哪个单位的？记下号码没有？”

倪桂珍回答：“记下了，听说是警察署的。”

“我去与他们交涉。”颜永京道，“他们有关系，我们还通天呢！”

颜永京通过多方交涉，肇事司机终于被扣留，可是主谋者却是一个谜。事情左查右查，直到宋查理一周后出院，也没有查个水落石出。不过，也给阴谋者着实敲个警钟：宋查理的后台硬着呢。

第十四章

再晤中山，酝酿革命

宋查理与孙中山会晤，小庆龄诞生。小庆龄血管里流着宋查理奔腾不羁的血

宋查理是位赶超时代脚步的人。

当他的华美印书馆生意兴隆时，他又暗暗地考察市场，在寻找另一个目标——面粉加工厂，决意领导民族工业向前发展，再迈新台阶。他不是一个守财奴，而是一个开拓者。

民以食为天，面粉是人的第一生活保障。过去上海的面粉业基本上受控于洋人。民族工业正在起步。当时人们吃的面粉是洋面，穿的是洋布，抽的是洋烟，点的是洋火，上的是洋学。在这方面，洋人不知从中国人那里榨取了多少高额利润。作为中国人，作为想有所作为的中国人，我们也应该有自己的面粉厂，让国人吃上国面。

以前，宋查理在经营出版事业时，曾任一家小面粉厂的兼职经理。阜丰面粉厂需要一个像宋查理那样能够在东西方两种文化之间奔波周旋的人来充当头面人物。他同西方人谈判，向中方介绍西方的动向和态势，在阜丰厂购买美国机器时充当中介人。宋查理在经商中显露出他的聪明才智。

接着，宋查理在卡尔义父的帮助下成了为中国工厂进口重型工业机械的“买办”(今称代理商)。他是阜丰家族工厂的总经理，而且以后终生都担任这一薪金极其丰厚的职位。阜丰厂对他的报答是让他成了公司的重要股东。

买办的角色在中国20世纪前半叶激起民众的仇恨情绪，以致多次发生动荡，激发革命。买办是一种复杂的角色，介乎牵线搭桥人与显贵之间，它把东方各种不同的经济阶层联系在一起，并在东西方之间起着调和作用。

第十四章

再晤中山，酝酿革命

宋查理正是凭着自己的先天条件——一位美国培养出来的中国传教士而转变成了买办的。

默默无闻的宋查理在 1893—1894 年间突然发迹，成了一位赫赫有名的人物。他既是公共租界内一座重要教堂的杰出牧师，又是事业上搞得很成功的出版商和实业家。西方人不再把他看作一个让人瞧不起的“本地传道士”，他在上海滩开始小有名气。

他是一位具有魅力的中国早期企业家。人们谈论着他的事业所取得的成功，一传十，十传百，越传越神化，他成了中美两国人民心目中的英雄。他简直成了中国商业之“神”。

如今，面粉加工业又成了他看中的热点。他通过美国的卡尔义父，很快购到了设备。

厂房建立起来了。

面粉机器从大洋彼岸运来了。面对着这堆能生产面粉的“钢铁”，宋查理喜不自胜，可是安装设备却使宋查理皱起了眉头。科学来不得半点的虚假，偌大的上海，当时要找一两位技术安装人员，真如大海捞针一样。仅找技术员，宋查理就跑了半个月。可是这些技术员均是洋人培养的，受控于洋人。洋人不仅封锁人员，还封锁技术，这使宋查理吃尽了苦头。

宋查理凭着中国的事情中国人办的信念，动之以情，晓之以理，终于说服了一位有民族自尊心的人。他答应给宋查理安装，分文不取，条件是用业余时间。宋查理同意了。

当机器隆鸣，生产出国产面的时候，宋查理又以超前的眼光，高薪收买了这伙“帮工”们。科学技术是第一生产力，殊不知这伙“帮工”日后却成了上海民族工业的带头羊，为民族工业的发展做出了很大贡献。宋查理的这家面粉厂后来发展成亚洲最大的面粉厂之一。

工厂出面粉那天，正逢圣诞节，于是宋查理便以“圣诞面”做品牌，以示庆贺。

随着“圣诞面”的诞生，宋查理的次女宋庆龄也随之诞生了。

1893 年 1 月 27 日凌晨，上海市郊浦东区川沙县南市街院落里，一座灰色三层小楼中，传出了一个女婴降世的啼哭声。待奶妈领着接生婆赶来时，宋母已自己剪断脐带，把婴儿送到了奶妈的手中。

为了纪念里考德牧师的女儿罗莎蒙德·里考德，宋查理将小庆龄的英文名字取为罗莎蒙德。

小庆龄生来爱哭，一直哭了三天三夜，直到第四天，瑞雪（是初生时下的）被阳光全部融化，雪过天晴，她才结束哭声。小庆龄第一声啼哭就惊动了她的左邻右舍，很多人便来到了宋家会客厅祝贺，小客厅挤满了人。可谁能想象得到，这白白胖胖的婴儿日后竟能成为共和国的国家名誉主席。

“赶快向宋老板报喜！”不知是谁提醒一句。

“宋老板在哪？宋老板在哪？”有人急问。

“怎么孩子出生，他都不在家？他干工厂，就不要老婆孩子啦？”有人埋怨。

“捉弄捉弄他，给宋夫人报个仇！”

说话间，宋夫人倪桂珍说话了：“你们不要埋怨他，他还在工厂，半夜曾回来过一趟，匆匆忙忙又走了。”说完禁不住泪水潸潸。

小庆龄出世的前天晚上，年轻气盛的孙中山先生已从南方乘船赶到了上海。这一对有同样经历、同样志向的广东老乡，面对清政府的腐败，决意共同肩负起推翻帝制、振兴民族的使命。

革命还处在初期，一切都在秘密进行。宋查理决定把孙中山安排在自己印刷厂的地下室里居住，当然会面谈话也在这里进行。在这里，他们谈国难，两人义愤填膺；谈形势，两人眉开眼笑；制定战略，慎而又慎……挚友相见，无话不谈。从半夜直聊到东方大亮。待宋查理走出地下室，来到车间巡视时，满厂的机器已经轰鸣一片。

第十四章
再晤中山，酝酿革命

“宋老板，宋老板……”机器轰鸣声掩盖了呼喊声。

心细的宋查理还是听到了，他侧过身来：“是谁喊我？”

“是我。”仆人孙大胜已从机器旁绕跑了过来，气喘吁吁地道，“老板，向您道喜，夫人已经生了。”

“看你这个慌张劲儿，我还以为出了什么大事了。原来如此，原来如此。”宋查理春风满面，“快告诉我，生了个什么？”

“是个千金，又白又胖，好喜人啊！”

“帝制腐败，男尊女卑应该打倒，千金好啊——”宋查理观点新奇，话语幽默，说得在场的人哈哈大笑。

待宋查理虎步生风地回到住所，会客厅里已经高朋满座，道喜声阵阵。

“快让我看看我的千金。”宋查理满面春风。

奶妈顺手把白白胖胖的小庆龄抱出，递给宋查理。

宋查理审视良久，心花怒放，顺口诵出一句名言：

“革命缺千金，中华缺女英。”

他接着又道：“谁说梦是假的？前天夜里，送子婆婆已经托梦与我，问我喜爱男娃女娃？我也没有在意，脱口而出，喜欢女婴。当真！当真！”

年轻的宋查理，在孙中山的感染下，已进入了多梦的季节，他喜欢变革，希望换一种方式活着。

众人见宋查理高兴，一场善意的恶作剧发生了。不知是谁趁宋查理毫无准备，从锅底摸出一把灰，涂在了宋查理白皙的脸颊上，惹得众人一阵哄笑。宋查理伸手去擦，不多时又变成老包的大黑脸，众人又是一片哄笑。

还是宋夫人心疼丈夫，她忙让奶妈取出一条湿毛巾，递了过去，人们才结束了这场充满善意的取乐。

小庆龄出生了，她一生下来就给人们带来了笑声，在笑声中人们期待着庆龄长大。

上书朝廷之事，宋查理与孙文发生争执

孙中山经常住在宋查理家里，他常在书房里召开秘密谋划的会议。对宋家的孩子们来说，他俨若他们的教父。不论孙到哪里去为他的事业筹集经费或争取支持，宋查理总是不断向他报告新的情况，并从自己的腰包中掏钱来替他支付各种费用。

两人切磋、共谋反清大计，同时也开始规划使中国尽快富强的实业方针。

一天，两人就建设国家的问题讨论到深夜，他们想到了开矿、炼铁炼钢、发展电力等，再往下思索时，二人差不多同时想到了铁路。“铁路！”“对，铁路，铁路！”孙中山站起来，摇头晃脑吟咏铁路之便利：“铁道纵横，四通八达，凡轮船所不至，有轮车以济之。其利较轮船为薄，但无波涛之险，无礁石之虞也！”

宋查理接言：“地球各邦今已视铁路为命脉矣，岂特商贾之载运而已哉！”一番酸文，二人相视大笑。

宋查理说：“中国之落后，以铁路为最甚。如以现在美国的铁路里程计，我中国这样广大国土，应有300万里铁路才行。”

孙中山沉吟片刻：“以当今之国势，300万里铁路岂非痴人说梦，我看近期如能建20万里，则列强不敢窥视我中华！”

宋查理想了一会儿：“好，建20万里铁路亦是盖世之功！”

二人越说越兴奋，他们为自己的宏伟计划所鼓舞，恨不得立即就干起来。两人吃了一点夜宵，喝了一杯咖啡，竟然就动起手来。他们在宋查理的客厅里先做了一幅巨大的中国地图，标上了各省省会及一些大城市的名字，孙中山刚刚在各城市之间标上铁路路线，

东方已经破晓。

他们通宵未睡，竟毫无倦意。

早饭以后，造路正式开始。小霭龄也兴致勃勃地参加了这场“筑路”大业。她在一旁递这递那，忙得两手黑乎乎的，小脸蛋红扑扑的。一天的折腾，他们居然造出了能够运动的小火车。黄昏，小火车在孙中山铺成的道线上开动了。小霭龄在一旁拍着小手欢呼：“噢——火车开到成都喽，火车开到拉萨喽——火车来啦，快上车啊！”

小霭龄的欢呼使宋查理和孙中山心头涌起了强烈的热流。20 年后，孙中山真的放弃总统宝座，心甘情愿地当起了铁路督办，宋查理干起了铁路督办司库，费尽心机去筹借 20 万里铁路所需的 60 亿元经费，留美回国的宋霭龄则成了铁路督办的得力秘书，三人共同把铁路之梦认真地付诸实施。

当宋查理和孙中山在 1894 年决定同上海一小批密谋者联合的时候，他们把革命的希望完全寄托在动员三合会巨大的潜力上。孙中山估计，全中国的这类社团可能有 3500 万成员重新被吸引到革命事业中来。他明确表示，他决心献身于推翻清廷、创立一个“充满机会的亚洲”。他邀请他的朋友和秘密社团的会友同他一起奋斗。宋查理于是就成了孙的秘密组织的创始成员之一。

1894 年春，小庆龄刚满周岁。

孙中山已从广州再次来到上海。

这次孙中山北上上书清政府，中途路过上海。孙中山一下船，宋查理和陆皓东便迎上前去。

“老朋友，我们又见面了！”宋查理张开双臂。

“船晚点两个小时，让你们久等了。”孙中山一副晚清书生打扮，英姿勃发。

两人寒暄一番，陆皓东道：“查理牧师的马车在码头外面，我们快上车吧?”

“皓东，你又精神了。”孙中山算是打招呼，说完便与宋查理向码头外并排走去。

码头外的马车上，宋夫人带领4岁的霭龄和1岁的庆龄正在玩捉迷藏。见客人到来，忙招呼霭龄不要藏了。宋查理道：

“夫人和孩子也来迎接你了!”

“大嫂，让你久等了。”孙中山礼貌地道。

“孩子们要来，我们就来了。霭龄，快喊叔叔。”宋夫人道。

“叔叔——”霭龄仰起小脖子喊道，声音十分清脆。

“这小的是庆龄。庆龄，你也学姐姐喊叔叔。”

牙牙学语的庆龄把“叔叔”喊成了“嘟嘟”。孙中山把她抱起来，亲吻她一口：“庆龄，好乖啊！几日不见，都这么大了。”

待孙中山吃过饭，宋查理和孙中山在客厅里进行了推心置腹的长谈。

孙中山作为一位有为的青年，早不满于清政府的腐败统治，有心做“洪秀全第二”。但这时的他，还没有真正痛下推翻清王朝的决心，他对清廷还抱着一丝希望，想效法战国游士们的上书游说，以天下大势，国脉所系的利害安危，来打动朝廷的掌权者，促使他们革新政治，任用贤能，使国家的颓势有所好转。

孙中山侃侃而谈：“此次北上，主要是上书清廷中堂大人李鸿章，劝其以国计民生为重，革新国体，挽救民族。上书的文件，我整整忙了一个月，有洋洋万余字。”孙说完便将上书文稿递给宋查理。

宋查理接过，看了下去。

上书提出了学习西方的先进科学技术，以发展工农业生产，使工商业摆脱封建束缚；改革教育制度、选拔人才的制度，使国家达到独立富强的目的。上书说：“窃尝深维欧洲富强之本，不尽在于船坚炮利，垒固兵强，而在于人能尽其才，地能尽其利，物能尽其用，货能畅其流。此四事者，富强之大经，治国之大本也。我国家欲恢扩宏图，勤求远略，仿行西法以筹自强，而不急于此四者，徒惟坚船利炮之务，是舍本而图末也。”

上书把养民放在首位，主张先养后教。

上书说：如果清政府采纳这些主张，“参行新法，其时不过二十年，必能驾欧洲而上之”。孙中山所主张的是一幅让中国赶超西方的宏伟蓝图，它并非套用西方的模式，而是根据中国的环境和问题，采用适合中国的办法。孙中山的这些主张，是当时一般人所难于构想的，它体现了孙中山思想的深邃、知识的渊博。直到百年之后的今天，孙中山的这些主张也是极有意义的。

“很好，很好，弟见与我略同。”宋查理对文中国情民理、革治图新的精辟分析，大为赞扬，“是一篇好文章，气势磅礴，文采也好，感动我查理是没问题，恐是感动不了李鸿章，如果感动不了鸿章，将徒劳无益了”。

“那以兄之见呢？”孙中山道。

“我直话直说吧，清廷不可救药，非武力推翻不可，上书不会有任何结果的。”宋查理一针见血，“那只是一种美好的幻想而已。”宋查理同时对孙中山想做“洪秀全第二”也极不赞成：“洪秀全为什么革命不成？究其失败的教训，就是称天子做皇帝。我们革命的目标就是铲除皇帝，驱除鞑虏，恢复华夏，实现共和。我劝你要做华盛顿第二、林肯第二。”

孙中山笑了：“宋兄，不说别的了——关于是做洪秀全第二还是做华盛顿第二，留到以后谈。就谈这次上书吧，难道说没有一点希望吗？”

“我还是那句话，要想皇帝发慈悲，除非太阳从西方出来！希望不是没有，让我打分的话，百分之一吧。”

“你的话不是没有一点道理。这次上书，我从广州到上海，路程已走了大半。去不去呢？让你这么一说，倒让我拿不定主意了。不行的话，让上帝评判吧？”

宋查理问：“怎么让上帝评判？”

孙中山道：“咱俩来一场夏威夷摔跤比赛，以此来决定胜负——去不去京城。趁此，也发泄发泄我们青春的火气。”

孙中山提议，宋查理应允：“摔跤胜负难免，决斗中谁先开口说话为输。”

“好吧，一言为定。”孙中山随手甩下了上衣，宋查理也效仿。二人在客厅里随即拉开了“斗牛”的架势。

二人的较量也惊动了正在客厅玩耍的小霭龄和小庆龄。

她们二人看到的是一场规则古怪的决斗——两人在嘴上各抹上一把黄泥巴，互相扭住对方的胳膊较量起来。一来一往，你来一个“扫堂腿”，他来一个“燕轻飞”；你来一个“鹰展翅”，他来一个“旱拔葱”。格斗足足持续了十多分钟，二人不分胜败。

这时霭龄拍起小手来：“阿爸加油！阿爸加油！”小庆龄也“啊啊”地学着。宋查理在女儿的加油声中，猛地一使劲儿，却被孙中山借了个巧劲儿，把宋查理摔倒在地：“查理，你输了！”

“孙文，是你先说的话，我赢了！”宋查理道。

二人站起来，拍拍手，哈哈地大笑了。

这次格斗在霭龄心中产生了极大的震惊。她过去一直把爸爸视为这个世界上最强的人，今天在自己家里却有一个人赢了爸爸，这个人一定是比爸爸更强的英雄。对孙中山的崇拜便从此刻起在宋霭龄心中扎下了根，为她日后担任孙中山秘书，并且追求比她大几十岁的孙中山埋下了伏笔。

孙中山赢了宋查理，宋查理只好同意了他到北京上书一试。

宋查理对孙的北上之行并不抱很大希望，但是他尽力促成此举，以促进他的事业。宋查理介绍孙中山认识了另两位重要人物——势力很大的买办郑观应和很有影响的王韬，他们都是红帮重要头目。王韬给孙一封引荐书，介绍他去找中堂大人李鸿章的好友宫太傅。孙就凭着这点门路踏上了北上的旅程。

任何人对清廷官员即使稍有冒犯就可能被斩首，这次孙中山打算向大清帝国最大的权臣之一当面陈述以前曾经遭到冷落的一些想法。在当时的条件下，这样做是需要有非凡勇气和胆识的。

孙中山和陆皓东一到天津就把信交给王韬所相识的那个人，希望此信能转到宫太傅手中，但结果却是枉然。他白白等待多日，李鸿章是不会接见他的，他没有时间来考虑一位卑微的南方农民出身的书生所提出的不得要领的社会改革建议。而这位宦海沉浮几十年，终于在清朝皇帝手下称大臣，又热衷操办洋务的中堂大人，自以为洞悉中国之一切，怎么可能为一介书生的几句危言所打动呢？

孙中山无功而返，从此彻底消除了对清廷的最后一点点幻想。他从天津返回上海。

在远东有三位热血青年，为驱除鞑虏，振兴中华，创立合众政府，在黑暗中燃起了一盏灯

初秋的上海，天高气爽。

孙中山与陆皓东上书不成，从天津回到上海已是初秋了。

宋查理从码头接回了两位英雄。事实上，上书是一种失败的举动。这对不到黄河心不死的孙中山来说，无疑是个沉重的打击。

“见到李鸿章了吗？”宋查理把一杯酽茶递过去问道。

“唉，别提了。”孙中山呷了一口茶，只是摇头。

陆皓东接着说：“三封推荐函都转了出去，三位荐友都竭力帮忙，

李鸿章也答应接见，可是时间安排不开。我们左等右等，加上我们盘缠又不多，在天津那个急劲简直就想跳楼。后来找到负责外交事务的宫太傅，他实言相告，李大人事务安排得非常满，太平洋战云密布，他在与各国使节周旋，希望阻止一触即发的战争，已经没有心思考虑政治图强了！”

孙中山道：“在天津没办法求得李鸿章接见，当夜我与陆皓东研究天明离津赴京。可是到了北京，与天津的气氛形成了鲜明的对照。一个是战云密布，一个是歌舞升平。西太后正搞六十大寿庆典，满城搭彩台，四方去进贡。本想再去进谏，看到这种情况，我们也就灰心了！这个王朝已腐败到只能被推翻的地步了，改良已是幻想，唯革命才是出路。”

宋查理笑了：“当初我就劝你不要去。去了也好，交了学费，买回来一个——革命！”

“是啊，买回来一个革命。清廷不能扶持，须以革命推翻之。”孙中山异常激动，把拳头重重砸在茶几上，震得杯水溢出：“查理，你说怎么办吧？这次我听你的。”

“还需要用摔跤定输赢吗？”宋查理笑道。

孙中山摆摆手：“不啦！你就快说吧！”

宋查理思考了一下说：“原来，我想从实业做起，效西方，修铁路，搞经济，看来此路不通。要革命，必须先建立组织，进而发动群众，然后义举。不成功便成仁。”

“查理，你做我的部长吧！我在前面拎着脑袋干，活着是革命的人，死了是革命的鬼。”孙中山激动地站了起来。

“革命，我支持，这是没有疑问的。但是要我走上前台，我还不是那块材料。就像一个家庭一样，有打里打外的。我就打里吧，只要你们冲锋陷阵不怕死，我还珍惜什么家产呢？”

“一言为定。”孙中山紧紧握住宋查理的手，“你再说说，起义地点放在哪里？”

“上海怎么样？”宋查理问。

“上海是列强租界，洋枪洋炮我们对付不了，大本营应放在‘两广’地区，那里是洪秀全的故乡，是革命的中心。我向你声明，我绝不当洪秀全第二，而当林肯第二。”

“也好。”

“那里有我的弟兄和组织。上海亦可以建立组织，作为预备力量。”

宋查理道：“我想成立一个耶稣教幼徒会，干脆就在此基础上成立革命组织吧？”

孙中山问：“有多少人？”

“不到十人。原想发展到十人就宣布成立，眼下仍在继续发展。”

“耶稣教幼徒会，宗教色彩太浓。”孙中山摇摇头。

“那就少年中国党吧。”陆皓东插言。

“也可以，但有点小气。”孙中山想想又道，“按照我们振兴中华的宗旨，不如叫‘兴中会’更合适，我们的组织还要发展到世界各地华侨中去，这名字可以通用，哪个华侨不爱国呢？这样也有号召力。”

宋查理道：“就这样定了。我们都是基督的信徒，都是上帝的天使，让我们一起向上帝祈祷吧，在远东的海岸，有三位热血的青年，为驱除鞑虏，恢复中华，以武装斗争，效仿美国独立战争，创立合众政府，燃起黑暗中的一盏灯！”

在宋查理的安排下，三双手同时按到《圣经》上，三颗心一起剧烈地跳动，一个共同的声音从胸膛中发出：

“驱除鞑虏！”

“恢复中华！”

“创建合众政府，争做华盛顿第二！”

“南国志士——孙逸仙。”

“远东志士——宋查理。”

“洪秀全的后生——陆皓东。”

这声音像春雷在远东城上空滚动，盖过千山万水，在黎明前的黑暗中传送。虽然后来众多起义失败了，但它孕育着成功——随着武昌起义的枪声的响起，千年的帝制被推翻了。

第十五章

战火的洗礼

宋查理除喜得贵子，
再也没有比革命更令他开心的事

成立组织必须有一个章程。

孙博士把这个活主动揽下来，把自己关在屋子里，经过两天两夜的修改，一份兴中会章程就这样出笼了。

章程在宋查理的华美印书馆里印出。孙中山带着部分章程踏上了去檀香山的船。

送走孙中山，宋查理肩负着为革命筹款的重任，连家都很少回。起义需要一笔巨款，以购武器装备。面粉厂投产后，宋查理想把国外代理业务再发展起来。他深深体会到：在中国，谁有实力，谁就有政治资本。

在孙中山去檀香山的途中，宋查理的大公子——宋子文出生了。

宋子文，英文名字叫保罗，查理夫妇希望宋子文能像圣保罗一样在中国弘扬基督教的福音，也希望他能像孙文一样有拥抱民族、拯救民族的抱负，故曰“宋文”，后又称“宋子文”。

宋子文出生不久，海外也传来了好消息。按宋查理的话讲：双喜临门。孙中山在来信中指出：兴中会在檀香山正式成立，共一百二十余人，通过他们新起草的章程，并按照宋查理的建议，每人手按《圣经》，举行了庄严的宣誓仪式。火奴鲁鲁卑涉银行经理何宽亦对此会给予了赞助。为了早日回到祖国，举行武装起义，会员们目前正抓紧军事训练，并聘请了一名丹麦军官教习投弹、射击……宋查理除喜得贵子，再也没有比革命更使他开心的事了。宋查理照着孙中山的来信地址，速寄 3000 美元，以示祝贺。

这时，国内形势也发生了有利于起义的巨大变化。甲午年

(1894年)6月，日军不宣而战，袭击中国的港口和军船，并向牙山中国驻军发动进攻，拉开了中日战争的序幕，这在中国社会中引起了极大的反响，社会上的抗战呼声更加高涨，主战派也更加活跃，人们纷纷揭露日本的侵略行径，斥责李鸿章等人欺骗清廷、抵制圣旨、屡失时机的误国行为。

甲午战争的惨败，《马关条约》的签订，使民族危机更加严重，举国震惊，人们愤慨悲痛。

面对着国将不国的危急和国民的愤慨，宋查理认为天时已到，机不可失。于是他便写信给檀香山的孙中山，讲述国内形势，陈述利弊，要求他及时回国，举行起义。信中写道：

“清廷和李鸿章不堪我中华之形象，尤其是李亲手签订《马关条约》，割让疆土，中国政府在日本人手中遭到一系列丢脸的失败，民族已到危难当头，公众对清朝气愤至极。今日不义举，更待何时……”

孙中山在檀香山收到这封加急信时，一连看了三遍，极为振奋。回国起义在即，但筹款很不理想，孙中山十分焦急，这时首先站出来慷慨解囊、倾家卖产资助革命的是其兄孙眉。孙眉对孙中山在香港西医书院学习优秀，在澳门、广州行医声誉极高早有所闻，当初孙中山宁愿放弃财产，也不改既定信仰的态度使孙眉折服、钦佩。夏威夷由君主制改共和制，也使孙眉的观念为之一变，转而支持弟弟从事革命。

孙眉以极低的价格卖掉了一部分牲畜，他的举动又影响了二十多人出来捐款资助革命。邓荫南则干脆卖掉了自己的商店和农场，随孙中山回国直接参加革命。最后总计得到的捐款有六千多美元，但这远远不够起义的经费，于是孙中山连夜给上海的宋查理复信，让他准备款项。接着联系客轮离檀香山去香港，一批训练有素的檀香山兴中会华侨，自愿报名随他前去，参加国内起义。

起风了。

大洋掀起了巨浪，像小山一样，把前进的客轮，一会儿推上峰巅，一会儿甩下谷底。跟随孙中山的13名勇士是邓荫南、宋居仁、夏百子、陈南、李杞、侯艾泉等，此时他们的心跳、呼吸和着大海的节拍起伏着。

广州起义的日子，人称是宋查理生意场最为黑暗的日子

孙中山带领13名热血青年，一路风尘，一路高歌，一路在船上向回国同胞和船上华侨演讲反清的道理，陈明救国的紧迫性，感染了一位留日青年陈清。

船到日本横滨停泊时，陈清便把这个情况告诉了旅日华侨冯镜如、冯紫珊和谭发等人。他们都在横滨经商，都痛恨腐败的清政府，也常常为国事担忧。忽然听说有人在船上演讲推翻清政府的言论，都很诧异，于是谭发跟着陈清一同上船，邀请孙中山上岸聚谈，但孙中山因船停泊的时间短暂，就把兴中会的章程给了他们，请他们转交冯镜如等照章建立兴中会日本分会。孙中山告诉他们，广州不久将要举行起义，如果有意参加，可以到香港找他。

这之后，冯氏兄弟和谭发都在横滨积极发动、组织起革命团体，以声援祖国即将到来的革命。陈清在冯镜如的资助下，回到香港追随孙中山组织革命起义。第一次广州起义时，他承担了施放炸药的重任。

孙中山一回到香港，立即投入了筹建兴中会总会的工作，并和陆皓东、郑士良、陈少白、杨鹤龄、区凤墀等一同研究如何发动武装起义。孙中山得知由杨衢云、谢缵泰于1892年在香港创办的辅仁

文社以改革政治为宗旨，便和他们见了面，谈到反清救国，双方很是投机，杨衢云等人愿意取消辅仁文社的名称，一致加入兴中会。

1895 年 2 月 21 日，为避开警探的耳目，兴中会总会在香港中环士丹顿街 13 号举行了成立大会，这处房子改名“乾亨行”。当时入会的共有 49 人，入会的誓词仍和檀香山分会成立时相同，采取的是举右手向天发誓的形式。

上海的宋查理，收到孙中山等回到香港的消息，甚是高兴。

起义在即。按照孙中山的来信，起义经费缺口较大，需要宋查理再做筹备，这时，宋查理已从他账目中调出了部分资金，如果再做调整，恐怕他的流动资金就不足了。怎么办？宋查理犹豫再三，最后想到：“革命者打天下，就是倾家荡产，也要保障前方。”于是他把流动资金全部调出，去支持他所热爱的事业。

宋查理找到牛尚周，要求把这笔款径汇香港。

“起义本是秘密的事，款项数目太大，恐怕招麻烦。”牛尚周颇为担心地道。

“那怎么办？我眼下又离不开。”

“这样吧，我先与香港方面联系一下，让他们派人来取好不好？”

“也好。”

牛尚周通过他所在的电报局，很快与香港方面孙中山取得了联系，对方要求宋查理速带款到香港。

“你要离不开的话，我就去，顺便参加起义。”牛尚周道。

“不，还是让我去吧。”宋查理道。

一个夜色浓浓的傍晚，宋查理带着巨款在牛尚周和温秉忠的护送下，乘上开往香港的客轮。另外，跟随宋查理去香港的还有上海兴中会的三名会员，他们一是做宋查理路上的保镖，二是准备留在广东参加起义。在香港，孙中山因举行合众政府总统选举，不能亲自去码头，便派人迎接了宋查理一行人。

“查理兄，你一路辛苦啦！”孙中山一见面就道。

“款我都如数带来了！”宋查理道，“另外，我还给你带来了三位勇士，你来安排吧。”

“路上没遇到什么麻烦吧？”孙中山问。

“麻烦倒是没有，只是我身体有些不适，一上船就感冒，至今还不好。”宋查理道。

“我这里有药，不行就打一针吧？”

“不，我正吃着药。”

“先休息几天，看看情况再走。”

“家里那一摊子事还都等着我哩，怕是不能多待。”

“起码要把病看好再走。”

“那是，那是。”

“这里情况不错。”接着，孙中山把广州起义的准备情况一五一十地向宋查理作了介绍，“我从檀香山回到香港是今年3月初。到了3月16日才真正理出了个头绪，进入了起义全面准备工作。义旗已经做好，皓东出了大力。宣传舆论工作是由两位主编搞的，轰轰烈烈。一位是《德臣西报》主编黎德，一位是《士密西报》主编邓肯。8月底，兴中会在西盘营杏花楼开会，检查准备工作，确定了攻打广州的方案。起义由我具体统领，邓肯起草对外英文宣言，黎德则负责和英国政府商谈，促使他们承认中国革命。”

“起义具体时间定在哪一天？”宋查理问。

“九九重阳节，阳历为10月26日。因为大家认为：这一天会有不少人从香港进入广州祭祖扫墓，起义部队可以化整为零潜入广州，不会被当局识破。”

“想得周到。”宋查理赞道。

“今天，我们正在选举起义总指挥，将来革命成功后即是合众政府的总统。”

“当然是你了！”宋查理道。

“不错，大家都投了我的信任票。”孙中山道，“我明天回广州，香港这一摊子事交给杨衢云统管，我们已经约好在起义前一天晚上，他率领义军主力 3000 人乘船到达广州。这段时间，我就不在香港了。”

“那好，明天我也随你去广州。我从那里回上海。”宋查理说。

“太好了。”

“起义的事，我帮不了大忙，一切由你操劳吧。”

第二天，宋查理便随孙中山回到广州。宋查理在广州住了三天，病情也有所好转，接着匆匆返回上海。

宋查理返回上海的时候，他的印书馆，因无纸张供应已停了机，面粉厂也将要关门。

“查理，你可回来了！”倪桂珍埋怨道，“你走了，我可收拾不了啦！怎么，搞了这么长时间，人家都吹你宋千万，怎么一万不名？你把钱弄到哪去了？”倪桂珍说着说着声泪俱下。她为丈夫担心，破产已成现实。

“不，一切都会好起来的。不要着急，钱被别人借去了，明天我就去弄些钱。”

“是谁借了？”倪桂珍紧追不舍道。

“这个，这个，你不要问了。明天，我会给你弄来钱，让机器重新转动起来不行吗？”

宋查理好说歹说才平息了倪桂珍心中的火。

第二天一早，宋查理出现在造纸公司的门前，凭着他那三寸不烂之舌，说动了对方，对方答应继续供应纸张。这时他的面粉厂也出现了断炊危机，他又通过关系找美国一家银行。一周后，由美国卡尔义父作为担保人，贷款也下来了。

广州起义的日子，人称是宋查理生意场最为黑暗的日子，但宋查理无怨无悔。

炸弹在腹心开花，堡垒从内部攻破。起义失败，令宋查理心碎

在广州起义的日子里，宋查理的生意一度出现危机，然而经过周旋，又绝路逢生。在广州，孙中山也经历了一场人事风波的考验……

宋查理去香港那天（10 月 10 日），是选举起义总指挥的日子，孙中山以压倒多数的票当选；在宋查理离开广州那天晚上，香港方面杨衢云便向广州方面的孙中山透露，他要争起义的最高职位，以便革命成功后成为合众政府的总统。孙中山为难了：已经决定的事，怎么又变卦了呢？革命起义在即，出现这样的事，孙中山也感到非常愤慨。但作为一个胸襟博大的人，孙中山从来都以公为重。为了民族的命运和起义的成功，他冷静地把起义的领导人找来商议，要求大家推举杨衢云任总指挥，许多同志愤愤不平，但在孙中山晓以大局的劝说下，大家才勉强同意了。风波以孙中山的推让平息下来。

接着，孙中山又全力以赴地投入到策反清兵的工作中去，经过艰苦的工作，结果，有一万多名答应倒戈。其中武器装备最精良的一支队伍已经被策动过来，海军中武力最强的“安澜”、“镇涛”两艘军舰都表示要响应孙中山领导的革命起义。

一切具备，只欠东风。孙中山签发命令：顺德、香山、北江三路起义队伍于阴历九月初八到广州集合，各种起义军臂缠红袖标，以“除暴安良”为口号，以青天白日旗为旗帜，只等杨衢云带领香港的 3000 会党，在初九黎明到达广州就发动起义，攻打广州。

起义前夜，即 10 月 25 日 5 点前，各路起义队伍均按计划悄悄地

在广州集中了：

顺德义军到！

香山义军到！

北江义军到！

三路义军齐到，首领均已来到起义总指挥部，向孙中山报到，授领任务，等待香港会党在早上6点钟上岸，然后一同会合作战。可是时间已经过去了两个小时，正当大家焦虑不安的时候，孙中山收到了杨衢云的电报，称起义队伍需延迟到第二天才能到达。原来，杨衢云私心太重，因为他为组织自己的卫队，分配枪支不公平，在会党中失去了威信，指挥不动队伍。就在他们争吵不休的时候，渡船竟开走了，他们全都没上船。

起义部署完全被打乱了，孙中山进退两难。缺乏香港方面的力量，冒险举兵起义，难以保证起义成功；举兵而不起，起义的事一定会被清政府当局察觉。为了避免起义力量的损失，聪明的办法是暂缓行动，让各路率队回去，以保存力量。同时，打电报给杨衢云，要他们暂不要来广州。

但是起义的计划已被领导人之一朱淇的哥哥朱湘告发。朱湘知道弟弟朱淇起草《讨满檄文》，生怕牵连自己，他假借朱淇的名义把起义计划报告给了缉捕委员李家焯。李家焯一面派人监视孙中山的行踪，一面又向两广总督谭钟麟报告。谭钟麟不相信名医孙逸仙还会造反，叫李家焯不要轻举妄动。之后，谭钟麟又接到香港督府的密电：有人在香港往广州运输武器，清军开始戒备起来。而杨衢云在接到暂缓行动的电报之后，并没有采取紧急措施，对已经装船的武器弹药又不拦阻，而且还派了邱四和朱贵全带领四百多人在27日晚上乘船奔赴广州。当“保安”轮靠上码头的时候，一大队清兵已经等候在码头多时了。在一片混乱之中，大多数雇工逃脱了，但是他们的头领同五十多名造反者一道被捕了。

重阳节这天，孙中山做出了起义改期的决定，为了麻痹敌人，让起义人员能够安全脱险，使革命事业免遭更大损失，孙中山不顾危险，和区凤墀一同参加一位朋友的婚礼宴会。街上兵警来来往往，又有警探在跟着盯梢，但孙中山依旧神态自若，谈笑风生。他对区凤墀说："此辈岂来捕余者乎！"见他自然镇静的态度，警探也被搞糊涂了。孙中山是广州声誉显赫的医生，兵警还没有真凭实据，便不敢随便抓他。

在广州城，清廷已调动大批军队开始了大搜捕，广州城内的农学会、王家祠等起义指挥机关都被清军查获，在搜捕中陆皓东、程奎光和程耀宸不幸被捕。孙中山摆脱了盯梢的"尾巴"，半夜敲开了他在意奥拉尼学校时的一个同学家，孙中山在这里听到了他最好的朋友陆皓东不幸被捕的消息，不禁痛哭失声。他男扮女装，乘上了一艘小火轮，离开了广州，经顺德又到了香山县的唐家湾，然后赴澳门，由澳门到了香港。

孙中山到香港的第一件事就是寻求帮助，以解救陆皓东等人，经过孙中山不懈的努力，美国领事馆愿意出面周旋，证明陆皓东是其曾任职的电报公司雇佣的一个学生，不会从事革命活动，但为时已晚，陆皓东已经写了"供词"。

陆皓东原本可以逃脱搜捕的，但是他担心会员名册被搜去，那将会累及许多会员受难，损失革命的力量，因此他不顾其他人的劝阻，冒险前往，烧掉名册后被捕入狱。当局对他施用了酷刑，但他坚决不供出任何会员，在就义之前，他写下了激昂悲壮的"供词"。

"与同乡孙文，同愤异族政府之腐败专制，官吏之贪污庸懦，外人之阴谋窥伺；凭吊中原，荆榛满目；每一念及，真不知涕泪之何从也"，"要知今日非废灭清朝，绝不足以光复汉族；非诛除汉奸，又不足以废灭清朝"，"今事虽不成，此心甚慰，但我可杀，而继我而起者不可尽杀"，"吾言尽矣，请速行刑"！

11 月 7 日，陆皓东、邱四、朱贵全三人英勇就义，程奎光受了 600 军棍的酷刑，伤重牺牲，程耀宸也病死在狱中。这五个人是最早为中国共和革命献身的烈士。孙中山在自传里称陆皓东为“今世之英才”，“为中国有史以来为共和革命牺牲者之第一人”。

孙中山在香港捎话叫陆皓东的侄子陆灿来香港见他，他心情非常沉重，告诉陆灿他将暂时去日本避难，继续这未竟之业，准备第二次起义。孙中山委托陆灿将孙的母亲、妻子和三个孩子带到夏威夷，交给孙中山的哥哥照管。这时，孙科才 4 岁。

清廷以重金悬赏通缉孙中山等 17 人，两广总督派人到香港要求引渡他们。香港当局判令孙中山、杨衢云和陈少白三人出境五年，在这以后，清廷还向亚洲、美洲、欧洲各国的清使馆发出通缉电文。

广州起义计划虽然失败了，可是孙中山却在一夜之间成了著名人物，成了公认的反清事业的旗手。

此后 16 年，孙中山一直是一名被通缉的罪犯，亡命国外，无法返回中国国土。他比以前更得依靠宋查理的接济，更得依靠党内其他领导人来代他料理革命事务。他从这个国家转到那个国家，四处寻求华侨的支持，始终都在不停地奔波。

宋查理听到广州起义失败的消息，不禁潸然泪下。

又一次荒唐受挫，令孙中山反清名声大噪，成为举世闻名的新闻人物

广州起义失败后，为逃避清政府的追捕，孙中山带领他的两位助手连夜起程，从香港去日本。中途经过上海时，因风声太紧，他没有下船。倒是宋查理带着他的妻子和儿女上船与其会了面。

“查理，我们失败了。”孙中山心情十分沉痛。

“皓东他们呢?”宋查理问。

“皓东牺牲了，他是为保护文件和同志牺牲的。这批文件我已带来了，请你代为保存。”孙中山说完让陈少白取出那只黑提包，送给宋查理。

“我会保存好的!”宋查理用手帕揩了揩眼眶中的泪水。

“我还会回来的。路或许会很长，后方的事靠老兄关照了。有什么事情，我们随时保持联系。”孙中山又道。

“是的，失败乃成功之母。我们会成功的。”

“要经得起挫折，失败丧志不可取。”

“让我们祈祷吧，愿你保重，祝你平安!”宋查理道。

“请你也要保重!”孙中山道。

“叔叔，我也要跟你去!”小庆龄跑到孙中山跟前，扯起孙中山的手嚷着。

“庆龄，别闹了，让叔叔走吧!”宋查理道。

轮船开动，孙中山和宋查理二人久久相视，泪水中透出殷殷之情。

不久，宋查理便接到了孙中山自日本发来的信和报纸，说他到了日本横滨，横滨兴中会的成员热烈欢迎他。在日华人非常了解这次广州事件的详情，而且把这次惨重的损失称作一次严肃的“革命”组成部分。孙中山备受恭维，拥护他的人不断增多。他决定由日本再去夏威夷，因为那里追随他的人更多。

宋查理接到这封信高兴地对牛尚周道:

“孙中山还行，失败不失志，还能东山再起!”

牛尚周看了信道:“任何事情都要从两面看，失败并不见得完全是坏事。”

就在这天晚上，宋查理家闯来了两位兵警，声言要搜捕孙中山归案。

宋查理呵呵地笑问:“你们清兵是瞎子还是聋子?”

“此话怎讲?”两位兵警莫名其妙。

牛尚周起身道:“快到日本去搜吧!他已到了日本!”

“你是……”

“我嘛，电报局的。”牛尚周道。

“你怎么知道?”

“这是大家都在谈论的话题，谁不知道，连瞎子聋子都清楚。”牛尚周讥讽道,“报纸也登了。”

“在哪儿?”

“给，这张报纸!”

两位清兵看了日本的报纸，直伸舌头，扫兴地调头走了。

此后，宋查理再也没收到孙中山的一封信。直到孙在伦敦蒙难后，各方营救，报纸声援，他才在卡尔义父寄来的官方报纸上获得这个不幸的消息。

此后八年间，孙中山又组织了几次起义，但均未成功。他当时不仅不能前往中国内地，而且也不能前往香港，所以他不得不从国外通过秘密政治代理人来开展工作。他打算在中国每个城市都建立革命基层组织，并且建立党的组织。

宋查理负责保管所有的财务账目和会员名册，他把收到的每一个铜板都作为投资，以扩大党的财源。他还在他开办的印刷所内经常同其他领导人开会策划。他不是主要的组织者，但他是组成核心圈子的一小批领导人之一。他们的宣传运动在很大程度上得力于他的华美印书馆所秘密印制的宣传品。

第十六章

一个“童话”的诞生

民国岳父
宋查理

农历1897年2月12日，上海市郊虹口区还沉睡在黎明前的黑夜里。

灰蒙蒙的天上透露些许微红，大地与远树显得死气沉沉；夜风也累倦了，草虫停止了低吟，万物俱静。

“哇哇哇——哇哇哇——”

蓦然间，一声声新生儿的哭叫，打破了黎明前的寂静……

那第一声啼哭还没结束，突然听到猛烈的炸弹声和榴弹炮声。“发生了什么事？发生了什么事？”人们揉着惺忪的眼睛，从被窝里爬起来，赶到屋外观看，只见一束束拖着尾巴的曳光榴弹像流星一样在上海夜空飞来飞去，有的在空中开花，有的在地面爆炸，虹口市郊的房屋起火，火焰映红了半边天。

凄厉的紧急警报声和沿海停泊的轮船拉响的汽笛声此起彼伏，揪人心弦。

轰炸持续了18分钟。

虹口一片火海。

“轰！”八角楼掀去了顶。

“轰！”天井里落进了炮弹。

“轰！”又一家人丧了命。

住在西厢房的7岁的小霭龄和4岁的小庆龄，被这远程炮弹的怪叫声惊醒，发现保姆不在，便起床跑出去看个究竟。她俩跑到院子里，只见灰蒙蒙的天上，曳光榴弹正在空中升腾开花，像焰火一样，煞是壮观。

她们并不害怕，反觉很新鲜。齐声吟咏着刚刚在外面学会的一

第十六章
一个“童话”的诞生

首顺口溜：

“长长尾巴大炸弹，空中开花真新鲜！”

突然，一束怪榴弹，越飞越低，向着她们家俯冲下来，紧贴着她们家的屋脊擦过去，投下一串黑乎乎的东西，噼里啪啦地落在前院的空地里，“砰——砰——”地炸响。

“妹妹，危险！”小霭龄拉着小庆龄赶紧往屋里跑，刚进了屋。一阵爆炸声如炒豆一般在院子里响起，吓得姐妹俩紧紧捂起了耳朵。

“姐姐，真响！”小庆龄对姐姐说。

“还响哩，多险呀！”小霭龄不满地瞪了小庆龄一眼。

大榴弹炸过后，宋家院子又恢复了平静。姐妹俩有点心慌，想找前院中正在分娩的妈妈，从中得到慰藉。也正在这时，前院传来了婴儿坠地的“哇哇”声。

那声音悦耳动听，比那刚才的炮声好听多了。姐妹俩会心地笑了。

“一定是妈妈生了。”

“姐姐，你猜妈妈生了个弟弟还是妹妹？”

小霭龄洗耳细听。

“我听好像是弟弟。”

“不，我听好像是妹妹。”

“我猜得对！”

“我猜得对！”

姐妹俩顶起牛来，怎么办？只好找妈妈见证。于是，她俩飞也似的向前院跑去。刚跑到半路，啊哟，只见一颗该死的榴弹飞来了，投在妈妈的住房上方。“轰隆”一声，房子被掀去了半个角。

此时，她俩都意识到了将要发生不可想象的事，齐声呼喊着妈妈，奔跑着，也不怕榴弹再来轰炸。

“妈妈！妈妈！”

她们奔跑着，越过弹坑，跨过一片废墟，跑到妈妈的住房前停下了脚步。但见房门木头从上面倒了下来，横在门口，挡住了去路；右角房架，连同墙壁陷了下来；火燃烧着，从窗口向房顶上面延伸……

姐妹俩千遍万遍地呼喊着屋内的妈妈，可是妈妈没有应声，是不是妈妈被炸死了？一种不祥之兆在姐妹俩的心头掠过。她们决定从乱木下爬进去，去觅寻她们的妈妈。

“霭龄，危险，不能爬！”

正当姐妹俩俯身向屋内爬时，她家佣人赵三伯赶到了，挥手制止了她们。

“妈妈在里面！妈妈在里面！”姐妹俩哭喊着。

“知道了！你俩快到一边去。”赵三伯说完，顺手扒开了门前的几根横木，冲了进去，纵身跃步，只见窄而弯曲的过道里，已被大火封住，窗格木质部分呼呼着火。他绕一个弯，进了宋夫人的卧室，还好，这间房子还未着火。他很快摸到了宋夫人床前。分娩后的宋夫人呻吟着，不知外面发生了什么事儿。新生的婴儿已被接生婆用白纱巾包好，放在宋夫人身边。也许婴儿对炮声的敏感过度，“哇哇”地哭喊着，那声音透着几分歇斯底里。

婴儿是母亲的希望，救人先救婴儿。赵三伯首先抱起婴儿跑出了屋，接着又冲进去救出了宋夫人，等赵三伯再次冲进房去救接生婆梅氏时，火已蔓延到整个房间，浓烟滚滚。赵三伯好不容易找到梅氏，起身抱出屋时，只见上面燃烧的房架，“轰隆”一声坍了下来。

小美龄仍“呱呱”地哭叫着，爸爸宋查理闻讯从外面赶回。

日本轰炸虹口区的前一天，他收到了孙中山在海外的来信。

信的大意是：要积蓄力量，积蓄财力，东山再起。

孙中山先生在“积蓄财力”四个字下面圈了红圈。

第十六章
一个“童话”的诞生

作为他的支持者和“财政部长”，对这种圈圈，宋查理当然心领神会。如何“生财”呢？他想起了华美印书馆陆续出版的许多世俗和宗教书籍，其中包括由林乐知博士出主意编印的中国最早的方言《圣经》之一——《苏州方言圣经书》。

他想，如果把此类书降低成本，扩大发行量，那将是一笔相当可观的收入。宋查理主意打定，决心干一番事业，他不得不抛下即将分娩的妻子，驱车来到了林乐知住处。日机狂轰滥炸那阵，他正坐在林乐知的办公室洽谈出版业务。约莫一个小时后，佣人来催。

“什么事，这样着急？”他急切地问。

“虹口区遭到轰炸。”

“家里怎么样？”

“房子坍了两间半。”

“没事吧？”

“您快回去吧！”

“夫人怎么样？”

“夫人和孩子都让你快回去。”

宋查理听到这里，一阵心酸：“这样吧，家里你先帮我料理一下，我签完合同便回。”

“不，夫人叫您现在立即返回！”

“为什么？”

“夫人已经生产了，给您生了个千金，需要人照顾。”

宋查理高兴地说：“好，好，我尽快赶回去。”

宋查理驱车来到家时，只见厢房和墙垣都已倒塌，烧焦的房梁呈现一片可怕的黑色，断瓦残垣中间露出枯黄的破布碎片……此时，他方感到事情的可怕，但他并不为倒塌的房子可惜。他认为破财灭灾，钱是人挣的，何况他手中已签订了出版合同。

他绕过废墟，走向后屋，还没进屋，就听见妻子对他的数落声。

他认为妻子是对的。在家务上，宋查理沿袭了封建传统的做法：家务由妻子去做，他是家庭的掌柜，他精于理财，可是却连孩子的出生都算不准。他知道家务这副担子有多重，他感谢妻子——每当他做完工作疲倦地回来，总有一个清洁舒适、芳香四溢的环境。

依旧例，妻子数落完，撒完气后，只要他不还言，口气就会好转，就会由阴转晴。可是今儿不同往常，妻子真的动气了。宋查理理解妻子，妻子今日为他喜生千金，不是比他手中的万贯合同还强吗！在家务上，她是功臣；在事业上，他是英雄。他走到妻子床前，抱起那个白胖胖、水灵灵的女婴吻了吻，然后把脸转向妻子道："我还该做些什么？"

妻子见丈夫这般温柔，可怕的事情也过去了，不便再说什么，只是说："三伯和梅氏为了我和孩子，全都受伤了。姐夫已把事情处理完，你快把钱给姐夫送去，并感谢一番。"

"是，夫人之令，丈夫遵旨！"宋查理放下千金，打了个不伦不类的官场手势，像孩子般乐哈哈地跑出了屋。妻子望着他那滑稽的身影，会心地笑了。

宋美龄出生之后，倪桂珍又生了两个儿子——宋子良和宋子安。

和别的中国封建家庭相反，宋家重女轻男。宋家三姐妹出生后，传说母亲倪氏曾准确地观天。她说：霭龄出生时，月亮是圆的，说明她的姻缘是美满的；庆龄出生时，月亮是弯的，说明她要终生守寡；美龄出生时，月亮是昏的，说明她有气要发。

迷信虽不可信，可事情的发展千真万确。

生下最后一个孩子后，宋夫人更加虔诚地信奉基督教，在虹口宅院主持家务也开始严厉起来。

宋夫人不像其他贵夫人一样打牌、跳舞，她视跳舞和打牌为堕落行为，严禁儿女们沉湎于此类娱乐。美龄出生后，宋夫人从一位精力充沛的少妇变成一位笃信宗教的贵夫人。孩子们的个性也明显地体现出她的这种变化来。头四个子女性情活泼、顽皮、精力充沛、富有创造精神，后两个儿子则性情温顺、谨小慎微。

母亲对孩子的影响是大的，当然，父亲也不例外。宋查理对头几个孩子娇纵放任，百依百顺，有求必应，使他们养成了一个信念：世上无难事，只怕有心人，大千世界皆受他们的支配。他扩张了他们的欲望，使他们意识到只有以非凡的干劲和永无止境的进取精神才能实现鸿鹄之志。宋查理本人就是一个“胆大者，事竟成”的活楷模。

但是，到后两个儿子出生的时候，宋查理终日忙碌，再也不能像对其他孩子那样，把大量时间花在他们身上了。他既要经商，同时又担任了革命党的执行秘书，同流亡异国的孙博士保持密切的联系。

三姐妹中，父母最宠爱的是美龄。也许她年龄最小占了优势，也许她那楚楚动人的外貌更使人喜爱。父母称她为“小灯笼”。

和大姐霭龄相比，美龄不像大姐那样身材矮胖、相貌比较平淡，而是像个顽皮的男童。她疏眉细眼，小鼻子微微地朝上翘着，薄薄的两片小嘴唇像金鱼嘴似的，两个小酒窝儿更增添了她的妩媚。

和二姐庆龄相比，美龄一样娇柔，一样俊俏，从眉毛到眼睛都很相似，只是不如姐姐庆龄长得耐看。再说她俩的性格也迥然不同。如果说庆龄比较纤弱、文静、温柔的话，那么美龄则像大姐霭龄一样显得傲气逼人、孤芳自赏。

因此，宋美龄凭借自己的优势，在宋氏家庭里称王称霸，谁都要听她的指挥；她虚荣心极强，自恃有父母宠爱而忘乎所以；她个人至上，大家都要让她几分；她自觉天生高人一等，还是个年轻姑娘的时候就动辄发脾气，目空一切，盛气凌人。在她眼里，她只崇拜刻苦勤奋的大姐霭龄。宋霭龄让她干什么，她就干什么。在宋霭龄发号施令、处理家务事的时候，她总是在一旁聚精会神地注视着，就好像她正在实习，准备将来接替这个角色。

宋查理宠爱小美龄，无论到哪儿去都带着她。他领她去参观印刷所、面粉厂、香烟厂和纺织厂的内部运转情况；他们二人坐在私人黄包车上（拉车的兼当保镖）从大街上经过时，他向她揭示城市的内幕和暗藏的弱肉强食的真相。小美龄成了他办公室里不可或缺的人物。

第十七章

教儿育女

宋查理的伟大：一是支持孙中山革命；二是精心把儿女培养成华盛顿、林肯式的人物

也许目睹清政府的腐败现象太多了，也许受西方教育太深刻了，也许中国革命还需后继有人，宋查理夫妇决定在子女的培养上狠下工夫。这种工夫表现在子女日后一个个成为国家的栋梁之才，表现在他们乐观而坚毅地对待人生、对待生活和社会责任。

成才需要多种素质。12 岁前的教育很关键，因为此时儿童犹如一张白纸，易画出最新最美的图画。而作为孩子涉世的第一位老师——父母，起着举足轻重的作用。宋家的教育非常独特，摒弃了封建式的“三从四德”，采取民主的开放的新式教育。

宋氏夫妇对“父母是孩子的第一位老师”的理解是：老师就是老师，不能以抚养来代替；父母就是父母，亦不能以父母的身份去代替老师，这是两个毫不相干的概念。中国人在传统上常把它们混为一谈。其实，当好合格的父母，不一定是合格的老师，反之也是。高素质的父母，高素质的家庭，是孩子启蒙教育的重要基石。宋氏夫妇对“孩子”的理解又涵盖两种意思：首先，孩子是朋友，其次是家庭中的一员。因此，在宋氏家庭中，始终充满着民主气氛、宗教色彩、艺术精神和田园牧歌式的宁静。在这里，孩子可以尽情地享受各式教育，可以自由地热爱生活，追求精神，追求完美。在这个家庭里，没有男尊女卑之感，没有压抑天性之理，没有谁说了算之道，千年封建治家之方在这里没有市场，取而代之的是新式教育。他们说：“只要一百个孩子中有一个成为超人式的天才，中国就有四百万超人，还怕中国不得救。”他们不但这样讲，也这样做。

第十七章
教儿育女

早在长女霭龄还在襁褓之中时，宋查理凭着经济实力给儿女带来了很多新奇的玩具，每买来一个玩具，他都把玩具放在适当位置，以新奇来吸引孩子，让孩子爬或者走过来，很费力地才得到。孩子也许因得不到而哭或撒娇，或许因跌倒而不再爬起来，此时，大人并不去帮忙，而是拍手鼓励，直到孩子得到玩具而露出笑容。

当孩子牙牙学语的时候，宋查理常常给他们朗诵《圣经》赞美诗，声情并茂，给孩子以美感，给孩子以幻想。倪桂珍则教他们识字绘画，讲解一个又一个精美的《圣经》故事。很快，爸爸的小号大家都会吹，妈咪的钢琴大家都会弹。这些超常的智力启蒙使他们受益终身。大方的言谈举止、活泼的天性、宗教的信仰、音乐的风度，在他们身上一个个淋漓尽致地体现出来。

二女庆龄的生日来临了，宋查理和妻子暗暗商定，要送庆龄一个有意义的礼物。

为此，倪桂珍花了一夜工夫，凭着她描龙绣凤的本领，做了一个花书包。宋查理看了道："礼物不能俗套，要富有新意，何不绣上几句新语，给孩子以启示。"于是，倪桂珍又花半天工夫绣上了"是雄鹰就应该展翅蓝天，是骏马就应该奔驰草原"。

第二天，当宋查理把这两句话送给宋庆龄时，她高兴地读了又读，陷入了深深的沉思。

"谢谢你们——爸爸和妈咪！"庆龄深情地看着宋查理，仿佛一下子长大了许多。她说这是七年来爸爸和妈咪送给她最好的生日礼物，她要把这两句话抄在笔记本上，记在心里。宋查理和倪桂珍都笑了。看着庆龄容光焕发的神色，倪桂珍明白了：送孩子礼物，不光是满足她物质上的要求，还要注意她精神的需要和人生的满足。

让孩子的天性充分地发展

宋查理由于早年长期在美国生活，养成喜吃西餐的习惯，所以倪桂珍不得不认真学做西餐，并且成了一名出色的西餐厨师。虽然宋查理发财以后，家里雇用了专职的厨子，但倪桂珍仍经常亲自下厨。她还把女儿们召集起来，向她们传授美式烹调的奇特花样。文静的庆龄和活泼的美龄都在母亲手把手的教导下，成了不错的厨师，甚至在她们先后成了第一夫人后，遇有重要的客人，她们都会亲自下厨房，做一两样精致的菜招待客人。唯有任性的霭龄不喜欢母亲的传授，不知是有意还是无意，她总是毛手毛脚，不是碰翻了盆子，就是烫伤了手脚，以致母亲传授了几年，她还是一技无成。唯一勉勉强强说得过去的，是她的美式烤鸡，但也就跟美国最偏远的乡村里家庭主妇烧的烤鸡的味道差不多。

刺绣是当时中国女孩的必修课，那纤纤玉指上下舞动，用五光十色的彩线在美丽的丝绸上绣出花卉、小动物、山水云树。它至今仍是世界上最精美、最撩人情怀的工艺品之一。女孩刺绣不仅在于它的成品可以装饰鞋子、枕头，有实用价值，更重要的是这可以陶冶女孩们的性情，使她们变得温柔、贤惠、勤劳，激发她们的爱美之心。古代把刺绣称为“女红”，也即“女工”，把它与妇德、妇言、妇容并列为女子的“四德”。倪桂珍自己喜欢读书，针线活不算在行，可她却希望女儿们精通这门技艺。她给女儿们雇了一位刺绣师傅，那是一位针线活做得相当好又有些文化的寡妇。霭龄的天性使她对这种静坐半天才能绣一条花边的光景感到沉闷无聊，她一点儿也不愿意学这活计，但又不敢对抗母亲，就只好设法捉弄教刺绣的师傅。在上海方言里，“女工伙计”与“女叫花子”的发音非常接近，霭龄就利用这个双关语大做文章。她还把自己的发现悄悄地教给庆龄和美龄。每天刺绣开始，三个女孩就轮流把这位女工伙计喊作“女叫花子”，然后问这问那。每一个人叫一次其余两个就笑个不停。开始这位女工伙计不明原因，后来她终于发现了她们的秘密，便怒气冲冲地找倪桂珍，揭发了霭龄对她的羞辱。母亲把霭龄叫来，进行了严厉的训斥。她说一个女孩子玩这种把戏，简直太没有礼貌，太违反基督教的精神。她甚至要对霭龄进行肉体惩罚，幸亏宋查理及时赶回了家。他听了这件事，呵呵一笑，把霭龄保护了起来。他说针线刺绣之类，不学也罢，既然只花几块钱就可以买到很好的绣品，倒不如给孩子们腾出时间多学点更有用的东西。从此，母亲再也不要求霭龄刺绣，直到成年后霭龄还自豪地向人炫耀自己的胜利，并且自称她一生也缝不到三针线。

一有时间，霭龄更喜欢到大自然中寻找乐趣。她率领弟弟妹妹故意放着大门不走，而爬上不高的院墙，再翻下来跑到外面，像“越狱”的“囚犯”，或者像飞檐走壁的“江湖大盗”，追求刺激，寻找乐趣。

他们跑到农民的稻田里，抓小鱼，捉青蛙，踩倒大片的庄稼；到农家庭院附近的果树上，偷摘未熟的青果，糟蹋掉农民收获的希望。开始，附近农民因宋查理经常帮助他们，都隐忍不讲，后来，霭龄率领的这群孩子，越来越像一帮“小匪徒”，闹剧愈演愈烈。

一次，他们看见一个南瓜个儿特别大，几个孩子轮流试验，也未能抱起，霭龄忽生奇想用水果刀在南瓜上挖下一块，让子文往里拉泡臭屎，又扣上挖下的一块。那位农民把瓜摘回家切开吃的时候，才发现了这个恶作剧。他四处打听，有人说看见宋家的孩子在那里鼓捣过，可能是他们干的。他联合几个农民终于踏进宋查理的家门，向他们的母亲告状。孩子们早吓得藏在后院的角落里不敢出来。母亲为了安抚这些邻居，决心当着他们的面教训自己的孩子。这时，宋查理回来了，他详细询问了邻居的损失，向他们赔偿了远远超出损失数量的金钱。宋查理还同他们签订了一项君子协议，就是要求乡民们不要惊吓他的孩子，凭他们自由玩耍，如果糟蹋了谁家的东西，只要报来损失数量，他都加倍赔钱。乡民们虽然满意这种解决办法，但他们对此不能理解，一个个揣了钱，摇着头，走出宋家。

宋查理从后院把孩子们找回来，看到他们疑惧的眼神，便安慰他们说没有什么，玩耍是儿童的天性，今后只管放心大胆地去玩。他还告诉孩子们，问题都已解决，今后再不会有人威胁他们。为了打消孩子们的疑虑，宋查理把霭龄抱起来亲她的脸蛋，接着又挠她的胳肢窝，只挠得霭龄满院子跑，其他孩子看得哈哈大笑。宋查理把霭龄叫“撒旦小羔羊”。“撒旦”在基督教故事中是专同上帝作对的魔鬼的别名。但在《圣经·约伯记》中则说，撒旦也是上帝的使者之一，在得到上帝许可后对人进行开窍。宋查理把霭龄叫做“撒旦小羔羊”，明确表露了霭龄顽皮大胆的个性和他对女儿行为的欣赏与放纵。

在宋查理的庇护下，“撒旦小羔羊”的个性得到充分发展。在所有孩子中，霭龄同父亲一起相处的时间最多，受父亲的影响最大，两人的志趣也最相投。宋查理喜欢唱歌，他的嗓音纯美洪亮。霭龄显示出和父亲一样的才能，黄昏的时候，她常与父亲一起唱二重唱。她向父亲学的歌曲多是宋查理在北卡罗来纳州和田纳西州时学到的美国歌曲，因此她对西方音乐比对中国的曲调更熟悉。

宋查理自己喜欢骑自行车，霭龄 10 岁的时候，他送给她一辆自行车，霭龄成了当时少有的拥有自己的自行车的女孩。她得到自行车后，犹如得了个宝贝，粘在车上就不肯下来。她不顾车高腿短，一次次摔倒仍毫不气馁地又跨上去，很快她就能自如驾驭了。骑车兜风成了他们父女俩最喜爱的运动。

第十七章
教儿育女

欢乐应该归还孩子

宋氏家庭是美满的，美满的家庭常充满欢乐的笑声。

这是周日的一天，位于浦东区的宋家小院，传出一阵阵高山流水般的琴声，吸引了路人驻足和近邻们的好奇——宋家的家庭歌舞晚会正在悠扬的琴声中进行……

高扬的琴声奏出激昂的旋律。

优美的歌声和着钢琴的神韵。

这是一首美利坚合众国的西部民歌，讲述一位姑娘，为男士的骑士风采所倾倒而射出了丘比特之箭，却不见心上人的回音……

歌声和着琴声，一阵高昂，一阵低旋，高扬时如大海扬波、瀑布奔涌；低回时如小河潺潺流水，又如山泉叮咚……有高有低，有紧有慢，优美动听。

男中音的歌唱者是爸爸宋查理，此时他正与长女霭龄一起歌唱，奏琴者则是妈妈倪桂珍。庆龄和小妹美龄在歌声中翩翩起舞……虽然她们还不懂事，但已被这优美的旋律所打动。

举办周日晚会，已是宋家惯例。看得出，这是宋查理教育熏陶孩子的一种刻意的安排。不是吗？歌舞最能为儿童接受。在这个欢乐的家庭里，人各有志，宋霭龄继承了父传——唱歌，宋美龄学会了跳舞、作画，而宋庆龄则继承了母传——弹琴。唱歌、跳舞、弹琴都是孩子根据自己的兴趣选择的，这种选择也影响了她们各自的性格。唱歌使宋霭龄泼辣，跳舞使宋美龄活泼，而弹琴则使宋庆龄内向深沉。这种性格又使她们在动乱的社会中，选择了不同的道路。“霭龄爱钱，美龄爱权，庆龄爱国”，此话自有一番道理。若摒弃阶级斗争的观念，她们无疑都是事业成功者。三姊妹，如洛阳牡丹，各有风韵，令世人敬仰。成年后，三姊妹常沉浸在童年欢乐的回忆中。晚会陶冶了她们的情操，晚会给了她们施展才华的机会，虽然政治把她们分开，难免也陷入困境，但她们却常常以琴声、歌声、舞姿来表达她们的亲情，排解心中的苦闷。据说宋美龄60岁才告别“舞台”，而宋庆龄则直到晚年在她的卧室兼办公室里，还摆着一架古朴的钢琴。工作一天后，在寂静的夜晚，关上门来，弹奏一首贝多芬的乐曲和美国西部民歌，寄托自己的情思，表达对父母以及姊妹的深情怀念，这已成了她高尚的精神生活的重要组成部分。

热爱生活，热爱大自然，陶冶孩子的心灵

小庆龄出生时的住房，是宋查理用自己的积蓄特为她们建造的。宋查理亲自画图纸，亲自设计。新式的楼房，代表当时宋查理的思想风貌。它的建筑形式和格局，在上海来说，别具一格，土洋结合，中西合璧。主楼后面是一些较小的房舍，作为仆人的住处，房舍后便是与农民耕地相接的大菜园、果园。菜园、果园的占地大概为住房的数十倍。在宋查理的心里，孩子们来到人世，应归于自然。正如笼中鸟、网中鱼，应该还其蓝天和大海。在这里，宋庆龄和其姊妹们度过了欢乐的童年、少年；在这里，他们熟悉了所种蔬菜的名字，果树生长的周期，以及鸟儿的鸣叫；在这里，他们接触了郊区农民朴实豪爽的性格，又透过他们明亮的眼睛，牢记在他们的心扉；在这里他们又看到父母勤劳的身影，烈日伴着汗珠流下，更体验出古人“汗滴禾下土，粒粒皆辛苦”那苦涩的、从妈妈那里听来的诗句的深刻含意。

“爸爸，我来帮你！”小庆龄从心里理解了劳动的意义。

菜园、果园虽大，但却满足不了孩子探奇的心理。有时候，三

姊妹在园中玩腻了，便翻过宋查理筑的篱墙，到农民地里去“疯”。宋查理通情达理，偷偷付给农民一些赔偿费，以平息他们的抱怨。但他绝不允许他们动辄训斥他的孩子们，因为孩子正是长知识开眼界的时候，吹掉一个花蕾，会少结一个果实的。懂得道理的农民们，面对这些如花似玉的姑娘，知道绅士的脾气，也把她们当成了“宝贝”。因此，宋家一直与乡邻友好相处，农民送来新奇的产品，使孩子们从乡邻们身上的泥土中体会出劳动的高尚。

“妈妈，我也要帮您洗碗！”庆龄又从心里呼喊。

正是这种田园牧歌式的生活，外加宗教色彩、民主氛围，使这个家庭与当时中国千万个普通家庭相比较，处在一种“世外桃源”的优越环境中。这里既有基督教严格的生活秩序，又有和谐、欢乐和诗情画意的气氛，使宋庆龄从小就受到高尚情操的熏陶，培养了她独特的品性：文雅善良，热爱生活，追求真理，厌弃邪恶。

教育孩子懂得金钱的来之不易

宋氏三姊妹，经过宋氏夫妇的辛勤栽培，日后一个个如出水芙蓉，风韵各异，这不仅表现在她们的穿戴和发型上，同时也通过她们的举止言谈的高雅、雍容、庄重表现出来。在穿戴上，美龄喜红，红给人热情之感；庆龄喜绿，绿给人自然之意；霭龄喜蓝，蓝给人朴实高洁之魅力。在发型上，美龄烫发偏洋；庆龄挽髻偏中，而大姐霭龄则不中不洋，十分随意。在大的场合上，比如节日庆典，三姊妹的穿戴和发型都各富诗意，表明各自的追求和审美观点。

庆龄出世后，宋家已是上海滩少有的“小康之家”。金钱作为身外之物，宋查理已把它看得很透。面对着中华民族的危难和生活在水深火热之中的人民，宋查理已接受孙中山拯救中华、实行大同的观念。此时，除钱外，他已另有所求了。按照宋查理的观点：“无钱难生存，钱多害子孙。有钱行善事，救国为己任。”

他要让孩子尽情享受，又要使孩子知道钱是怎么来的。一天，霭龄兜里装着妈妈给的钱（父亲是从来不给孩子零花钱的，孩子需要什么就买什么，哪怕很贵，只要需要，他绝不吝啬），高高兴兴地在街上买来了法国的高级巧克力，分给弟妹们吃，恰赶上宋查理驱车回来看见。宋查理，这位曾历经苦难的人，最知道金钱的来之不易。他是一个爱冲动的人，若不高兴立即表现在脸上。孩子们都怕他，纷纷把巧克力藏在身后，可拙笨的童稚，怎能逃过父亲的眼睛。

“把手伸出来！”宋查理厉声喝道。

一只只白皙的小手伸了出来。

“是谁买的？”

姐妹们你看看我，我看看你，谁也不说话。

“快说！”

“是我。”霭龄好汉做事好汉当。

“你是大姐，是弟妹的榜样，怎么能乱花钱呢？”接着宋查理的口吻变得稍和蔼，“你知道钱是怎么来的？这下，你妈妈半个月的薪水就给吃光了。半个月等于 15 天啊！”

此事过去后，再无类似的事件发生。在宋查理看来，孩子们已知道钱的来之不易，无须唠叨。

公认的中西女塾早熟的学生

在宋氏家庭里，宋查理夫妇皆是基督教信仰者，同时，他们也信仰老子的“无为而治”及西方的民主、自由的教育，他们认为传统的“三从四德”是对民主教育的反叛，因此竭力抵制。他们教育孩子要自食、自力、自信、自强，树立男女都一样的平等观，培养他们的社会责任心。日后，宋氏三姊妹都有远见卓识，也是他们这种教育的回报。

俗语说：桃三杏四梨五年（桃树栽上三年开花结果，杏树栽上四年开花结果，梨树栽上五年开花结果）。当院中由宋查理亲自栽上的桃树、杏树、梨树花开溢香、硕果压枝的时候，小庆龄已长到六七岁了。加上子文和美龄的相继出世，宋家已是儿女满堂了。

作为受过西方教育的宋查理，他知道知识对国家的重要，要投身革命，仅靠一代人的力量是远远不够的。于是，有先见之明的宋查理把目光放得更远，决心把孩子培养成对国家有用的人，再加上“三姐妹如花似玉，走到街上谁见谁夸”，更坚定了他对孩子培养的信心。

一天晚上，宋查理和夫人进入了卧室。

“妈咪（查理对桂珍的昵称），让庆龄上学吧?”宋查理征求倪桂珍的意见。

“庆龄前天还跟我吵，要跟姐姐一块去上学。这不，我已把书包做好了。”倪桂珍说着顺手在衣柜里取出了新做的书包。

“我的妈咪，你想得太周到了。那么，我明天就送她去上学。学校我已经说好了。”

“在哪里?”倪桂珍睁大了眼睛。

“中西女塾，霭龄的学校。”

“好啊，姐妹俩可以做伴了。”

翌日，雄鸡高唱时，庆龄早早地来到父亲的卧室报到，然后随父驱车来到中西女塾。

“爸爸，今后您就不要送我了。”庆龄道。

“好孩子，有志气。”宋查理吻了吻庆龄。

中西女塾，英文名称叫“马克谛耶女子学校”，是国外教会在中国开办的第一所收费的女子学校，主要发起人是林乐知。他自己有在虹口创办“中西书院”的经验，当他看到当时中国上层社会的妇女学校教育还是个空白点时，便建议美国卫理公会，由南方女布道会筹备在上海建立一所专门吸收“高贵”华人女儿的高级女子中学。这个建议使教会的领袖们得到启发，感到过去他们在中国的工作确实太不上算了。他们认为：“为什么我们教会在中国不断地为乞丐们开办义务学校？假使让富有的、聪明的中国人先领悟了上帝的道理，再由他们去广泛地宣传这个‘福音’，我们不是可以少花钱办大事吗？”美国教会研究了林乐知的建议后，认为这是一个很有远见的意见，大力支持。从教会方面考虑，他们也想通过办学培养为自己工作的中国女界领袖。

从中国方面看，也已经具备了客观条件。该校第一任校长海淑德女士在筹备学校时给女布道会的信中说，中国富有的家长们不愿意送自己的子女进教会开办的慈善性质的义务学校，因为这些学校的学生都是穷人家的儿女。富有的家长们不愿自己的女儿和他们生活在一起，他们愿意出高额学费供子女上学，因此很希望现在就有一所合适的学校。从各方面的情况来看，这类学校的学生一定会不断增加。而那些在国外留过学的中国男子，都希望他的姐妹、他的妻子和他的女儿受到新式教育。然而由于当时中国还没有一所他们认为理想的、外国人办的正规的学校，他们只好请家庭教师或者由兄长和父亲在家里充当教师。

经过几年筹备，中西女塾终于在1892年3月建成，隶属于著名的慕尔教堂，成为汉口路一景。

该学校的课程设置，有语文、英语、历史、地理、宗教、刺绣及烹饪等。除语文课外，一律用英语教学，连中国的历史、地理课本也是美国人编写、在美国出版的，而且由美国的教师讲授，学校企望培养亦中亦西的“通才”。

该校的英语教学一直坚持高标准，加上在家中又有父亲的辅导帮助，宋氏三姐妹日后都能够操一口令人羡慕的、流利的、悦耳动听的英语。

宋查理夫妇之所以把自己的三个女儿先后送进这个学校，显然如上述海淑德所指出的，由于宋查理早年在美国留学的经历，希望自己的女儿在这里受到完全西式的正规教育，并受到系统的宗教生活的熏染。还有一个原因，由于交通落后，当时的汉口路，到浦东宋家住宅有很长一段路，来回需花很多时间。寄宿于学校，可以使她们像父亲那样，从小就培养独立生活、个人奋斗的精神。此外，由于该校是慕尔教堂的一部分，而宋查理是慕尔教堂主日学校的校长，每逢星期日，他都同妻子一起来参加教堂的礼拜，这样也便于照顾女儿们。

庆龄从小爱好学习，读书非常用功，常在天色很晚时还在读书。父亲劝她休息，她回答说：“把功课复习好，我才快活。”她勤于动脑，独立思考，对一时不理解的总是不苟同传统观念，而是大胆怀疑，进行探索。学校里每星期三晚上都从社会上邀请一些有名望的客人来主持宗教讨论会，有时宋查理夫妇也来主持会议。讨论会鼓励孩子们提问题，经过公开讨论，解决她们信仰上的疑难问题。庆龄常常踊跃地提问，对此，妹妹美龄很不理解。有一次讨论会结束后，她生气地责问庆龄：“你为什么常向李牧师提问题？难道你不忠实信仰？”庆龄只是一笑。

当时庆龄爱留短发，不像别的姑娘那样穿戴打扮。她特别喜爱英语和文艺，虽生性文静腼腆，却在文艺演出时很大胆，演技颇好。她曾参加该校低年级的一次期终演出，在剧中扮演一位公主，公主后来被加封为皇后与国母。庆龄的演技，博得在场教师和家长们的赞扬。演出结束后，宋查理的一位朋友登上台幽默地说：“这样一来，宋先生就是皇后的父亲，国王的岳父！”当年的这个笑话，想不到在庆龄嫁给大总统孙中山后，成为现实。

演出后的当天晚上，孙中山先生再次来到上海，住在朋友宋查理的家。听了宋查理的述说，加上几年不见庆龄，当庆龄风姿绰约立在他面前的时候，孙中山着实大吃一惊："几年不见，成了一位大姑娘。长高了，漂亮了。听说你演公主和皇后了，祝你今后成为真正的公主和皇后。"

庆龄嫣然一笑道："孙叔叔，您别夸了。"

据说宋庆龄在13岁时，有一次同孙中山谈话，孙中山对她说："我们只有学到各种各样的知识，才能救国。"宋庆龄说，她要为他的同一目的——推翻帝制、建立共和而奋斗。

孙中山回答说："庆龄，好极了！如果你愿意帮助我，我将十分感激你。"

宋庆龄的智慧早开，不仅表现在她对宗教和艺术的理解上，而且表现在政治上。

儿戏不得，假"皇后"变成了真"皇后"，历史的必然

节假日是全家的欢乐日。

没有上学的美龄，期盼着上学寄宿的大姐、二姐的归来，好给她讲《圣经》故事，这是家庭晚会少不了的节目。姐妹在一起也好玩个痛快。

一天上午，一辆黄包车停在了宋家的院子里。孩子们围着黄包车看新奇。

"车夫呢？"霭龄问庆龄。

"去爸爸房里啦。"庆龄用手指了指。

第十七章 教儿育女

“我可以拉吗？”霭龄又问，不等庆龄回答，就架起车把，跑了十几步，逗得弟妹们咯咯大笑。

这时，庆龄走上来，也把子文、美龄招呼到跟前道：“我们和大姐做个游戏好吗？”

“好的。”大家齐声应道。

“这个游戏很简单，来源于安徒生的童话，说的是一个大‘皇后’，坐黄包车游玩后花园，碰见凤凰大姐，和凤凰大姐比美的故事。”说到这里，庆龄便用手指挥着，“大姐当车夫，我当皇后，小妹当凤凰大姐。”

“我呢？”子文急得要哭。

“角色分配完了，你就当观众助威吧。”

“那好。”子文道。

“那么，咱们先化一下妆，瞧谁化得像。”庆龄又布置道。

她们跑回自己的房间，片刻工夫又跑了出来。霭龄穿起了父亲的衣服和礼帽，一副绅士相；美龄则穿上七彩绸缎；而“皇后”庆龄，则用妈妈的衣服做道具，脑后结个“髻”，活像庄重的老夫人。大家聚在一起时，各自的打扮都让对方吃一惊，引起一阵笑声。

“我这大‘皇后’可以上车了。”庆龄莲步点点，登上了黄包车，霭龄架起了车，美龄则在前面跑，直奔后菜园。而子文作为观众则在后面拍手，边拍边追。

黄包车绕过天井，穿过花池，在妈妈的房前甩下一串笑声。宋母听到笑声，从窗口探出头来，大吃一惊：“这是演哪出戏？”说完，又下意识地对霭龄喊，“霭龄，要慢点跑！”

说话间车子已到后菜园，菜园里的地面可不像院里的地面平，一个石头拦车，“哎呀！不好。”庆龄还没喊出来，重心偏离，身子已经跌落到地面，受了伤。“皇后”身上留下一块难忘的伤疤。

“太危险了，太危险了。”妈妈急忙跑了出来。宋查理也跟着过来了，他没训孩子，而是告诉他们不要玩这风险大的游戏。

鲜血流了出来，吓得美龄、子文大哭，而庆龄则没哭，她咬着嘴唇，被宋查理送到了医院。

且说美龄5岁那年，就吵着非要跟霭龄去马克谛耶女子学校读书不可。

开始，宋夫人觉得孩子小没答应美龄的要求，可是丈夫宋查理尊重孩子自己的意见，在美龄提出上学的第二天，他就亲自到了学校，找到了理查森校长，谈明了这件事。理查森也是位办事利索的人，当下就拍板答应下来。

第三天，晨曦初露，美龄便首先唤醒爸爸，起了床。

她打扮得整整齐齐，穿着一条绿裤子和一件方格呢上衣，辫子上系着蝴蝶结，口袋里装着一小盒卡拉德和鲍泽公司的黄油奶糖，左口袋里则是一小盒又苦又甜的巧克力。她和父亲坐在前一辆黄包车上，后面一辆黄包车上放着一只崭新的黑提箱，里面装的是她的衣服和其他用品，所有物件上都按照寄宿学校的要求，端端正正地写着她的名字。

宋查理领着美龄到理查森校长那里报了名。给美龄留下印象的是：爸爸和校长很熟，他俩为赞扬她的美还开了几句玩笑哩！此刻，美龄听了觉得自己的脸微微发红、发烫。

自父亲把她留在理查森女士的书房里，走出屋把沉重的门关上之后，她才情不自禁地掉下泪来。

美龄在马克谛耶女子学校成了轰动一时的人物，这是宋查理以外的所有人都始料未及的，她成了学校的福星。她学习很用功，同学很佩服她，老师表扬她，校长在全校大会上夸赞她。也许她受不了表扬，也许她的行动压根是为了获得表扬。不久，她就感到孤独。在那几个星期里，她白天表现得非常好，很受众人宠爱，甚至连一些年龄比她大的学生也听她摆布。但是，一到晚上，宿舍里黑乎乎的，外面刮着风，树影斜映在窗上，晃来晃去，似鬼非鬼。她孤零零一个人躺在床上，常常被噩梦吓得发抖，甚至尖叫起来，搞得整个宿舍不得安宁。

宋查理得知这个情况后，不得不把她领回家，重新请人单独教她念书。她没有霭龄、庆龄那样坚强，实在容易冲动。在过分激动的时候，她会突然出荨麻疹。因此，父母教育她竭力控制自己的感情。

美龄在家只读了四年书，四年后恰逢美国圣约翰大学少年班招生，这是圣公会在上海办的一所学校。美龄心高，决心要试一试。应该说美龄从“中西女塾”回来后，学习是用功的，四年的刻苦学习使她打下了一定的基础。

且说这次招生考试分别为初试和复试。招生考试时，恰逢父亲宋查理不在家，母亲对美龄的应考非常支持。应考那天，她亲自陪同美龄去考场。女儿在屋里考，母亲在屋外，一站就是两个小时。女儿的希望就是母亲心中的云霞。

按考场规定，初试及格进复试，不及格就被淘汰。经过初试，有一半人被淘汰下去。

张榜复试名单那天，人山人海，实在热闹，人们纷纷从各地赶来看那复试的名单中有没有自己的名字。这一天，美龄也领着母亲去了。本来，美龄知道母亲身体不佳不让她去，可是她执意要去。当她看到“美龄”的名字出现在榜上的时候，她高兴地大声喊道：

“美龄，有你的！”

“妈妈，在哪里？”

“你看，那不是明明写着吗！”母亲心里一阵激动，只觉眼前一黑，便瘫倒在地上。

“妈妈，妈妈，你怎么啦？”美龄喊着去扶妈妈，谁知妈妈因高兴过度，心脏病发作了。

第二天上午本是美龄复试的时间，可妈妈还躺在医院急救室里。美龄没有去复试，因为这时她离不开妈妈呀。可是当妈妈醒来，得知女儿为了自己没有参加复试时，后悔不已。她猛抬右手向大腿上砸去："都怪你！都怪你！你这个老不死的东西，毁了女儿的前程！"

日后，宋查理凭着他那超前的眼光，冲破千年封建的束缚，在男尊女卑的岁月中，毅然决定送三个女儿去美国留学。在这方面，他也许是中国第一个吃螃蟹的人。

第十八章

痴心不改图破壁

命运使他们生死与共。一封平安信，值抵千万金

广州起义，几乎倾尽了宋查理所有家产。广州起义惨败后的几年，是孙中山革命的最低潮，也是宋查理实业经营的惨淡时期。命运使他俩荣衰与共。不过在这沉默之中，两人（一个在海外，一个在国内）却在积蓄力量（一个是政治力量，一个是经济力量），静观形势，以待东山再起。

孙中山在伦敦蒙难获释后，过上了一段较长时间的稳定生活。

这段生活持续了半年多，他几乎每天都泡在大英博物馆里，阅读政治、外交、法律、军事、海军、矿产与矿物、家政、工程、经济等类书籍，并进行潜心研究。在这里，一些著名政治学家的著作，如法国卢梭的《民约论》、美国亨利·乔治的《进步与贫困》、林肯的《民有、民治、民享》，都是孙中山先生思想的重要来源，马克思的《资本论》也是他的研究对象。应该坦率地承认：孙中山这些研究都是为中国的革命化和现代化指引道路。孙中山不仅强调对西方的东西要吸收、利用和转化，对中国的儒家哲学，如孔子的“大道之行，天下为公”，孟子的“民为贵，社稷次之，君为轻”，老子的“道，可道，非常道”及其“清静无为”的思想，太平天国的“凡天下田，天下人同耕”，都要兼蓄并取。

半年时间虽不长，却使他的思想得到升华。

半年时间虽紧张，却使他的政治主张得到了质的飞跃——三民主义学说更趋完整和深化。正如他后来自己所说：

“两年之中，所见所闻，殊多心得，始知徒致国家富强，民权发达，如欧洲列强者，犹未登斯民于极乐之乡也；是以欧洲志士，犹

有社会革命之运动也。予欲为一劳永逸之计，乃采取民生主义，以与民族、民权问题，同时解决此三民主义之主张，所由完成也。”

三民主义思想经过了长时间的孕育、实践和发展，它是孙中山考察檀香山、日本、美国、英国、法国的政体、社会、历史，结合诊断中国为什么长期落后的症结，吸收世界上各种新的思想、学说和政治制度的优点，融会贯通而产生的。孙中山后来又说：“余之谋中国革命，其所持主义，有因袭吾国古有之思想，有规抚欧洲之学说事迹者，有吾所独见而创获者……三民主义实在是集合古今中外的学说，顺应世界的潮流，在政治上所得的一个结晶。”

应该说，这时的孙中山已拥有革命家的远见卓识。

也应该说，这个时期的宋查理，已走出惨淡经营的泥沼，步入了他人生实业辉煌之巅。

这时的宋查理，体态已微微发胖，他的主业——出版业，如雨后春笋般地崛起了。他友交世界，财通八方。他的印刷业由原来单一印刷宗教书籍已发展到印刷政治书籍、世俗书籍、工程学教科书和中国文学名著。他又与别人合资，在华美印书馆的基础上，再次拓展，为中国出版西方教科书、商务簿册和教育书籍做出了贡献。这家华美印书馆后来发展成远东最大的出版社之一。他的面粉业的销售也占了全上海的四分之一。

吃水不忘挖井人。宋查理懂得，所有这一切，都离不开远在大洋彼岸的卡尔义父的关心和支持。宋查理每一项事业的成功，都令卡尔义父兴奋，而卡尔义父的兴奋又使他敢于向中国的宋查理投资。

确切地说，19 世纪末，是中国资本主义工商业崛起之时。远东上海，作为外国列强的租地，买办工业和民族工业迅速崛起，出现了短暂的兴盛和繁荣。也许远在大洋彼岸的卡尔义父，以他的慧眼和卓识，嗅到了这种气候。他虽没有亲临这座城市，但这里有他的代理人、他信任的义子——查理。在卡尔的鼓动下，宋查理又大胆投资兴办两个厂：一是棉纺厂，一是香烟厂，由卡尔提供所有的机器设备。不久，两座工厂的烟囱冒起了烟。到宋美龄出生这年，他的私人产业已经初具规模，为孙中山的后期革命，打下经济基础。

此外，他一生喜爱传授的基督福音的事业又有一个新的发展。此时，宋查理自筹资金创建了上海华人基督教青年会。

教会宗旨是“自主、自养、自传”，会上选举曹雪庚为总干事。参加会议的唯一的一位美国传教士——路易斯，则担任负责同北美协会联络事务的干事。这也符合孙中山先生“联合宗教势力，壮大革命力量”的指示。

不过，宋查理参加革命党的底细，除几位西方朋友，包括步惠廉夫妇外，还不被人们知晓。这为他发展实业、联络后方，提供了方便。但是为了防止万一，他还是买了一本葡萄牙的护照，自称出生于澳门。虽然当时世界上还没有普遍使用护照，但是，有了葡萄牙的国籍，就可以避开美国新颁布的《吉瑞法》，一旦出事，他就可以携带妻室儿女到美国避难。在当时清朝政府的高压下，宋查理此举不失为聪明之举。

1897年秋冬之交，宋查理收到了孙中山自日本的来信，喜出望外。

宋查理好长时间没有收到孙中山先生的信了，此时，接到这封告平安的信，真有“家书抵万金”之感。

夜来风雨声，花落知多少。
戏剧连着戏剧，传奇连着传奇

国内形势是革命的晴雨表。

甲午战争的惨败，使民族危机愈加严重。

第十八章
痴心不改图破壁

这时的清朝政府内出现了一种戏剧性的变化……

1898 年春，康有为、梁启超等人在光绪皇帝的支持下，在北京成立了“保国会”，提出“保国、保种、保教”的口号，以便组织力量，进行变法。没有实权的光绪帝拿出自己最大的勇气公开向西太后要权了。

光绪帝曾召见西太后的亲信——庆亲王奕劻，让他转告西太后：“我不愿做亡国之君，如仍不给我事权，宁可退位。”

奕劻到西太后那里说了此事，西太后暴跳如雷：“他不愿坐此位？我早就不想让他坐了！”可沉思了一会儿，西太后想现在还不到时候，于是她让奕劻转告光绪帝：“皇上办事，太后不会阻拦。”

光绪帝听到此话，长长出了一口闷气，心中也踏实了许多。

就这样，光绪帝总算争得了一点变法的权力，虽然这种权力是暂时的、有限的、很不稳定的，但它却是变法付诸实施的重要前提。

4 月 23 日，光绪帝断然颁布了《明定国是》诏，正式宣布进行变法革新。

在这个诏书中，光绪帝尖锐指责了那些墨守成规、阻挠变革的守旧势力；指出了中外悬殊、国势颓衰的严酷时局：以“五帝二王，不相沿袭”为根据，明确指出了革新的合理性，肯定了变法是不可抗拒的必然趋势。诏令大小诸臣，上自王公，下至士庶，都要努力向上，发奋为雄。自此拉开维新变法的序幕，到 8 月 6 日变法夭折，共计 103 天，在这段时间内，光绪帝共发布改革谕旨 180 多条，最多的一天竟发布 11 条谕旨。从所发布谕旨的内容来看，几乎涉及国家生活的各个重要方面。

《明定国是》诏的颁布，犹如一声炸雷，在社会上引起了强烈而复杂的反响，也激怒了一直伺机而动的西太后。

7 月 19 日，光绪帝罢免怀塔布等人，顽固派大臣十分不满，纷纷要求西太后出面制止光绪。怀塔布的妻子经常在颐和园侍候西太后，深得西太后的喜欢，她利用这种机会，多次哭哭啼啼，请求西太后的庇护。

一天，光绪帝照例到颐和园向西太后问安，西太后满面怒容，厉声问道：

“九列重臣，非有大故，不可轻弃；如今你以远间亲，以新间旧，依靠康有为一人而乱家法，何以面对祖宗？”

光绪帝也不示弱地分辩说：“祖宗若在今日，其法也不会与以前一样；儿臣宁愿坏祖宗之法，也不愿弃祖宗之民，失祖宗之地，为天下后人耻笑。”

“出了问题我可要拿你是问！”西太后奸笑一声，心想不能再让光绪帝干下去了，是自己收拾局面的时候了。于是，西太后便和其亲信开始了紧张的密谋活动。

8 月 5 日黎明，西太后带人直奔光绪帝的寝宫，光绪帝知道事情不妙，慌忙出来迎接。西太后也不理睬光绪帝，命人搜查光绪帝的寝宫，把全部奏章席卷而去，然后怒斥光绪帝说：

“我抚养你二十余年，你竟听小人之言要谋害我？”

光绪帝吓得浑身战栗，面色发白，慌忙回答：“儿臣并无此意。”

西太后啐了光绪一口，说：“痴儿，今日无我，明日还有你吗？”

当日，康有为、梁启超等人已在政变以前逃出，幸免于难。

8 月 13 日，谭嗣同、康广仁、刘光第、林旭、杨锐、杨深秀等六人，在北京菜市口被杀，史称“戊戌六君子”。

至此，光绪帝及其维新派的变法活动就被以西太后为首的顽固派封杀了。

当戊戌变法正紧锣密鼓地进行、宋查理也为变法而拍手叫好时，日本的宫崎先生来到了上海传达孙中山的指示，宋查理热情地接待了这位日本客人。

“听说你是中山先生的好朋友？”宫崎道。

第十八章
痴心不改图破壁

宋查理不置可否地回答："我们非是一日之友。" 说完站起身走到窗前，拉下窗帷。二人便以孙中山革命为题谈开了。

"中山先生，起初我并不认识，广州起义惨败后才知他的大名。四万万中国人，偏有一个造反者，令人敬佩。他的三民学说很有远见卓识。我曾默思此人能背负四百州而独立，手握政权于四万万人之上，其人之伟大，魄力之雄厚，岂支那余子所敢觊觎？吾终不失此支那第一人，以放弃吾夙昔期许之志，而决当有以助其成业，以遂我愿。"

"后来，你是怎样见到他的？" 宋查理问。

"后来，听说他避难到了横滨，我就去横滨拜访，不巧他刚离开横滨去了檀香山。我好后悔。"

"是有这回事。他在横滨行前还给我来了封信。" 宋查理道。

"伦敦蒙难，使他的声名鹊起，又给他涂上了神秘的光环，我更想见见他。后来又听说他回到了日本，我又造访两次，均不见。第三次我找到了陈少白的住处，想请他帮助我引见中山先生，陈当时去了台湾，而开门的正好是中山先生。我们一交谈起来，他的思想的严谨和谈吐的神采便马上把我征服了。"

"很有传奇色彩。" 宋查理叹道。

"这样，一来一往我们就成了莫逆之交了。同时，我又把我的日本朋友，如犬养毅等人介绍给他。犬养毅对他评价很高，他说，孙中山能为中国革命党领袖当之无愧。"

"中山先生现在的情况怎么样？" 宋查理关心地问。

"现在还好。近日，他多次试图与改良派联合，共同救国救民，但改良派顽固保皇的立场和举动令他失望。就说'中西学校'吧，这是孙先生在横滨为华侨子弟开办的第一所学校，原想聘请梁启超做教员，梁启超不就是上海《时务报》的主笔吗？"

"是啊！" 宋查理道。

“可是康有为不愿让他做日本教员。梁无奈又介绍徐勤做校长，并介绍了三名教员。康有为认为中山先生起的校名不雅，又写了‘大同学校’的门匾赠给学校，改了校名。中山没有表示异议，认为这是一个团结合作的机会，以诚相待，共谋大业。”

“后来呢？”

“后来，这个学校就成了保皇派的立足点。听说中山先生到这个学校视察时，徐勤校长预先便在校门口贴上了‘不得接待孙逸仙’之标语，以示分庭对抗。后来，中山先生把此事告诉了兴中会其他会员，又引起了一场风波。”

“什么风波？”

“大家都气愤不过，纷纷找徐勤校长论理，把徐勤围了起来。中山先生本不想看到冲突场面，竭力劝大家回去，事情才不了了之。目前，这所学校已成了保皇派据点，中山先生此后再也没登校门。”

“这保皇派也太不像话了！”宋查理又问，“这事，梁主笔不知道吗？”

宫崎摇摇头：“不清楚。按理说，他应该知道。”

宋查理又道：“我知道，联合各阶层力量是中山先生目前压倒一切的中心。要革命，他也感到自己的力量不足。”

“我这次来，也是想为双方联合做些工作。按照中山先生吩咐，先来看看你。”

“能住些日子吗？”

“看情况吧。争取住一些日子。”

宫崎先生由宋查理招待，吃了午餐和晚餐，利用晚上茶余饭后之机，由宋查理引见，拜访了梁启超。

因与宋查理是老友，梁启超热情地接待宫崎，自然谈到了“大同学校”的事。梁大为惊奇，表示要写信给徐勤，质问此事。

从和梁启超的谈话中，可以看出梁确实不知道此事。此事可能与康有为有关。康有为是光绪帝的宠儿，因变法火爆京城，名享四方，是宫崎想见而见不到的大人物。

胜者为王，败者为寇。

就在宫崎上海之行还未结束之时，北京西太后便发动政变，一夜之间围剿了光绪帝和变法者。轻者被捕，重者杀头。康有为为躲避杀头之罪，连夜逃回上海，找到梁启超，由梁启超引荐见了宫崎，在宫崎的帮助下，连夜上了船，直开日本东京。

夜来风雨声，花落知多少。在东京，孙中山认为康、梁是为变法图强而被迫流亡的，加之，他仍对联合救国抱有幻想，因而当康有为和梁启超到达东京的当日，他便亲自登门慰问。面对失败，康有为仍不愿意总结教训，反而坚持保皇立场，以帝师自居，拒绝会见孙中山先生，使孙中山先生吃了闭门羹。

宫崎劝慰孙中山道："此事不应着急。这次康、梁死里逃生，虎口脱险，我也算是他俩的救命恩人。联合是趋势，我愿意从中相助。"

"那也好。"孙中山消了气，也不便再说什么。

经过宫崎再三说合，康有为碍于救命情面，答应由梁启超代他去谈，孙中山先生则派了陈少白做代表，开始了秘密接触。

谈判进行得很顺利。双方统一了对国内形势的看法和合作的必要性、合作的益处及如何合作等问题，每项都作了认真细致的探讨和研究。但梁启超末了告诉陈少白说：

"今天谈得很好，有些问题还得请示康先生，由他最后定夺，我会尽快告诉你们的。"

陈少白等了三天，孙中山出于诚意，又让他去找康有为。可是事情远不像他们想象得那么乐观，康有为顽固不化，与梁启超也翻了脸，始终主张保皇，不赞成革命。合作由此而成了一厢情愿。

更令人不能容忍的是，由于保皇派大肆宣传诱惑，不少人脱离了孙中山的兴中会，倒戈一击。

此后不久，康有为去了檀香山，梁启超也收拾行装，准备秘密回上海，安排一下家室，再追随康有为去檀香山。

就在这时，合作有了转机，梁启超倾向于革命的思想早被孙中山看到，二人再次谈判，一拍即合，达成了合作协议。孙中山先生为合作会长，梁启超为副会长，徐勤和陈少白、郑士良等为委员。

选举结束后，梁不无担心地道："如此则将康先生置于何地?"

孙答："弟子为会长，为之师者，其地位岂不更尊。"

同时，孙中山又出于诚意告诉梁说："吾有一批捐款，待君回沪后，到查理处拿上，作为此会会费开支。"

梁启超满口应承："兄有诚意，弟实为感动。"

"如果你再去檀香山的话，我也可把我的朋友介绍给你。"

"那好，那好。"

就这样，梁启超化装回到了上海，凭着孙中山的手迹，找到宋查理，取出了那笔款。宋查理连夜用自己的马车，把梁送上码头。

就在这时，徐勤作为康有为的心腹，把合作的事情写信告诉了檀香山的康有为。康有为当时气得两手发抖，连夜写信给徐勤，令他转告梁启超速来檀香山。这时，梁启超已在去檀香山的路上。

合作再次成了泡影，令满怀诚意的孙中山极为伤心。金钱且不说，更使孙中山先生伤心的是，檀香山是他革命的根据地，那里有他的众朋亲友，如今它已像横滨的"大同学校"一样，成为康有为保皇派的据点，他的很多朋友，包括长兄孙眉，在康有为的诱惑下，都倒戈成了保皇党的人。

消息纷纷扬扬传到上海，宋查理得到这个消息时，如五雷轰顶。宋查理不是吝啬鬼，但他知道把钱投入狼口，那将意味着什么。

这时，小庆龄闯入他的屋，扯着他的衣襟说："爸爸，爸爸，陪我玩!"

“爸爸真想哭一场！哪还有心玩。”

小庆龄一看爸爸的脸色不对，便说：“爸爸，谁欺负您了？”

“不，谁也没有欺负爸爸。倒是你中山叔叔太善良了！”宋查理说完苦笑起来。

“中山叔叔不是在日本吗？”小庆龄迷惑不解。

“是他让人骗了！”

“爸爸不是常说，中山叔叔的事业也是您的事业，中山叔叔被骗了，也等于爸爸被骗了。中山叔叔被人骗了和您被骗了不都是一样吗？爸爸还嘴硬哩！”

小庆龄的几句话把爸爸逗乐了：“庆龄的见解真对，是爸爸被骗了，被人欺负了。小庆龄，往后可别做像爸爸这样的小傻瓜！”

小庆龄也由衷地笑了，爸爸抱起她，把她抛得老高老高，小庆龄笑个不停。

惠州起义惨败，给中国人留下了不泯的沉思

1900 年，亦称中国近代史上最黑暗的一年。

这年，八国联军攻破北京，在京城和圆明园大肆劫掠。中国为这场灾难付本息约九万万两白银，给中国人民带来了巨大的灾难和屈辱。清廷也在全国人民声讨中，极度混乱，岌岌可危。中国面临着被列强进一步瓜分的危险，不愿做亡国奴的中国志士正在重新聚集……

岁末年初的上海港。一个春雨淅沥的傍晚。

一位绅士模样的中年人，身穿短袍长衫，头戴礼帽，手撑黑色的雨伞，手提黑色公文包，从上海港步出，乘上一辆四轮车，旋即消失在夜色浓浓的大上海。

他就是宋查理。

此次他去日本东京旨在与孙中山秘密会晤，接受革命旨令。

孙中山先生在国外流亡五年之中，国内的革命力量在清廷的高压下，完全被肢解破坏，而且保皇党势力日益强大，正冲击着革命党。孙中山看到联合民间的秘密会党不失为扩大革命武装、增强革命力量之策。他不能回国，而是派人深入中国腹地，做会党的工作，以求反清力量联合。

1899年11月，在长江流域活动的会党哥老会首领杨鸿钧等人来到香港，与陈少白、宫崎等面商联络，宋查理和陈少白还把上海和两广地区活动的三合会的首领约来。经过商议，哥老会、三合会、兴中会三者合为一体，成立一个兴汉会。孙中山被推选为会长，其他两会各有一方首领任副会长。

革命有了首领，分散便走向集中。

联合会党相对集中，又可以独立活动。这为兴中会以后发动惠州起义埋下有利的伏笔。

革命会党在联合中静观时局。

当八国联军攻北京时，革命声势空前高涨。孙中山先生作为会长，决定发动第二次革命起义，委托郑士良在国内策划。同时，他抓紧与李鸿章会谈，谋求广东脱离清政府而独立。此时李鸿章已不像当年，他被清廷贬到南方任粤督，虽有革命倾向，但仍对清廷抱有幻想。

孙中山虽料李鸿章不会轻而易举地接受这个建议，担心“李无理义之信念，又无洞察大局之明”，但也不妨试他一试。

正在这个时机，孙中山召集宋查理来东京，商量事宜：一是惠州起义款项筹集问题；二是关于与李鸿章合作问题；三是听取上海方面革命情况的汇报。

两位老友久未见面，无话不谈。

孙中山先向宋查理通报了海外的活动情况和他筹款数目，继而又谈到了郑士良等人即将举行的惠州起义及策划广东独立一事。

孙中山道：“这五年，我一直在海外奔波，为革命奔走呼号，深知列强可以争取，但不能依靠，正面的反面的教训都有，革命的中坚力量还在国内。筹款一项，颇让人头痛。有些人说得挺好，但关键时刻不办事；也有真心实意，确实想帮助中国革命的，但寥寥无几。”

宋查理道：“目前有多少款？”

孙中山打了个手势，把巴掌一反一正道：“大概不足10万吧！都在杨衢云那里。”

宋查理叹道：“上次我接到你的手令，给梁启超拿去20万，这是一个不小的数目。”

“这都是我的错误，教训十分沉痛。”孙中山先生勇于自我批评道，“这些保皇党，自视清高，却拿了我们的钱，去买人写文章骂我们，想想十分寒心。”

宋查理道：“我听说梁启超到了檀香山，凭借你对他的信任，在兴中会的同志中鼓吹‘保皇与革命原属同流’，几乎摧垮了兴中会，大部分会员都转向了保皇党，只留下李昌等坚信革命的十几位同志。许多人还捐出巨资，赞助出版保皇党的机关报《新中国报》，这张报纸大肆鼓吹保皇有功，攻击反清革命。”

“确有此事。”孙中山道，“这些人连狗都不如。”

“听说眉兄也加入了保皇党？”宋查理问。

“别提了，乱套了。”孙中山道，“最近，眉兄有所觉悟，前些日子来了信，说要再卖掉一部分家产，支援我们一部分资金。”

“眉兄对你的革命做出了莫大的贡献啊！”

“但比不了你老兄啊！我说的都是实话。”孙中山说完又道，“惠州起义在即，还要购买军火，还需你这位财政部长筹备啊！”

“大概需要多少款?”

“至少50万吧!”

宋查理道:“这次我仅带来了20万，余下我回去再筹吧。”

孙中山深情道:“我很理解你，我们是孙、宋不能分。没有了你，我便是一个一文不名的空头革命者。”

“哪里，哪里。”宋查理乐了,“这些年生意不像前几年好做了。中国人连吃饭穿衣的钱都没有，岂可谈到挣钱。只有人民富了，我查理才会生意顺利。”

“你拿出这么多钱，隔三岔五支持我，大嫂不会有意见吧?”孙中山笑问。

“开始她不知道，光知挣钱没有钱，以为我在外面养人了，女人毕竟心细嘛。后来……”

“后来怎么样?”孙中山追问。

“后来我全盘说出，如实说明。很快，她就想通了:钱无非是身外之物，只是为我秘密参加革命党而整天担忧。因为革命是要杀头的，她害怕啊!”

“好啊，夫人也是位革命夫人!”孙中山赞道,“可我那小脚夫人更怕，她早已怕得跑到国外去了。”

“没在这里?”宋查理脱口道。

“她在檀香山眉兄那里。”

“为何不把她请过来?”

“她是不会回来的，我们已经分居多年了。现在也好了，一个人更清静，好干自己的事业。”

关于策划与李鸿章合作、争取粤省独立问题，宋查理与孙中山有不同的看法。

宋查理直言不讳地说:“同康有为、梁启超一样，与李鸿章合作，简直是与虎谋皮。这种教训太深刻了。”

孙中山不温不火地说："不抱幻想，做好合作失败的准备，试探一下行不行？"

"明知要失败，何必还要谈呢？"宋查理反问。

孙中山解释道："不妨明说，最近我接到李鸿章的幕僚刘学询的来信，你可以看看。他说，粤督李鸿章因北方拳乱，欲以粤省独立，思得足下为助，请速来粤协同进行。"说完将置于桌角的信取来让宋查理过目。

宋查理看完道："看来这是在邀请我们。其动机可能有两种：一是真心实意，一是假心假意，或者说是圈套。我担心这是圈套。"

"你说谈不谈？"孙中山直问。

"要谈也不能去广州。清廷正想抓人，你到广东，岂不是进入虎口？"宋查理道。

"在哪里谈？"

"在上海谈。目前清政府对上海倒是有些放松，再说上海也近。刘学询如有诚意，亦可去上海。若没有诚意，我们就不谈了。"

"那就这样定，去上海谈。"孙中山拍板道。

宋查理回上海后的第五天，孙中山一行乘坐日轮"烟打士"号到达上海。这时李鸿章的幕僚刘学询也显诚意，按期来到上海。

会谈是在宋查理极其秘密的安排下进行的。

气氛是友好的，谈判很顺利。参加谈判的还有日本人宫崎、平山周等人。

经过一夜的谈判，他们以保障孙中山的安全和借款 6 万元作为合作条件，刘学询代表李鸿章一一答应下来。

末了，刘学询也真诚地谈到粤督李鸿章的难处，道："临行前，李大人向我授意，在八国联军没有攻陷北京之前，他不便就独立发表声明。"

孙中山先生道："这个我们不勉强，李大人有李大人的难处。那就以八国联军攻陷北京之日作为发表声明之日，签署合作协议吧！”

“好的。”

谈判就这样顺利结束了。

因上海不能久留，孙中山布置完下一步的工作——加紧惠州起义的准备后便乘船去了西贡。中途传来宫崎先生在新加坡被警方逮捕的消息，孙中山先生又忙于去营救。直到 7 月 17 日，他和宫崎才返回香港。

1900 年 7 月 16 日，八国联军打响了进逼北京的炮火，清政府惊慌失措，这时又想到了粤督李鸿章，唯有洋务派人才能充当调停的角色，于是连夜派船，把李鸿章从广东接到北京，担当此任——直隶总督兼北洋大臣。合作的事情自然不了了之，港督也因此不准孙中山先生登陆。

孙中山先生为应付这些紧急情况，在船上召开了兴中会骨干会议。

孙中山先生沉重地说：“八国联军攻陷北京近在眼前，亡国危险日趋近逼。李鸿章此去，已是强弩之末，没有希望。因此，我们要不失时机，举兵起义。”接着他又具体布置了起义的分工和合作，决定由郑士良统领，一切听从指挥和安排。布置完毕，孙中山先生又乘船返回日本，然后去台湾，以便指挥惠州起义。

起义的发动地点在惠州归善县的三洲田。

这里海拔一千多米，群山环绕，地势险要，可攻可守。东南临海，去香港只需一天的航程。1900 年初，郑士良集合了志士 600 多人，洋枪 300 支，指挥部就设在马栏头村的一间油房里。为了保密，邻乡的农民进了山寨之后，一律不准出山。但由此也引起传言，说三洲田有乱党数万人，准备揭竿而起。

1900 年 10 月初，两广总督德寿开始部署对三洲田起义军的围剿。郑士良紧急电告孙中山，要求设法接济；同时，他采取先发制人的策略，派统将黄福带着敢死队 80 人，在 10 月 8 日夜里袭击了何长清刚刚部署在新安县沙湾的 200 多士兵，打死了 40 余人，俘虏了 30 多人，还缴获枪支 40 多支。清军受到突然袭击，不知起义军到底有多少兵力，仓皇溃逃。

第二次革命武装起义由此打响。这次战役的胜利，对革命党和反清会党是极大的鼓舞。新安和虎门地区集合起几千人，一旦革命军到达就配合起义，攻取新安。

本来，孙中山认为起义的准备并不充分，为防止革命军遭受损失，他电令郑士良暂分散起义队伍，等准备就绪后，再集合起义。但当起义的枪声打响之后，孙中山又投入全副精力领导这次起义。考虑到敌我力量的悬殊，孙中山命令郑士良先占领敌人力量薄弱的沿海一带，打通水路，以接受由台湾运到厦门的军火。

10 月 15 日至 22 日，郑士良几次率军大败清军，所向披靡，沿海有两万多农民参加起义军，郑士良在白沙整编了队伍，准备攻入厦门，接收由台湾运来的人和武器。

第一批从菲律宾独立军购买的武器在运输中沉没之后，彭西又筹集巨款请日本人中村弥六代购了军火，但日本政府不准启运。在惠州起义之前，孙中山与彭西商量，要借用这批军火，彭西同意了。所以孙中山一面给宫崎去电，让他赶紧找彭西商借军火并运到惠州沿海一带，一面和台湾总督接洽，请他协助。不料，宫崎来电说：这批武器全是废铁，不能接济起义军；而日本也刚刚组建了新政府，新政府令台湾不准协助中国革命，不准运送武器。这样，孙中山向革命军援助武器，并拟潜回内地领导革命的计划都被破坏了。

不得已，孙中山派了日本人山田良政到达起义军的营地，向郑士良通报了这些情况。郑士良据孙中山的指示，召开了军事会议，决定返回三洲田。为了撤退方便，只保留了枪手队 1000 人，其他都予解散。这 1000 人分水陆两路撤退，郑士良带领的陆路一部和清军主力何长清遭遇，因革命军士气已低落，加上弹尽粮绝，被清军打败。郑士良遣散了队伍，和黄福等人先后避往香港。日本人山田良政在送信返回时，由于路不熟，被清军抓住杀害了。

惠州起义失败时，一连串不幸的消息又传到上海，传到宋查理耳朵里：

——南方志士史坚如暗杀两广总督德寿时遇难，预定广州起义搁浅。

——兴中会领导人杨衢云在香港被清廷派遣的特务暗杀。

——在逃的惠州起义首领郑士良被毒死。

这一个个噩耗，使宋查理吃惊，顿足捶胸不已。

第十九章

弄潮上海

上海，一座革命的城

历史进入20世纪初，腐败的清廷已成颓势，民族的耻辱已到了极限。“起来，不愿做亡国奴的人们!”从北京城喊出，清廷的后院着火，一场抗洋拒外的运动在秘密发起，充分显示了民族不可辱的强势……

上海，这座远东城市，也备受列强压迫，一旦觉醒，它的革命势力不亚于北京。

惠州起义的失败，革命领袖的被杀被斩，又为这场抗洋拒外的风暴加了一把火。

革命的威力潜藏在民众之中。上海的学生响应北京学生的号召，纷纷走向街头，呼喊口号，砸洋行，拒洋货。

一夜之间，革命传单，如雪花般从上海街头飘出，喊出了时代的最强音。

在虹口区宋查理的田园牧歌式的小院里，小霭龄和小庆龄手里拿着从街头拣来的革命传单，高兴地交给宋查理审阅。

“哪来的?”宋查理问。

“街头拣来的。那里还有很多人讲演，有一个长发披肩的人讲演，他把传单高高抛起，我们就拣来了一张。”

“你们能看懂吗?”宋查理又问。

小庆龄摇摇头。

小霭龄却道:“能看懂，不就是要推翻清政府，打倒洋人，要革命吗?”

小庆龄道:“那人讲演可带劲啦，每讲完一句话，大家就给他鼓一次掌。听老师说，我们学校也要讲演哩，我能讲得像他们那样就好了。”

“你们也要讲演革命？”

“不，是讲演《圣经》。”

“祝贺我吧，我的罗沙蒙德！”宋查理道，“告诉你们吧，这传单是从爸爸的华美印书馆印出来的！”

“爸爸也是革命家了？”

“不，爸爸是半个革命家。”宋查理道。

“为什么？”

“因为我没有走到街头演讲啊！你们说是不是？”

从此，“革命”二字又像种子一样撒在孩子幼小的心灵里，等待开花。

撒在孩子心灵中的革命种子还没有发芽，他们的父辈已开始造反了。

继广东惠州起义失败后，上海兴中会的谢缵泰、李纪堂，联合前太平天国瑛王——洪春魁先生和小刀会的子孙们，已在上海秘密策划除夕大举起义的事宜。他们确定国号为“大明顺天国”，公推德高望重的容闳为临时政府大总统。至于枪械，他们准备向陶德洋行购买。

义举正在紧张准备之中，陶德洋行却向清廷告了密。义举再次被扼杀在摇篮中。

起义被扼杀，但埋在人们心灵的革命种子，总要应时发芽开花的！渐趋平静的大上海，再次孕育着新的革命。

1903 年 4 月 25 日，上海再度爆发游行大示威。

成百上千的爱国市民，走向街头，散发传单，在张园举行拒法会。

这次聚会的导火索是广西巡抚王之春为平定义军之乱，竟乞求驻屯谅山的法国军队入境镇压，又向外国洋行商借巨款，答应事成后以广西路矿利权作为回报。这种无耻的卖国丑闻经报纸公开后，引起上海地区大学生和市民的愤怒。

人越聚越多。

这天，宋查理也应邀赶到了。他结识了英俊有为、来自巴山蜀水的邹容。目睹他演讲的风采，宋查理佩服得五体投地，深感后生可畏。

“邹容，你讲得太棒了！有文采，重感情，颇像世纪末的宣言！”宋查理赞道。

“宣言称不起，匕首可以说吧！”邹容笑说，“不过，我还真有一份宣言，正在写作中。”

“叫什么名字？”

“《革命军》。”

“好名字，我相信以你的才华，一定会写得很好。”

“是的，我希望它能掷地有声，如雷霆万钧，一炮把清廷轰倒！”说完他便激动地向宋查理背诵了开篇：

“沿万里长城，登昆仑，游扬子江上下，溯黄河，竖独立之旗，撞自由之钟，呼天吁地，破嗓裂喉，以鸣于我同胞前曰：呜呼！我中国今日不可不革命……”

“妙极了！”宋查理也激动了，“我争取一睹为快，企盼它早日问世。如果要出版的话，我华美印书馆当为之效力！”

“谢谢宋先生！你的华美印书馆开得不错，我在你那儿购买了很多书。如果这篇文章能写好，自然有你的功劳。比如你们出版的《民约论》《自由之理》《光明之声》《美国独立檄文》《法国革命史》《美国独立史》《孙文伦敦蒙难》等，我都阅读了，它们给了我雨露，给了我阳光！当然，我也希望我的《革命军》在你那里出版！”

一周后，邹容再次在华美印书馆出现，把《革命军》文稿正式交到宋查理手中。

邹容道："章太炎先生看后，拍案叫绝，答应给我作序！过两天，我会给你拿来。"

"太炎文章我拜读了不少。他要叫绝的东西，绝对是上等'货'！"宋查理也高兴起来。

"吴稚晖也看了，倍加称赞！答应先在我们《苏报》连载！"

"扩大影响面，岂不是更好。"宋查理道，"听人说，你在日本留过学？"

"是啊，我刚刚回来。说句不好听的话，我是被开除的捣蛋生！"

于是邹容便把留学经过全盘说出，说他如何闯进平时道貌岸然的清廷官员姚大人的住宅，痛斥这个留日陆军学生监督竟与另一位监督的小老婆私通勾搭，金屋藏娇，狼狈为奸，又是如何剪下他的猪尾巴辫子，示众出丑。说到新鲜处，两人呵呵大笑起来。

"要知道，清廷是不会罢休的！"宋查理提醒邹容。

"我不怕。革命不怕死，怕死不革命！"邹容一身正气。同时，他又告诉宋查理，这篇《革命军》就是他投向清廷、投向黑暗的一把匕首，"不在黑暗中燃烧，就在黑暗中死亡"。

宋查理当天就把《革命军》文稿带到家中，细细品读。他感到了一种气吞山河的震撼力。那高扬的旋律，如巴山一样雄峻，似蜀水一样激越，在他心头激起串串涟漪。

"孩子们，快来啊，让爸爸给你们读一部革命檄文！"宋查理如获至宝。

霭龄、庆龄、美龄和子文都欢快地跑了过来，各自找了一个位置坐下来，静静地听爸爸朗诵。

宋查理朗朗有声地读了起来：

"沿万里长城，登昆仑，游扬子江上下，溯黄河，竖独立之旗，撞自由之钟，呼天吁地，破嗓裂喉，以鸣于我同胞前曰：呜呼！我中国今日不可不革命……"

孩子们拍手叫好。

继拒法会后第三天，张园又举行拒俄大会，抗议俄军霸占我国东北三省，声援留日学生的拒俄运动。这时，《苏报》已刊载了《革命军》，做好了舆论准备。上海的知识界和工商界也纷纷加入了这次运动，把革命推向了高潮。

《革命军》，以它毕露的锋芒，直刺清廷心脏。

清廷立刻查封了《苏报》。

宋查理正在付印的《革命军》书稿，不得不转入地下出版，然后在国外华侨中发行，立刻引起反响。有文报道：《革命军》为反清最激烈之言论，华侨极为欢迎，为开导华侨之风气，功绩甚大，此则革命风潮初盛时代也。

上海已成为一座革命的城，为辛亥革命的胜利吹响了进军号角。

他不仅是孙中山革命的追随者、中国民族工业的创始人，同时还是中国基督教教会的创始人

抗外拒洋的风暴席卷上海，荡涤着每个人的心灵。

从张园回来的路上，宋查理一直思考一个问题：作为一个中国人，我应该干些什么？

1903 年 3 月 24 日，朗朗晴空，没有一丝乌云。为配合国内抗俄拒法声势浩大的运动，在宋查理组织下，上海耶稣教拒法集会同时在两所教堂举行。

这一天，到会教徒特别多。宋查理穿梭于两所教堂之间，做了演讲，他的演讲把爱国和爱教有机地结合起来，造成了一定声势。

这一天，吴虹玉、牛尚周、温秉忠也特意赶来参加。他们对宋

查理布道式的演讲给予很高的评价，声称这是传教史上的创新。

“查理，你今天的布道，令我耳目一新。我在想一个问题，假如你不自立传教的话，我想不会有今天的创新，不是吗？”吴虹玉道。

宋查理不明其意：“你这是什么意思？”

“我的意思是，你觉悟得快，你的自立传教给了我启示，我想借这次浪潮的东风，在上海组织起中国基督教教会，这样我们就有更大的活动空间。正像你当年所说的，中国没有自己的民族工业是不行的，同样作为基督教教会，只限于洋人控制也是办不好的。”

“你的意思是成立中国人的基督教教会？”

“就是这个意思。当年我和颜永京牧师对你的独立传教持怀疑态度，现在事实证明，你的路是对的。”吴虹玉道。

“那你应是当然的主持人了？”宋查理笑道。

“不，我的思想还不像你开放！你比我年轻，又搞过自立教会、青年会，有经验，有威望，这个担子你来挑，顺理成章，我做幕后指挥不行吗？”

“事情我支持，担子我可挑不动！”

吴虹玉不便再多说，于是把话题转到其他方面来：“子文今年该入学了吧？”

“是啊，为了子文入学，我们夫妇最近还闹别扭呢。”宋查理道。

“怎么回事？”

“实话实说，我想送子文到圣芳济学堂读书，圣芳济学堂是天主教办的。而桂珍死活不同意，说天主教与基督教水火不容，应该送到基督教学校去，不然孩子会背宗离教。”

“那就尊重桂珍的意见呗！”

“我倒觉得基督教学堂，教育比较死板。就庆龄所在的学校说吧，师资力量不是十分强，再说还没有体育课。男孩子不像女孩子，应该更活泼一些。”

“原来这样。你总是个追新求异的人。”吴虹玉道，“你想得太多了。”

“我们这一代已经定型了，所以就想好好培养孩子。”宋查理道，“按我的要求，圣芳济学堂还不是最理想的。不过，它还有些新课目。”

“你是想培养一个华盛顿还是林肯呀？”吴虹玉开玩笑地道。

“他今后能做什么我不管，但是按这个目标培养不会错吧？”

吴虹玉点点头：“我看你们夫妇是优生优育，孩子们都取了你们夫妇的优点。要我琢磨，还真有点将相之貌哩。”

“吴牧师，你过奖了。”

“不是我过奖，看相貌我还是老师哩，可能你不大清楚——十看九准。”吴虹玉神秘地道。

宋查理道：“这个我全信。不过，我也请过专门大师给他们看过，与你言差无几。”

在他们谈话后不久，一天，吴虹玉通知宋查理参加上海的华人牧师和教徒聚会，聚会地点为南京路 194 号上海基督教青年会所。吴虹玉还告诉宋查理，这次聚会要有点思想准备。宋查理问：

“是不是成立中国基督教教会？”

“先议论一下，然后大家公选。”

“我建议，一切按照教规行事，尊重教徒的志愿，不可强逼。”

“这个我懂！”

这天，聚会很热闹，与会者达二百余人。大家一致认为，成立中国基督教教会的时机已成熟。

坦率地说，大家多多少少都有受控于洋教士的苦恼，因而成立以华人为主传授的教会，大家一拍即合。关于会长人选问题，大家也做了简单的议论，宋查理当然是提名最多的一位。散会后，宋查理异常激动。当初，宋查理的独立传教受到众教徒的非议，如今形势变了，还有什么比今天的理解更让人高兴的呢？路是自己闯出来的，今后的路还要靠自己走下去，但他对未来充满信心和力量。不久，正式选举如期举行，宋查理以压倒多数的票数当选为中国基督教教会副会长，翌年转为会长。

这是莫大的荣誉啊！宋查理把莫大的荣誉化成无私的奉献去迎接新的挑战！从此，他不仅是孙中山革命的追随者、民族工业的先锋人物，同时也成为中国基督教教会的先驱。宋查理无愧于时代。

营救邹容君，宋查理舍生忘死

《革命军》一书在海外发行，引起华侨华人的强烈反响，再度震惊了清廷。

清廷视《革命军》为洪水猛兽，于是一场“苏报案”再度闹得上海沸沸扬扬。此时，清廷为逮捕《革命军》的作者邹容和同人，已经布下了天罗地网。

宋查理是从电报局牛尚周那里最早得知这个消息的。

那天，宋查理去郊外谈一笔生意，正赶上牛尚周来家找他。倪桂珍问牛尚周有什么事？牛尚周说有急事，让宋查理回家后到他那里去一趟。

待宋查理来到电报局，找到牛尚周时，已是下午5时。

牛尚周正式告诉宋查理：“清廷不光追捕《革命军》的作者，怕是印制单位也要追查。请你做好思想准备，以防万一。”

宋查理点点头道：“华美印书馆印制的《革命军》已经全部转移，总共5000册。我这里问题怕是不大，主要是邹容君。”

“邹容现在哪里？”牛尚周问。

“昨天我还在大街上见到他，看来他还不知道风声，我得转告他。没有什么事，我就先走了。”宋查理显得很着急。

“恕不相送。”牛尚周拱手道。

宋查理离开电报局，驾起马车直奔邹容住处。这时正是上下班高峰时间，路上行人很多。宋查理也顾不得什么了，一个劲儿举鞭策马，车飞也似的一路飞跑。待到邹容住处，只见“铁将军”把门。

宋查理正在犹豫之际，见邹容匆匆赶回来。

邹容诧异道：“查理先生，无事不登三宝殿，你怎么来了？”

“清廷要抓人，快跟我走吧！这里危险。”

邹容正要分说，宋查理一把抓住他的手，上了马车，很快消失在黑夜中。

马车穿过苏州河，直奔虹口郊区，在市郊一个偏僻处停下。宋查理与邹容商议到何处避难为妥。

邹容道：“天下老鸦一般黑，何不以己之热血警示国人！我个人倒无所谓，倒是担心《苏报》的同人——章太炎、吴稚晖等人。”

“你先安置下来再说！”宋查理十分着急。

“我，你就不要管了！快去看他们吧。”

“不，先到我家住一宿，明天去日本避难。”宋查理道。

“查理兄，如今你印我的书，也是被怀疑对象，到哪儿也不安全，就让我投案吧！免得牵这连那的，谁也不安宁。”

“不行，我有一位英国牧师朋友，住在日租界，离此不远，就到他那里住下吧！”

邹容拗不过宋查理，也只好暂住在英国牧师家。

待宋查理再驾车赶到章太炎处时，太炎先生已被兵警抓走。听人讲，吴稚晖已从太炎住处逃走，而太炎先生不躲不逃，反而迎上兵警，指着自己的鼻子道：

“余人都不在，《革命军》序言系我章太炎所写，要拿的章太炎就是我！”

第十九章
弄潮上海

太炎先生被捕的消息，宋查理不敢告知邹容。

待第三天，宋查理再次去日租界英国朋友家时，邹容已经不在。朋友妻子告诉他："早晨起来，就发现他不在了。桌上留下一张纸条，你看！"

宋查理接过展读："邹容此去，乐死不避！"

松之高洁在于挺。

面对两位"以己之热血唤醒国人"的革命同志，"革命"二字再次在宋查理胸中升华。他深深理解生命的价值：生命于人只有一次，如果不把生命融入民族的命运中，而融入"自己私利"中去，那是渺小的。这时他才真正理解"生命诚可贵，爱情价更高，若为自由故，两者皆可抛"的真正含义。

不几天，宋查理又从牛尚周那里获悉一个重要情报：章、邹尚在上海租地，清廷拟引渡他们，押解南京杀害。

"有否解救的办法？"宋查理问。

牛尚周道："最好的解救办法，就是使二位不要出上海租地。因为上海租地实行的是西方法律，清廷不能为所欲为。就目前情况看，清廷已开始对工部局和各国领事馆活动，意欲将邹、章秘密押解南京。列强为维护自身在租界的绝对权威，未予理睬。结果，清廷只好延请律师，向租界的公审堂控告邹、章二人。"

不久，公审堂组织了公审。原告为清廷，被告为邹、章二人。这场官告民的"苏报案"，称为清廷第一案，一时轰动了上海城。市民倾向革命，加上章、邹二人的《革命军》早已深入人心，以至于开庭那天，公堂门前人山人海。

宋查理也去了，被众多的人堵在外面，无法看到现场，只能从掌声和人们的谈话中得知，邹、章二人手戴手铐，脚戴脚镣，昂然而入，面不改色，旁若无人。章同时还吟出幽讽诗句："风吹枷锁满城香，街市争看员外郎。"审判中，两人面对原告，妙语连珠，或笑或骂，或喜或怒，尽情奚落讥讽。

“苏报案”以清廷讼胜，章、邹押解南京结束。清廷出于民众的威力，没敢杀害，而是将他们囚于狱中。而“苏报案”的另一主角吴稚晖，则从上海逃到日本，由日本又到英国，在那里结识了孙中山，继续革命。

继“苏报案”以后，上海又发生“新场党狱”，黄炎培、顾次英等人被抓。宋查理与好友步惠廉牧师两次奔走呼号，巧妙地与清廷周旋，救出黄、顾等四人，为革命者拍手称快。如果说“苏报案”的解救不成功，那“新场党狱”的解救则是一场漂亮利索的成功战役。“新场案”结束后，宋查理因胃病多次复发而病倒了。

第二十章

赴美筹款，再显英雄本色

离离原上草，一岁一枯荣

虽然惠州起义两次失败，但孙中山并没有减弱革命热情。随着赴日留学生的与日俱增，这些留学生在孙中山的宣传下，犹如一股旋风，越旋越大，形成了一支新的更为激进的反清革命力量。孙中山看到形势成熟，决定成立一个名为同盟会的新组织，以替代原有的旧组织。

1905 年 7 月 30 日，同盟会在日本东京举行了筹备会。

会议之前，宋查理就收到了邀请信。这一天，宋查理也专程从上海赶来，参加了会议。与宋查理从上海同船来的，还有陈其美等人。

这是惠州起义失败后，宋查理与孙中山的第一次见面。

会议在东京日本国会议员阪本金弥的宅邸里进行，会上通过了同盟会章程。

大家公推孙中山为同盟会总理，黄兴为庶务总干事，汪精卫为评议长，司法部则由邓家彦、张继、宋教仁负责。会上还决定把宋教仁主持、程家柽总编的《二十世纪之支那》杂志交给同盟会作为机关刊物。无钱寸步难行，会上讨论更多的是开源节流的问题。孙中山要宋查理挑起这副重担子，并商定派宋查理赴美筹集巨额经费。宋查理应允道：“让我试试吧！”

还有一层意思，宋查理不便说出，他的长女霭龄去年赴美留学遇到了一点麻烦，他也想趁此机会去一趟美国，再说二女儿、三女儿也快要到美求学了，那里的学校也需要联系一下。

筹款 200 万美元，累倒了英雄汉，一种不祥的征兆像乌云笼罩在他的头顶

1905 年，金秋八月。

旧金山斯波福特巷 36 号——洪门致公党总部大楼热闹非凡。

洪门致公党成员们一个个穿上礼服，欢迎一位来自大洋彼岸的尊贵客人——宋查理先生。

欢迎仪式以新闻发布会的形式举行，热烈而隆重。

出席会议的有当地新闻记者及许多华侨商界朋友。他们关心的是国内的市场和政治情况，尤其是上海的抵制美货的风波。当时传言最多的是宋查理也卷入了这场拒美风波，出尽了风头。

有记者问：“查理·宋，你是一个有成就的中国实业家，美国传言你有百万资产，可以证实这点吗？”

宋查理道：“我认为金钱是身外之物。可能有的人把钱看得很重，有的人把命看得很重。可是，我更看重的是命。这个命不是我个人的命，而是整个民族的命运。大家知道，1900 年后，八国联军攻陷北京，瓜分中国，整个民族命运面临危机。因此我拥有的是革命，革命在我心中的位置不是几百万美元所能衡量的，而是千万美元买不来的！你说我拥有多少资产？”

宋查理以诙谐的谈话，把“球”踢给了对方，赢得大家一阵掌声。

有记者又问：“听说你参加了拒美活动，这点能证明吗？”

“大家知道，我在美国生活了十年，我是美国培养出来的。坦率地说，我的亲美情结很浓。去年，我又把 15 岁的长女霭龄送到美国来求学。我认为美国有许多好的东西值得我们学习。毋庸置疑，美

国也有不好的东西。对中华民族侵略瓜分且不讲，比如《排华法》的颁布，就伤了我们民族的自尊心。实话实说，这个《排华法》，是美国种族歧视的翻版，在美国已遭到黑人反抗，那么中国拒美是可想而知的。我不但参加了，而且还是组织者。我知道，这种抵制美货会给我的商业带来什么样的不良后果，但为了民族，我没把金钱放到第一位。”

本来那个记者想给宋查理使个绊子，不想经宋查理这么一说，绊子没使成，反而给自己找了个难堪，赢得华人一阵掌声。

一些华侨华商又问：“查理君，你这次来美的目的是什么？你闭口不谈你的实业，到底还搞不搞实业？”

“我的实业需要大家支持，我们推翻清廷专制，实行美国式合众制制度，也需要在座的诸位支持！我这次来，目的就是希望得到你们的支持。”

有银行家问：“但我们希望更多的人支持你的实业，革命之事你也不妨谈谈？”

“关于推翻清廷建立合众中国，我们已成立了同盟会，由享誉甚高的革命家孙中山先生领导，一旦事成，大家都可以在中国享受开放经商的特权。为了事业的成功，目前我们正推销一种革命公债债券，叫中华民务兴利公司债券。债券明文规定：中华民务兴利公司今议立新章，兴创大利，以期利益均沾，特向外募公债百万元，以充资本。自债权购买之日始，年清还本利五分之一，限期5年本利还清。如到5年期满，有不愿收回本利者，以后则照本利之数，每年算回佣息5厘，每年派息一次。特立此券，收执为凭。”

应该说，这种债券是宋查理别出心裁的创举，是他经商的聪明才智的表现。没想好前，他没有向孙中山透露，当他在美将自己设计、自己排版、自己印制的债券，邮给孙中山看时，得到孙中山先生的首肯。

第二十章
赴美筹款，再显英雄本色

在旧金山，革命债券发行得不十分好，因为人们还不相信孙中山的革命能成功，但也发行了一部分。这令宋查理稍感慰藉，毕竟没有白来旧金山。

他在旧金山停留三周后，便去了威尔明顿，那里有他的义父卡尔将军——一个千万富翁，那里还有他儿时的很多朋友。他们会更理解他，因此那里是他的希望所在。

多年来，宋查理始终与义父保持密切的书信联系，他知道这位义父多年经商，从经营烟草、纺织业开始，扩展到机器业制造，现在已进入美国首富的行列。1900 年，他的声望竟使他被提名为副总统的候选人，而他自己在最后一分钟却退出了竞选。因为他是商人，他要全力以赴发展实业，不想把时间浪费在政坛上。

这次，当卡尔同宋查理在达勒姆火车站重逢的时候，两个人的地位已经不相上下。

宋查理已不是 1881 年从威尔明顿列车上走下来的那个笨拙腼腆的中国少年了。事业有成的他身穿藏青哔叽套装，头戴一顶他最爱戴的浅顶软呢帽。

他们两人乘坐一辆敞篷马车，穿过主街来到东端的一座宫殿似的豪华宅第，周围是方圆五英亩的花园。这就是卡尔的闻名遐迩的萨默塞特宅第。如今卡尔富敌王侯，金钱多得不知如何挥霍才好，他也逐渐变得爱炫耀自己的财富了。

在以后的几个礼拜里，宋查理常常随卡尔到“老俱乐部”去。宋查理同卡尔和其他旧友（包括安妮女士的兄弟索思盖特），在四周镶有橡木护墙板的房间里，坐在皮椅上，长时间叙谈，卡尔把宋查理当年在圣三一学院和万德毕尔特大学念书时结识的老朋友都请来了。

卡尔的私人秘书戈尔曼也参加了聚会。宋查理在俱乐部里落落大方，应付自如，同达勒姆市的富翁们谈得很投机。

但是，在随后的几周里，当宋查理同卡尔在萨默塞特宅第里私下讨论他这次千里迢迢来美国的真正目的时，戈尔曼没有在场。

戈尔曼后来没有发现卡尔和宋查理之间有任何金钱来往的记录，甚至连有关要求捐助经费的一个记号也没有发现。

宋查理在达勒姆之行结束以后，乘火车北上去纽约市，随后就销声匿迹了。他要找华人筹措经费，而这种事情须谨慎从事效果才好。他四处奔走，就像一条大鲤鱼在浑水中窜游，不时在这里或那里的水面上留下几圈涟漪，人们从中或许可以看到他的来去踪迹，但却无法确切知道他的去向及所为。

罗斯福总统接见宋霭龄，宋霭龄质问总统，罗斯福哑口无言

宋查理来美已两个月零两天。

一次，宋查理在饭店进餐时，恰巧遇上了好友兼妹夫温秉忠。他是受慈禧太后派遣，率一个代表团到美国考察教育的。谈话中，当温秉忠知道宋查理抵美两个月还没顾上见宋霭龄一面时，立即批评道：

“你这个狠心的父亲！那些美国朋友能帮你赚多少钱，使你连女儿都顾不上见了？”

宋查理辩解说：“你又不是不知道，国内几次举事都失败了，主要因为缺钱，组织不起更多的人，没有充足的枪械……”

温秉忠更为不满：“革命固然重要，那我们革命为的是什么？还不是为了孩子们。再说革命也需要源源不断的人才。你马上叫霭龄来，你顾不上见她，我还想她呢！”

宋霭龄接到宋查理的信，知道父亲和姨父都到了美国，欣喜万

分。她获得校方特别批准，坐火车来到华盛顿。当她兴冲冲出站台时，却没有看到父亲的身影。宋查理因为生意场上的事又去会美国朋友了，迎接她的是满面春风的温秉忠姨父。

宋霭龄见了亲人，激动不已，一肚子话要说。当晚美国总统西奥多·罗斯福在白宫设宴招待中国教育考察团，时近黄昏，温秉忠要立即赶往白宫，便带了宋霭龄一同出席。

宴会开始前，罗斯福总统在休息室先会见了中国代表团。总统的侍从和随行官员有几十个，再加上一大群新闻记者，排场不同一般。当罗斯福和温秉忠等一一握手时，摄影记者的镁光灯闪个不停。宋霭龄还从未见过这样隆重的场面，心里不免有些紧张，又想到自己并非代表团成员，一时不知作何姿态。看到罗斯福到跟前时，她就想往人后钻。温秉忠及时走过来，向总统介绍说："这位是我的外甥女，她目前正在美国自费留学。她对您非常敬重，渴望见到您，我今天把她带来了。"罗斯福听了这番恭维，又见宋霭龄是位中国妙龄女子，心情极好。他拉住宋霭龄的手仔细端详，露出满脸笑容问道："姑娘，欢迎你来美国留学！能跟我谈谈你对美国的印象吗？"

宋霭龄见总统并没有怪罪自己混进代表团的意思，反而对自己很亲切，刚才的羞怯早已无影无踪。她不等翻译开口，就用流利的英语做了回答："总统先生，美国是个非常美的国家。我在这里生活得很愉快！"

罗斯福听了，顿时显出了美国人惯有的优越和自豪感。他得意地哈哈笑起来："是啊，我们美国是世界上最美的国家，也是最著名的自由之邦，任何人到美国来，都会受到最热情的欢迎！"

罗斯福不说此话犹可，一说这话，宋霭龄立即想起了自己初来时在旧金山的痛苦遭遇。她不顾一切地反问："总统先生，您怎么能说美国是自由之邦呢？我为求学而来，刚到旧金山就被您的官员粗暴地拒之门外，竟在港口的船上耽搁了四个星期……"

温秉忠一听宋霭龄扯到这个话题，顿时慌了，急忙给宋霭龄递眼色，示意她不要在这种场合讲那件扫兴的事。但这时宋霭龄被勾起的旧事激动，哪里还顾得了那么多。温秉忠又去扯宋霭龄的衣服后摆，宋霭龄抽出罗斯福握着的左手，把姨父扯衣服的手推开，回头嗔怪地看了一眼说："你扯我干什么？我想这事绝不是总统的意思。"她盯着罗斯福又问，"把一个15岁的女孩拒之门外，这不会是总统的命令吧？如果有美国姑娘到中国，她们绝不会被这样对待的，因为那不符合我们中国人的待客之道。今天我把这件事告诉总统，会有助于总统了解下面的混乱，更好地治理这个国家。"

敏锐的记者们早嗅出了这段小小插曲的新闻价值，他们不顾警卫人员的阻拦，涌到前面侧耳倾听宋霭龄激昂的谈话，并当场在采访本上"沙沙"地记下整个过程。休息厅里掀起了一阵不小的骚动。

罗斯福总统在众目睽睽之下，被宋霭龄童言无忌的直率问话弄得有些尴尬，他低声咕哝了一句："噢，我很遗憾！"迅速放开宋霭龄的手，转身出了休息厅。

一些记者感到此事比例行的官方招待会更有报道价值，他们争先恐后地挤出门，赶回去抢发新闻。

第二天，美国不少报纸登出大字标题："中国女留学生向总统抗议美国的排华政策。"宋霭龄在美国成为新闻人物。

宋查理从报纸上知道了详细过程，父女一见面，他就给了宋霭龄一阵热烈的赞扬。他感到两年来女儿长大了、成熟了。

温秉忠为宋查理在纽约的募捐活动创造了条件。温在革命中所起的作用非常奇特，他表面上是受慈禧太后信任的教育顾问，实际上是一身兼演两个角色。同姻兄牛尚周一样，他也为宋查理以及为密谋推翻清廷的共和派打开大门。温和牛都是统治阶级中的一员，他们处于令人羡慕的地位，同当年资助西班牙征服新大陆的日耳曼金融家族富格尔家族和韦尔瑟家族的地位颇为相似。在纽约，温替宋查理敲开了金融界的大门，把他介绍给华人领袖和华人银行家。

回上海后，宋查理向同盟会上缴了 200 万美元，这笔款是各方面提供的，其中包括中国大使施肇基在杜克大学发表演说的酬金。绝大部分是宋查理的故友和义父卡尔解囊相助的。

在美期间，宋查理又为庆龄和美龄赴美求学联系好了学校。直到革命款项筹到，该办的事都已办完，他才登上返国的客轮。

宋查理于 1905—1906 年赴北美筹集经费获得了很大成功，同盟会便任命他担任司库。他过去只是非正式地担任这一职务，现在则正式负责为革命筹措经费了。他继续兼任孙中山在上海的党部的执行秘书，从自己的腰包里掏钱供孙中山革命活动开销，基本上保证孙博士无论在任何情况下生活都有保障。

回到上海后，宋查理就病倒了。这次生病是最长也是最重的一次。

五十知天命。此时他方感到，中国革命绝非是一代人所能完成的事。因此，他把部分精力花在孩子的培养上，这不能不说是宋查理的远见卓识。

1907 年，宋查理在上海虹口英联码头，又把他的两个女儿——庆龄、美龄一起送到了美国。

第二十一章

革命召唤

不西不中的姑娘回来了

轮船从来不像火车那样准时，尽管船上电台不断修正着到港时间，宋查理和倪桂珍还是在港口望眼欲穿地等待了大半天。红日斜挂西天的时候，他们盼望的那艘船才在水天相接的地方露出头来。

五年了，他们的爱女离家整整五年了。这五年中，母亲倪桂珍只有在梦里和照片上见过自己的女儿。她为她做过多少次祈祷，愿耶稣基督保佑她的平安，保佑她早日回到自己身边。现在她就要回来了，就要相见了，母亲的眼中噙满泪花。她的心在“扑通扑通”地跳。为女儿去美国留学，她听过多少闲言碎语啊。就在前几天，还有一位远房亲戚的老太太，拐弯抹角地向她暗示，一个姑娘家，到外国住这么多年，回来满口洋话，一身洋装，必定是这也看不惯，那也不顺眼，为人处世轻佻，没有了女人味，要找个正经人家结婚都难啊！那老太太劝母亲为女儿婚事及早留心，否则，老姑娘难养啊！倪桂珍不愿听这些絮絮叨叨，可是不听不行呀，毕竟有几分道理。现在她心里是又兴奋又紧张，她想女儿，更怕女儿真成了人们说的那样。啊，全知全能的上帝，霭龄究竟会变成什么模样呢？

宋查理不断地来回搓手。这期间，他曾见过女儿。他对霭龄的成长和进步已经看在眼里，他从自己当年回国的经历中知道，她有一个适应期。他远没有妻子的那种过分担心，他想的主要是怎样让她从懒洋洋的校园生活中，尽快适应国内革命的紧张工作节奏，怎样从只是和一群无忧无虑的女孩子交往中，变得能够和五花八门的反清组织、派别以及形形色色的人协调、沟通。她回国后将担负的任务，他早已考虑好，单等她走马上任了。

“爸爸，妈咪！”一声清脆的招呼，把二老从沉思的天涯拉回到阳光下的现实，从等待的焦灼推向迎接的兴奋。

“霭龄！”“南希！”二老的四只胳膊一齐张开，像在等着接住快要摔倒的孩子。

宋霭龄顾不得领取行李，斜挎一只背包，在人流最前面直向父母扑来。

啊！霭龄，再不是那个掏空人家的南瓜，往里面塞东西的淘气包，再不是那个骑自行车绕大胡子锡克族交通警察转个不停的倔女孩。如今她体态丰满，秀发飘逸，浑身散发着青春的光泽，青春的气息。她从甲板上跑来，像春风刮过田野，使人眼睛发亮，让人看了舒坦。

一直担心女儿穿得人不人妖不妖的母亲，仔细打量着，只见她紧身的美式夏装，显出胸脯的高耸、臀部的浑圆。一双高跟鞋使她的步伐一跷一颠，别具韵味。巴拿马草帽上的一支艳丽羽毛，颤颤巍巍，是那么招摇，惹人注目。这有点出乎妈咪的意料，但似乎又本该如此，反正倪桂珍第一眼看了，没有反感，没有失望，倒感到自己的女儿确实漂亮，不愧是自己的孩子。对！也许应该是这个样子。留学生嘛，年轻人嘛，难道还能像老一辈的姑奶奶，穿大对襟褂子，脑后盘发髻吗？

宋霭龄扑过来拉着父母旋转、叫嚷，搂爸爸的脖子，贴妈咪的脸颊。欢笑，泪水，不成句的问候，诉说着思亲之情。

之后，三人乘汽车回虹口家。一路上，宋霭龄透过车窗饱览她朝思暮想的大上海：街道两旁新添了不少房子，但楼房似乎没有童年时看得那样高了，街道似乎窄了，一座座建筑灰头土脸；两侧的行人衣衫灰黑，偶尔几位白人太太，穿着打扮也显得那么过时和土气。宋霭龄揉揉眼：是梦？非梦？大上海这是怎么了？反差怎么这么大？一丝失落的悲凉悄悄爬上心头。

家中，子良、子安两个小弟弟用淘气和厮缠迎接了他们的大姐。宋霭龄给他们带回了美国的电动玩具和精致的食品。打发走两个弟弟，宋霭龄把家里外转了一圈：室内的光线那么暗，屋顶是那么低，好像童话中小人国的房子；家具陈旧，色泽黯淡；尤其是这房子的样式，竟是这么古怪。宋霭龄心里琢磨着，该劝说爸爸，做一番改建了……

宋霭龄在观察环境，父母在观察女儿。宋霭龄回家的激动在消退，二老的不满却在增长。

母亲深情地把一杯浓香的新茶捧给女儿，宋霭龄只喝了一口就皱起了眉头："妈咪，这水怎么……又苦又咸？"

母亲的笑容僵在嘴角上："噢，噢。前几天来过台风，海水倒灌……"

有一句话母亲没有说出：上海的水从来就是这味，你自小也喝了十几年，怎么今天突然成苦的了？

饭后洗澡的时候，宋霭龄看了看浴盆又走了出来："爸爸，用一盆水洗澡不卫生，什么时候用上淋浴？再说，还应该加上蒸气……"

这回该宋查理皱眉了："嗯。先洗了早点休息吧。"

晚上，宋霭龄打开行李，把她买的美国最新样式的礼物送给爸爸妈妈。当然她没有忘记把梅肯《电讯报》关于她的报道指给他们看。

"这么说，你真的没有在国外交男朋友？"出乎宋霭龄的预料，宋查理看过报纸竟提出这么个问题。

"没有。"宋霭龄脸有些红，也有点扫兴。

"那好。革命还没有成功，要先想到献身我们的革命事业。"宋查理并没有为这篇报道中的颂词激动。

临睡之前，宋霭龄把这篇报道又仔细看了一遍，然后把所有的报纸都压在了箱底。一连几天，宋霭龄从早到晚忙着寻访昔日的朋友。回到家里，她多是发泄种种看不惯的牢骚，奚落别人的僵化和守旧。

终于有一天，宋查理忍不住了：“我亲爱的女儿，你现在踩的是中国的土地，不要用美国的眼光看这看那，我有重要的工作等着你做。从明天起，是不是尽量用中国话表达你的思想，多一点时间穿中国衣服。要知道，也有人在盯着你摇头呢。”

父亲这话不啻一条鞭子，抽在宋霭龄心上。这些天，刚见面的亲热和客气还笼罩着全家和她所见到的亲友，留学归来的优越感不时在心头痒茸茸拱起，父亲所说的问题，她连想都不曾想过。现在父亲轻轻一点，她恍然大悟，顿感惭愧赧颜。她重重地点了点头，疾步跑回了自己的卧室……

宋霭龄换上了中国服装，尽力在表达时用中国话。五年前，为了适应美国的学习，她进行过一次艰难的转轨。现在那一套刚刚习惯，又要再转回来，这一次显然更困难一些。那时候她还是孩子，现在她已经20岁了，各个方面都已定型，除非特别留神，否则英语就会脱口而出。她在镜子里看西装和自己的身体是那么和谐，西装把自己衬托得那么富有青春朝气。她看那些在上海住久了的传教士夫人，也不如自己的穿着入时顺眼。唉！改吧，自己是中国人，以后也许还要嫁给中国人，还要在中国的土地上建功立业，没有这个转变终究是不行的。好在宋霭龄是个坚强的姑娘，一旦想明白了，她就有足够的毅力控制自己本能的冲动。

早上，宋霭龄穿上了一件白底粉花真丝旗袍，额上的头发压低了梳在后面，挽了个蓬松的发髻，脚上的鞋子换成了半高跟。她在镜子里仔细端详自己，然后满面春风、信心十足地蹦到了父亲面前。

“爸爸，早上好！”她说的是地道的上海话。

“啊！我的女儿好漂亮哟！”宋查理脸上绽开了会心的笑。

宋霭龄不是把自己作为宋查理的女儿，而是作为一个应聘的秘书

宋查理把宋霭龄带到了华美印书馆自己的办公室，那儿新添了一张办公桌。宋查理指着这张桌子对宋霭龄说："从今天起，你的大部分时间要在这里工作。教会学校的教师仅仅是你的公开身份，你的实质身份是我的秘书——不是企业董事长的秘书，而是同盟会司库的秘书！你要协助我处理革命经费的筹措和安排使用，协助我处理和各地同盟会分会以及其他会党的联络工作，特别是同孙中山先生的联络要迅速及时，准确无误。"

宋霭龄轻轻地"啊"了一声，她避开父亲的目光，坐下来随手打了几下桌上那台小巧的英文打字机，又站了起来："爸爸，这么重要的工作，我能行吗？"

宋查理用炯炯的目光注视着女儿："你说呢？"

宋霭龄低头沉思了片刻，猛地扬起头，坚定地迎着父亲的目光："我能行，我能干好！"

宋查理变得严峻异常："这项工作非常重要。今后革命党的一切，包括组织、人员、经费、武器、行动计划，对你来说，没有一项再成为秘密。你手里握有革命成败的杠杆——你可以把这一切秘密只朝着革命党，也可以把它翻过去面向清廷……"

"爸爸！"

"当然，由于你掌握着秘密，你也会成为敌人搜捕的目标，危险时刻伴随着你！"

"爸爸！"宋霭龄激动得眼睛有些湿润。她走到宋查理的桌旁，捧起一本《圣经》，把右手庄重地按在上面："我起誓——竭尽全力，

干好工作，严守秘密，绝不泄露，坐牢杀头，永不翻悔!”

宋查理接过《圣经》，双手爱怜地扶住女儿的肩膀，把她按到椅子上坐下:“好！要说到做到，在行动中实践你的誓言。”

1910年的中国，清王朝风雨飘摇，革命党加紧开展活动，社会上各种势力，包括哥老会、三合会、青帮、红帮都异常活跃。同盟会要组织好自己的队伍，也要与这些会党帮派协调行动，以借助他们的力量。宋查理手中有大量的账目表册和来往信件，而且其中不少是密信，要经过特殊处理才能解读。以往这些信件由宋查理亲自处理，这费去了大量时间，常常搞得他精疲力竭。现在，他可以完全放心地交给宋霭龄了。

秘书工作特别需要的是认真和精细，这对宋霭龄来说没有什么难度。她把密信小心剪开，然后用毛笔蘸上药水，抹在上面，字迹就清晰地显示出来。她把密信的内容念给宋查理听，宋查理再做出决定。需要回复的，宋查理说个大概意思，具体文字斟酌就由宋霭龄代办。还有一些捐款名单、调拨计划，宋霭龄也造册登记得清清楚楚。她不仅有女孩子的心细如发，还有一种可贵的实干精神，每一份文书的处理都审读几遍，确保不出一点差错，而且工作未完成绝不放手。她不是把自己作为宋查理的女儿，而是作为一个应聘的秘书来严肃认真地对待工作。

有了宋霭龄这个助手，宋查理的案牍工作变得井井有条，长期过量工作导致的心悸失眠也有了明显好转，他变得容光焕发，有了更多的时间去思考更重要的问题，有了更多的精力去开拓新的财源。父女俩不仅在这间办公室里接待来访者，也一起走出去参加各种宴会、舞会掩护下的秘密接头和聚会。凡宋查理和重要人物接头，宋霭龄都能事先准备出必要的资料，供宋查理了解背景，她还对提出的方案进行比较，关键时刻提醒宋查理注意事情的本质。宋查理感到，宋霭龄已经成了他不可或缺的手杖。在其他人看来，宋查理有这样一位女儿，真是太幸运、太令人羡慕了。宋霭龄的工作，使她有了与更多的重要人物接触的机会，不像从前在家里那样，被来访者把她看作主人的孩子，在谈话前出于礼貌说上几句笑话，一旦开始谈实质问题，她就得避开。现在不同了，她是作为同盟会的正式成员，而且是司库秘书这样一个特殊人物，参与其事。她的精明和富有心计使她与这些人物建立了良好的关系，为她日后在国民党政府各大要员之间纵横捭阖，奠定了基础。

为起义捐款，宋查理与长女比赛

一天，宋霭龄接到一封极其重要的信件，是孙中山从槟榔屿发来的。宋霭龄怀着兴奋异常的心情，小心处理。信的大意是，为发动武装起义向美国纽约财团借款事宜告吹……刚看了一句，宋霭龄就急了。

“爸爸，我在美国时，那么多美国人都说要帮助我们进行推翻清廷的革命，说清朝君临天下的帝制不符合美国的民主，他们帮助我们责无旁贷，怎么现在借款都不肯呢？”

宋查理神情严肃地原地转了一圈：“也好，不借也好。霭龄，你还不知道，美国有些资本家唯利是图，滑头得很，他们历来是不见兔子不撒鹰。这笔借款美国人提的条件苛刻啊！革命成功后，他们不仅要享有在中国开矿办实业的特权，还要由他们派人担任政府的陆军部长，由他们中的一个人担任中国同盟会驻外国唯一财务代表，这个人可以全权代表中国同一切国家签订协议——这样一来，国家主权都丢了，革命还有什么意义？好，不借也好。快，往下看，孙先生有什么指示？”

孙中山在信中说，革命的时机已经到来，必须紧紧抓住。要求

第二十一章
革命召唤

宋查理立足国内筹措资金，保证大规模的武装起义在广州如期举行。他自己也将再到其他国家游说，开展募捐活动。

宋查理的眉头拧成了疙瘩。在国内筹集起义所需经费，这担子不轻啊。国内工商业还十分弱小，财力有限；一些真正有钱的人并不愿把赌注押在革命上而甘冒风险，难哪！

“爸爸，中山先生还有话呢。您看，他说，起义一旦在广州得手，将由黄兴率一支军队出击湖南、湖北，赵声率一支军队出击福建、江西，分兵合击，半壁江山指日可得。我们快想办法筹钱吧！”

宋霭龄是孙中山先生的坚定崇拜者。4岁的时候，她与父亲一起认识了那个体内蕴含着无限激情、做事一往无前的小胡子革命者，他与父亲的那场摔跤给她留下了深刻的印象。她在马克谛耶学校读书时，孙中山先生是她们家的常客，每次都给她讲一些饶有趣味而且寓意深刻的故事。在威斯理安学院，父亲的来信几乎每次都提到孙中山先生的活动，这位领袖是他们家的一员。现在她已是孙中山先生革命队伍中的正式成员，第一次接到孙中山的明确指示，高涨的热情使她迫不及待地催促父亲立即付诸行动。

宋查理听完，像狮子那样晃了几下脑袋，精神立即见长：“好，把上海有钱的人先列个单子，我们一家一家去登门拜访，要让我们的三寸不烂之舌，钓出起义需要的钱！”

“时间紧迫，我看我们可以分头行动。”

“你？”这一次宋查理有些诧异了。他集多年经验，深知世上最难的事，莫过于劝人掏钱了。自己老谋深算，尚且常常碰得头破血流，一个初出茅庐的女孩子，羞怯腼腆，居然要承担这样的任务，是不是太不知深浅了？

“爸，我们订个指标，互相比一比，看谁先完成。”

“好一个初生牛犊——哦，不，好一个阿虎门下之虎女！”此句一出，父女俩都笑了。

宋霭龄选择的第一个目标，是大银行家、上海自治公所所长沈缦云。上海自治公所有几百人的武装，近来市面混乱，这些武装应上海道台之邀，上街巡逻。沈缦云闭门谢客，躲在家里静观局势。

宋霭龄刚到沈宅门口，就遇到门卫的阻拦。

“沈先生今天不在，您改日再来吧。”门卫一脸冰凉。

真不在还是假不在？宋霭龄心里一合计：兵不厌诈，先诈他一下再说。

“沈先生今天在家！”宋霭龄话说得非常肯定。

门卫略一犹豫：“在家也不见任何人，你请回。”

宋霭龄心头暗喜，还真让我诈出来了。她把脸一仰：“知道为什么不见人吗？他今天等我来呢！”

“等你？”门卫满腹狐疑，重新打量了一下这个一身洋装但绝不是洋人的年轻姑娘，“那，请问小姐芳名，我好通报。”

“什么？”宋霭龄假装生气了，“你去通报，把我晾在大门口，给沈先生惹眼哪？”

门卫拿不准了，趁他稍一犹豫的当口，宋霭龄已经登堂入室了。

“沈老伯，您好！”宋霭龄满面春风，彬彬有礼。

“哎哟，这，这不是查理先生的大小姐吗？你刚从海外回来，什么风把你吹到我这儿来啦？”沈缦云经常出入官场，一派绅士风度。

“我在威斯理安读书时，听到不少您当年在美国北方长老会学校为强国而勤奋学习的事迹，实为留学生的前辈与楷模。今天我来拜见，一来当面表达敬意，二来顺便转达几位美国朋友对您的问候！”宋霭龄为这次游说做了精心准备，对沈缦云的情况已烂熟于胸。

二人就曾在美国读书这个话题找到了共同点，谈话气氛轻松而融洽。时近中午，沈缦云留宋霭龄在家吃饭。

“吃饭今天就免了吧。如果沈老伯肯为我破费，我倒想请沈先生做点更有益的事。”

第二十一章
革命召唤

“什么事？”沈缦云警觉起来。

“为同盟会捐款。”宋霭龄单刀直入。

“同盟会？那可是反清组织，朝廷正在通缉同盟会所有人员，一旦抓获格杀勿论。你在这里为同盟会募捐，不怕我叫人把你抓起来吗？”沈缦云神情紧张地说。

宋霭龄咯咯地笑了起来：“您不会的。我在美国就听说了您向摄政王请愿，要求召开国会的义举。美国的朋友都为您的民主思想叫好呢！”

“咳！别提啦！”沈缦云被戳到了酸痛处，“你猜那摄政王怎么说，开不开国会不是由人民的请求决定的。难道朝廷可以恩赐人民一个民主？恩赐的东西还叫民主？我看这清朝腐败透顶，无可救药了！”

“好啊，既然如此，您何不向同盟会提供资助，早日推翻这个腐败的朝廷？”宋霭龄使出了紧逼法。

沈缦云摇摇两手：“这又有不同。它不听忠言，它腐败，它自会灭亡。可你非要用强力去从外部推翻它，这又是大逆不道的。再说此事一旦泄露，要遭满门抄斩啊！我可不能上你们的贼船。”

宋霭龄又笑了起来：“但是，沈先生已经上了贼船，已经够抄斩一次了。”

“怎么讲？”沈缦云有些慌乱。

“您看，我这儿就有您为《民立报》等捐资的记载。这两张报纸都是同盟会员于右任创办的，报纸鼓吹革命，煽动人心，抵得上10万军队。您脱得了干系吗？”几句话逼得沈缦云有些透不过气来。

宋霭龄变换表情，又和颜悦色地说：“俗话说，栽花栽到庭前，送佛送到西天。现在的形势，您比我明白，民众的反清情绪犹如遍地干柴，一见火星，必成燎原之势。同盟会会员百万，朝廷里、军队里到处都有，一旦举事，必然全国响应。廓清寰宇，指日可待。

您何不再慷慨解囊一次？若清廷不倒，我们绝对为您保密；而革命一旦成功，您就是一大功臣。这也是一种投资，名利双收，一本万利啊！”

沈缦云连连点头：“自然，自然。”

宋霭龄不失时机地拿出认捐单：“沈老伯，请您在这儿签字。”

沈缦云犹豫不决：“再让我想想，明天签，总可以吧？”

宋霭龄撒起娇来：“哎呀，老伯，就是个叫花子到您门上喊半天您也不能不表示个意思，难道您忍心让我个姑娘家第一次出门就空手而归吗？今天明天还不是一样，晚签不如早签。您给我个面子就签了吧！”

沈缦云被缠不过，只好写了50万。

宋霭龄还不肯罢休：“沈伯，您富压群雄，上海滩首屈一指，还要个‘破五’干吗？干脆，再加50万，凑个整数，大吉大利。革命胜利，您是头功！”说着，又把一张单子塞到了沈缦云手上。

沈缦云看着宋霭龄朝他眨眼，只得长叹一声，又写了50万。

沈缦云一屁股坐进沙发里：“你有了面子我剜了肉。你这小囡太厉害，今天把我绕糊涂了。我可不愿意再见你了。”

宋霭龄笑得像朵花儿：“我再来就是革命政府向您颁奖。您不愿意吗？”初战告捷，宋霭龄大受鼓舞，筹款工作进展顺利。几天下来，宋霭龄比宋查理成效还大。宋查理问女儿用了什么招数，宋霭龄笑笑说：“一想到他们会拿出白花花的银子，我就特别兴奋，词也多了，嘴也溜了。谈钱这种事，来劲哪！”

宋查理摇摇头说：“我不是光想钱，主要想到它对革命的作用。”

第二十二章

煎熬的日子

宋查理和宋霭龄扳着指头计算日子，焦灼地盼望着南国的惊雷

广州起义在紧锣密鼓中进行。宋查理将筹款购置的武器弹药，秘密发往广州，许多具体联络事宜，都由宋霭龄经办。

一天，来了位风流倜傥的人物——陈其美，上海滩鼎鼎有名的大人物，宋查理把他向宋霭龄作了介绍。一般人只知他为青帮大头目，却不知他是受孙中山派遣，与秋瑾女士等一起联络江浙青帮的同盟会会员。

宋霭龄早知道青帮在上海的势力非同小可，对陈其美表现出极大的热情。她又一次显示了担任秘书以来积累资料、在关键时刻发挥作用的非凡才能。

宋霭龄仪态大方地握住陈其美的手："陈先生，久仰您的大名！早听说您少时经商，在日本专攻过法律警政军事，回国后又曾是武汉、上海的名记者，现在为革命运筹帷幄，冲锋陷阵。天下三百六十行，您行行是状元哪。"

只此一句就捧得陈其美心花怒放。不仅因为宋霭龄话说得得体，更主要的是一个从未见过面的年轻姑娘，却对自己的经历知道得如此清楚，可见自己知名度的确不低啊！当然，他并不知道宋霭龄还了解他也是寻花问柳的好手。宋霭龄是个心机颇重的人，担任同盟会司库兼执行秘书的秘书，对重要人物的情况，她格外留心。

陈其美是大场面上混出来的人物，他自然更善于辞令：

"宋小姐过奖啦！我留学东洋镀的是银，小姐留学美国镀的是金啊！况且小姐为中国第一个留美女子，开一代风气之先河，青史有名啊！我早听说宋查理先生有了一位非常能干的秘书，日理万机而

能应付自如，令人羡慕啊!”

宋霭龄抓住话把儿顺杆儿而上:“陈先生，您可是咱们革命党的大人物啊！您要不嫌弃，我给您当秘书吧，也好近水楼台先得月，跟您学点真本事。如何?”

陈其美一听，顿时眉开眼笑，心想如得这样一个半洋妞儿做秘书，出入相随，不仅能帮大忙，时日一长说不定还能……不过立即想到宋查理绝不会答应，随即哈哈一笑说:

“陈某何能，敢奢望宋小姐做秘书?除非总统——不过那还得看查理先生舍得舍不得呢!”

宋查理看将军都将到自己头上，只好表态。不过，他话里藏话:“陈先生如果真肯接纳我的霭龄，那是她的造化，我完全同意。陈先生联系广泛，神通广大，她跟着你闯荡几年，定会结识更多的朋友，锻炼得更加成熟，在我们的事业中发挥更大的作用——不过，即使陈先生不想要她做秘书，你也会尽一个叔叔的责任，给她以帮助和指导的，对吧?”

陈其美听话听音，知道父女二人的本意不是给自己做什么秘书，立即转口说:“我今天来，是向查理先生辞行的，我马上要到广州参加起义。这武装暴动，枪林弹雨生死未卜，根本不需要什么秘书。再说，我也不能把宋小姐带到那样危险的地方。”

他停了一下又说:“当然，霭龄刚刚回国，要在上海滩立足，青帮的底细不可不知。这青帮起源于清朝雍正年间，是因承运漕粮而形成的，但他们却把鼻祖推到了明朝永乐年间的文渊阁大学士金幼孜。青帮内部组织严密，等级森严，人数众多，鱼龙混杂，行动带有很大的盲目性和破坏性，是一股很可怕的势力。不过利用好了，它也能帮大忙，办大事。就说这次我到广州吧，就是从青帮中选拔了一批不怕死的帮员，他们会拼命干的。你要跟这些人交上了朋友，有什么难题他们会为你卖命的——当然他们走的多是黑道，不过黑道有黑道的好处。哎，这样吧，等有空我给你介绍认识几个人物，像黄金荣啦，杜月笙啦，都是手眼通天，手下喽啰又多，又有大用处的人，不知宋小姐可有兴趣?”

宋霭龄努努嘴:“只怕陈先生您这个大忙人，顾不上为我费这份心思张罗哪!”

陈其美做一个有力的劈手动作:“一言为定！只要宋小姐届时不栽我面子，我一定安排。”

宋霭龄赶紧又握住陈其美的手:“一言为定。谢谢陈叔叔!”

陈其美和宋查理就广州起义的准备和行动计划又交换了一番意见，大家信心十足，对这次起义充满必胜信念。

几天以后，陈其美带了一批青帮兄弟，扮作商人模样，从黄浦港乘轮船赶往广州，宋霭龄和父亲到码头为他们送行。陈其美忽然悲壮起来:“近年来革命党发动了大小数十次起义，无不以失败告终。谁知这一次成败如何呢?当此之时，真该舞剑高歌：风萧萧兮易水寒，壮士一去兮不复返!”

宋霭龄接上说:“不，那太令人伤感了。那边有黄兴将军亲自主持，又得陈叔叔强兵相助，定能旗开得胜，一举克复。我看应该唱大江东去!”

陈其美一笑说:“好好好，借宋小姐吉言，兄弟当全力以赴。诸位，等着听好消息吧!”

送走参加广州起义的人，宋霭龄和父亲工作更紧张了。他们加紧联络上海自治公会、商团武装和洪门青帮，准备广州一旦得手，立即在上海举事接应。

他们扳着指头计算日子，焦灼地盼望着南国的惊雷。

第二十二章

煎熬的日子

广州起义失败，宋查理和宋霭龄神情黯然

1911 年 4 月末的一天，牛尚周匆匆赶来，报告了他在电报局从收转的清廷电报中获悉广州起义失败的消息。宋霭龄和宋查理父女俩顿时呆若木鸡。宋霭龄怎么也不明白：清政府碰上外国人，逢战必败，但对付革命党人，怎么就会变得强大起来了呢？

不久，陈其美神情沮丧地回到上海，宋霭龄这才知道了起义失败的真正原因。原来，大家都以为这次起义同盟会集中了财力，也会集中人力，形成绝对优势，必将一举成功。谁知这次又犯了以往的老毛病，同盟会内部纪律松散，组织不严，领导人优柔寡断，起义时间一变再变，最后仓促起事，结果锣齐鼓不齐，只有少数人采取了行动。虽然一度攻入两广总督衙门，但很快被清军优势兵力包围。七十二人英勇牺牲，其余人各自逃生。阴云又笼罩在南国上空。

宋霭龄有些懊恼。这时她又接到孙中山给宋查理的一封信。孙中山以革命家的远见卓识和百折不挠的精神，批示要继续积蓄力量，准备更大规模的起义。他准备赴欧美筹措更多经费，绝不要因一时失败而消沉。孙中山还认真分析了形势，指出了希望所在，光明所在。这封信扫去了宋霭龄心头上的阴霾，也更增加了她对孙中山先生的敬仰和崇拜之情。她感到目前这个工作真好，每次都能首先看到先生的来信，上海同盟会给先生的复信也由她发出。上次，她在代替宋查理写好回信的末尾悄悄加了一行小字：“此信为霭龄执笔，她向先生致敬！”她没让宋查理知道，却害怕孙中山对这种违反纪律的行为在来信中批评。还好，孙中山的来信中对此一字未提。宋霭龄心中暗暗高兴，她认为孙中山接受了她的致意，起码他现在知道

了是谁在与他联络。

在同盟会会员们讨论给孙中山的复信时，会场里来了位银发银须的长者，许多人起立向他鼓掌致意。原来是赫赫有名的老革命党人谭人凤，他看上去有50多岁，身体壮健，声若洪钟。他在会上首先讲了自己到武汉等地考察的感觉。他说，现在长江流域革命形势的发展已大大超过了两广，尤其是武汉三镇，各种革命团体非常活跃，目前已经掌握了驻武汉清朝新军三分之一以上力量。他建议把发动起义的重点地区放到长江流域，并提出成立同盟会中部总会，由宋教仁主持日常工作。

宋霭龄为他介绍的情况所鼓舞，情不自禁地鼓起掌来。但她很快发觉掌声稀落，赶忙环顾会场，一些人不仅不像她这样激动，反而露出不屑一顾的神情。宋霭龄感到奇怪。

这时陈其美站起来发言。他以不容置疑的口气说，同盟会有孙中山先生亲自领导的东京本部，成立中部总会没有必要。

这一下会场乱了起来。一阵嗡嗡声后，宋教仁站起来大声说："本部，本部！那些本部的人有几个是脚踏实地干的？他们连国内都不肯回，顶多是到香港，住几个闲散人，办一张机关报，吹一通牛皮就算本领通天了。尤其是本部决策人，眼光只盯着两广，殊不知现在早已不是太平天国时期，偏居一隅岂能掀起冲天巨浪？我看我们现在就应该推举同盟会中部总会的人选！"

"不行！不经过中山先生批准，擅自成立机构是绝不允许的！谁敢自行作主张我们先把他轰出去！"陈其美情绪激动。

"不要拿孙大炮来压人！他长期不在国内，根本不了解国内形势，他的思想还停留在几十年前。华南起义屡次失败的事实说明他的战略方针是错误的，必须改弦易辙。谁阻挠中部总会的成立就是阻挠革命的胜利，就是革命的罪人，应该首先给轰出去！"

陈其美一步跳到宋教仁面前，指着他的鼻子吼道："对领袖怀有二心，口出不逊，你已经不配再待在同盟会里!”

宋教仁年轻气盛，毫不相让:“只有我们推翻清廷的目标是神圣的，其他一切都是扯淡！死抱住过时观念不放的人最好从同盟会滚出去!”

“你就应该先滚出去!”

“你滚出去!”

二人捋袖伸拳，大有以武力代替舌战的趋势。会上其他人纷纷助战，也分成两派，吵成一团，火药味越来越浓，武斗一触即发。

宋霭龄从没见过革命党内部发生这种局面，她感到迷惑不解。父亲却一动不动，一副冷眼旁观的样子。

陈其美虽然在上海势力很大，但今天到会的人却不如对方，眼看处于被围攻的态势。

陈其美想到了向宋查理求援。他甩开宋教仁，向着会场大声说:“大家安静！孙中山先生的私人代表就在这里，我们还是先听听宋查理先生的意见再说吧。”

陈其美来到宋查理跟前，恭敬地说:“查理先生，违背中山先生意志的事，你不会赞成的，是吧?”

宋教仁不等宋查理开口，也来到跟前:“查理先生，你为了推翻清廷，连身家性命都不顾，家财也贡献出来了，现在长江流域有这么好的局面，你总不会让它白白错失吧?”

显然，双方都希望得到宋查理的支持，至少是不再增加对立面。宋查理处于一种类似裁判的角色，这显然是一个被炙烤的角色，他不好贸然表态。

宋霭龄看出了父亲处境的为难，她决定李代桃僵，不等父亲开口就站了起来:“把准备起义的重点由华南转到长江流域，并成立同盟会中部总会，这是革命战略的重大转变。决定这样重大的事情似乎不应该太匆忙……”

宋教仁眉毛一扬:“时不我待……”

宋霭龄摆摆手，继续说:“谭先生刚才谈到的武汉三镇的革命形势的确令人鼓舞。为了充分利用长江流域的大好形势，促进胜利早日到来，我看成立同盟会中部总会是个不错的主意……”

陈其美断喝一声:“什么?”

宋霭龄不动声色，接着说:“当然，像这样重大的革命战略转变，必须经过中山先生同意。否则，大家的意见不能统一，不仅会造成革命阵营的分裂，也会使革命进程欲速不达。”

宋霭龄说到这里，有意识地停了一下。会场上格外安静，所有的人都在认真倾听，主要不是因为她讲得多么深刻，而是她巧妙地把握着不偏不倚的态度。每一方都生怕对她稍有冲撞，她把砝码加到哪一边，天平便会向哪边倾斜。

宋霭龄镇静地环视了会场一周，放慢了语调:“我们将尽可能准确详细地向中山先生报告国内的形势，反映大家的意见，相信他会做出正确的决断。那时我们再来讨论，好吗?”

宋教仁虽然对这样的结局并不满意，但是实在找不出反对的理由，只好悻悻地说:“报告给孙先生，他也会同意的，徒费周折。”

陈其美显然感到高兴，说:“同意不同意，中山先生的信来了自然就会知道。”

回到华美印书馆，宋霭龄就问父亲:“我看谭人凤老先生谈的是个不错的主意，陈其美为什么那么拼命反对?”

宋查理叹口气:“同盟会内部派系众多，关系复杂，争权夺利也很厉害，有些事情真正的原因往往并不是他们口上说的……”

陈其美跟了进来，进门就嚷:“啊呀，宋小姐，真是有志不在年高。你可真有一套，佩服佩服!”

他又转向宋查理:“你的小姐是块好材料，足可担当更大的重任!”

宋霭龄并没有太高的兴致，她平静地说："您为什么反对他们的主意？"

"这个，这个你还没有看透？我主要是反对由宋教仁主持中部总会。这个人爱冲动，好意气用事，对孙先生、黄先生也颇多微词，如果由他主持中部总会……"他摇摇头，"不行！"

陈其美又恳切地说："查理先生、宋小姐，向孙先生报告情况，一定要把至关重要的中部总会领导权问题讲明白。无论如何不能让不听孙先生指挥的人占据这个位置。"

宋霭龄抿嘴一笑："陈先生，您对孙先生的忠心我们明白。"

陈其美哈哈一笑："自然自然。"说完就告辞。走到门口，陈好像突然想起一件事："宋小姐，叔叔答应你的事这几天就办，陈叔叔可向来是重信重义、一诺千金哟！"

宋霭龄挤挤眼："我们也是出家人不打诳语。"

陈其美笑着满意而去。

宋查理有些不满地对宋霭龄说："你怎么答应他这个？"

宋霭龄娇嗔地一笑："爸爸，他可的确是忠于孙先生的呀！"

按照宋查理的指示，宋霭龄一天之内给孙中山连发三封加急电报，敦促他马上回国主持大局

1911年7月31日，根据孙中山复信的指示，同盟会中部总会在上海正式成立。陈其美担任了庶务部长——第一把手，与宋教仁、谭人凤一起组成领导核心。中部总会决定在长江流域举行大规模武装起义，时间定在1913年。

但是革命形势的发展比他们预料的快得多。武昌革命党人早已

迫不及待，这里的两个革命团体文学社和共进会，决定效法传说中的八月十五传书杀鞑子的做法，在当年中秋节这天举行起义。这两个团体与同盟会并没有密切的关系，9 月下旬他们派了代表到上海，表示愿意接受同盟会中部总会的领导，并且邀请黄兴、宋教仁、谭人凤到武汉主持大局。但黄兴在日本，后来又到了香港，没有去成，而陈其美坚持两年后再起义的计划，宋教仁也犹豫不决，最后只有谭人凤带病赶去。1911 年 10 月 9 日，武昌革命党人因一枚试制的炸弹意外爆炸，引起清军注意。闻声赶来的敌人对现场附近的几条街道都进行了彻底搜捕，意外地破获了起义指挥总部，他们不仅搜出了文件、印章和旗帜，而且搜出了起义人员名单。清军紧急出动，关闭了城门，在全城实施戒严，包围了参与密谋的兵营，接着按名单开始抓人。一批批革命者被逮捕，有的当场被杀。怎么办？革命者面临着严峻的考验，要么束手待毙，要么铤而走险立即发动起义。他们选择了后一条路。10 月 10 日，指挥者发出了起义信号，结果出乎意料，在人民群众支持下，革命党人一举占领了武昌，湖广总督逃到了长江上的一艘军舰上，黄鹤楼顶飘起了十八星旗。

中部总会如何应付这一突发事件，宋查理仓库里囤积着的大批武器弹药如何运送，这时又发生了分歧。陈其美主张把武器运到武汉，支持湖北军政府；宋教仁主张把武器运到南京，在那里发动起义；宋查理则主张夺取上海，占领这座中国最大城市，尽快形成与清朝政府抗衡的局面。

各地形势不断变化，到 10 月底，长江以南许多地方已经光复。武汉革命党派出了军事干将李燮和支援上海。经过一次次激烈的争吵、磋商，上海革命党内部终于统一了意见，决定在 11 月 3 日发动上海起义。

宋霭龄的任务仍是协助宋查理负责上海各会党派别之间、中部总会与孙中山之间、其他各省革命军以及外国使馆之间的联络。因宋查理大事太多，许多具体工作全靠宋霭龄自己做主来干。起草文稿、收发信件电报、随时掌握起义的动态，宋霭龄忙得不可开交。幸亏陈其美担任中部总会一把手后，履行诺言，给她引见了一批青帮中的重要人物，现在宋霭龄招来几个青帮中的干练小伙，帮她到各处打探消息，使她的情报快速准确，联络工作十分出色。

上海起义开始后，陈其美率军攻打江南制造局，结果因兵力悬殊，失败被俘，这可把宋霭龄急坏了。她一直认定陈其美是一个可以指望的人物，对他寄予厚望，绝不能让他出现差错。她立即把这一消息通报给起义的各路人马，要求他们务必设法营救。已就任沪军总司令的李燮和手里掌握着训练有素的军队，他调集队伍，向江南制造局发起猛攻，救出了陈其美。上海各界人民自发支援起义，人心所向，一呼百应，革命风暴横扫黄浦江岸，清朝官员纷纷逃命。全市到处挂起白旗，上书斗大的“汉”字。上海光复了。

11 月 6 日，上海起义军开会选举沪都督。宋查理在起义过程中被英国租界巡捕房以贩卖军火罪诱捕，因病假释后卧床在家，宋霭龄作为宋查理的代表到会。由于起义过程中李燮和指挥有方，功勋卓著，又是沪军司令，许多人主张选举李燮和为都督。眼看已成定局，不料这时青帮头子刘彪秘密调来一营人马，将全场团团围住。这些人手持炸弹，挥舞手枪，连声高叫：“不选举陈其美为都督不准散会！”胁迫下，与会人员只好改选陈其美担任了沪军都督。李燮和只挂了个空头的都督府顾问。宋霭龄对这种流氓式做法很不满意，尽管她内心是希望陈其美当选的。

李燮和本人对当不当沪军都督倒看得较淡，但他手下的人对陈其美恩将仇报和采用不光彩的手段夺权却极为不满，他们一来咽不下这口气，二来李燮和没有地位，他们跟着李燮和也得不到任何好处。在这些人的鼓噪胁迫下，李燮和与副总司令黄汉湘只好把大批军队撤到吴淞，准备进攻都督府。

陈其美则把在日本结识的蒋介石从浙江奉化召到上海，拿出商团捐出的 4 万元，让他招募新兵，加以训练，组成了沪军第五团，准备进行对抗。

刚刚光复的上海，眼看又要毁于革命党内讧引发的战乱。

病床上的宋查理听到这个消息焦急万分，上海刚刚光复，百事尚未理出头绪，在黄浦江和近海游弋着大批军舰的外国列强态度并不明朗；武昌方面袁世凯重兵压境；南京还在清政府手中，那里自镇压太平天国时起就一直屯驻着大批清军，革命面临的形势还十分险恶。上海内乱一起，必然殃及整个大局。宋查理反复掂量了两人的势力，可以说是旗鼓相当，让谁俯首称臣都不会心甘情愿，发生决斗一时谁也吃不掉谁。他思前想后，琢磨出一个折中方案：陈其美的上海军政府改称上海军政分府，李燮和那里称吴淞军政分府，两家都归江苏的苏州军政府管辖。

宋查理把这个想法跟宋霭龄一说，宋霭龄坚决反对。她说，陈其美当初的手段的确不光彩，但他已经打出了上海军政府的旗号，并已通电全国。现在让他改称，他会比李燮和的怨气更大，面子上更下不来，很难让他接受。况且陈其美的确是个干才，在上海的基础深厚，主持上海局面会有作用。眼下之计，主要是要劝说李燮和忍耐，以大局为重，日后再设法给予补偿。宁亏一方，不亏双方。宋查理接受了宋霭龄的意见，挣扎着从床上爬起，要亲自到吴淞去见李燮和。倪桂珍看宋查理病得不轻，按着不让他下床。宋霭龄抿嘴笑笑：“妈咪，这个时候，您不让爸爸去，他会更难受，还不如让他走走好得快。”倪桂珍翻了宋霭龄一眼：“天下能人多得很，干吗事事都要你们出面？”宋霭龄半正经半开玩笑地说：“这么大的事情，宋家的人当然应该出面！我们为推翻清朝做了那么大牺牲，胜利后的上海当然也该有我们的印记。”宋查理把眼一瞪：“革命岂是为谋私利？”宋霭龄吐吐舌头，不做声了。

第二十二章
煎熬的日子

宋霭龄陪宋查理来到吴淞，李燮和热情地请他们观看军事演习。只见士兵们在统一号令之下，冲击、射击、刺杀，动作勇猛，身手矫健。宋查理不禁称赞："李司令治军有方，名不虚传哪!"李燮和却叹口气说："强兵虎将，难于驾驭啊!"宋霭龄故作惊讶："他们敢不听李司令指挥?"黄汉湘插话说："那要看往哪里指挥。士兵们在光复上海的战斗中，穿枪林，沐弹雨。浴血奋战，多少弟兄献出了生命。现在上海光复了，他们在上海却无立足之地。哪一个真正的军人能够忍受这样的窝囊气?如果让他们去夺回上海，他们会万死不辞；如果让他们寄人篱下当孙子，哼哼，我们这些长官难免先做了他们的刀下鬼!"

爱激动的宋查理一下子站了起来："这么说，你们今天的演习是为和陈其美火并做准备了?"李燮和摆摆手："那倒不一定!你们知道，陈其美从行动一开始就做了清军的俘虏，是我手下的士兵冒死把他救出来的。他和清军作战无能，对付开会的自己人却有一套。这样的人居然做了都督，真是我们革命军人的耻辱!只要陈其美辞职，换上任何一个人我们都无二话。否则……士兵们闹起来，恐怕不好弹压。"

宋霭龄笑了："李司令，您治军严整，声名在外，弹压不住士兵可要让人笑话喽!"一句话说得李燮和脸上有些发烧，一时又找不出反驳的话。

宋霭龄顿了一下接着说："您当初在会上不顶住，现在陈其美已得了都督名分，现在再动手可就被动了!他当初从您手上夺走都督，外界的人并不太清楚，而今您再靠武力从他手中夺权，天下就无人不晓了。"

黄汉湘亮开嗓门："那又怎么样?"

宋霭龄并不着急："打仗讲究战机，政治上的斗争也讲究时机。机会来了要紧紧抓住，时机一旦失去就不宜硬干……"

李燮和慢条斯理地说："照宋小姐的意思，我们只能忍气吞声啦？"

"为今之计，我看有三条。第一，现在天下并未定局，实力是第一的，紧紧抓住手中的军队，就不愁没有地位。不能打无把握的仗而输了本钱。第二，给陈其美一个面子，拥护他做上海都督，作为交换，让他帮您谋取别处的都督位置——您知道，上海是他的老巢，得不到上海他不甘心。而只要您让了他这一步，别处他就与您无争了，报您救命之恩，补他夺位之愧。第三，我和爸爸一定向孙中山先生报告您在光复上海战斗中的杰出贡献以及您为顾全大局做出的牺牲，请他日后对您做更好的安排。否则……"

黄汉湘大眼一瞪："否则什么？"

宋霭龄一下警觉起来，幸亏那句胁迫性的话没有出口，她已经意识到，对这样勇武的军人，如果说出过激的话就等于使了激将法，只会起到相反的作用。她立即改口说："否则，否则我们只好去找陈其美，请他做出让步。不过他这种人可没有二位司令这样通情达理，我们就作难了……"

李燮和听到这里，扬扬手："罢罢罢，你们请他让步，那等于与虎谋皮。只要二位说的后两条能够兑现，我可以劝弟兄们再等一等。这样吧，五天之内，我们听回话。如果陈其美逼迫排挤我们——查理先生，宋小姐，那就不是我们不给二位面子喽！"

宋查理赶忙表示，只要内乱不起，一切都好商量。他用自己的人格担保，一定要做到对得起李司令、黄副司令。

回到上海，宋查理向陈其美通报了与李燮和、黄汉湘谈判的情况。陈其美自恃有都督名分，有上海地方势力，并不怕与李燮和开战，只是顾虑战事一起，党人必定追寻原因，炸弹逼宫事件就会广为流传，对自己名声不利。听说宋查理父女劝住了李燮和，他自是感激。宋霭龄要求他答应李燮和的条件，不过是一张空头支票而已，他当然可以答应。但宋查理向他指出，这些并非主要的，现在要巩固地位，最好的办法是在光复南京战斗中有大作为，那样才算是在党人面前，在全国面前，站稳了脚跟。陈其美又顾虑攻打南京时被李燮和抄了后路，宋霭龄笑他未免小肚鸡肠了。她说，据自己观察，李燮和是堂堂正正的军人，绝不至于那样卑鄙，再说那样也是夺不走都督之位的。陈其美放下心来，果然全力组织江浙联军，在攻克南京的战斗中有出色的表现。

长江中下游地区南岸，清军只剩下南京一座孤城，革命军四面围攻，城内革命党人乘机起义，里应外合，12 月 2 日一举端掉了这座顽固的封建堡垒。

这时，全国已经有湖北、湖南、陕西、江西、山西、云南、上海、江苏、贵州、浙江、广西、安徽、广东、山东、四川、辽宁、天津等省市成立了革命军政府，清朝皇族内阁辞职，彻底推翻两千年封建专制的革命眼看胜利在望。但是在一片令人鼓舞的大好形势下，令人不安的潜流也在涌动……

12 月 4 日，各省代表会议在武汉决定选南京作为中央临时政府所在地，推举黄兴为元帅、黎元洪为副元帅。但投机钻进革命阵营的旧官僚、旧军官和保皇党人，很快纠合起来，要改变这个结果，他们大肆活动，要推举他们的代表人物，争夺胜利果实。各省代表一到南京，他们就鼓噪重新开会选举。结果仅仅过了十几天，他们就把黎元洪推上了第一把手，把黄兴拉下来给黎元洪打下手。黎元洪本来是革命党人临时从床底下拉出来的，他骨子里其实与革命党根本不是一条心，老资格的同盟会员们坚决反对黎元洪做元帅。而那些旧势力代表则抓住黄兴指挥汉口保卫战中的一次失利，阻挠黄兴做元帅。双方互不服气，一场更大的内乱眼看又要爆发。

宋查理和宋霭龄虽然心急如焚，却对这场最高层内部的争权夺利无能为力，唯一的办法就是请德高望重的孙中山先生立即回国。

只有他回来亲任元帅，才能镇服群雄，统一各派的意见，把苟延残喘的清皇室彻底推翻。

按照宋查理的指示，宋霭龄一天之内给尚在国外的孙中山连发三封加急电报，敦促他放下一切，马上回国主持大局。

第二十三章

欢呼雀跃迎共和

孙中山回国。宋查理说：今天不仅有成千上万的中外人士争睹先生风采，更会留下无数照片留传于世，要穿戴得不失我们领袖的尊严

辛亥革命爆发的时候，孙中山正奔波在美国继续为革命党筹集经费。黄兴在接到武汉方面要他去主持起义的邀请后，曾在香港给孙中山发过一封密电，内容是革命党人准备在武汉起事，请速汇经费回国。孙中山因在旅途中，无法取出密码，直到一周后安顿下来，才将电报译出，但这时孙中山手头没有现款，他回了一电，要求暂缓起事，黄兴没有赶往武汉。至于以后起义过程及其他详细情形，孙中山就一无所知了。

孙中山是在餐桌上偶然得知革命爆发的消息的，那时他正在美国的丹佛。这天上午，他准备乘火车到堪萨斯城，上车前他到一家餐馆用早餐，边吃边随手摊开了一份当天的报纸，只瞟了一眼，他的嘴巴就停下来了，革命者胜利占领武昌的消息使他惊喜。虽然当时报道的仅仅是武昌起义，但他断定同盟会多年积聚的革命力量必然会因此而全面爆发，推翻清朝的日子已经来临。孙中山焦急地思考自己的行动方案，如果回国亲自领导这场伟大的革命，马上启程也要二十多天才能回到国内；如果不立即往回赶，自己在国外还可为革命做些什么呢？他想到了像中国这样一个积贫积弱的国家，国内爆发革命，政府即将更迭，西方列强的态度极为重要。如果在中国驻有军队的西方大国为维护从清朝政府手中取得的特权，帮助清廷来镇压革命，则可能重蹈太平天国的覆辙，如果他们能够支持这场革命，则胜利的把握就更大。考虑再三，他决定国内的革命继续

由其他同志负责，自己则同西方主要国家进行接触，获取他们的支持。

孙中山取消了原定的计划，立即前往华盛顿。10月15日，途经芝加哥，那里的华侨举行了颇具声势的“预祝中华民国成立大会”。华侨们兴高采烈，为祖国的新生纵情欢呼，他们把孙中山当作促成革命爆发的英雄来欢迎。美国报纸上不断刊出文章，预言孙中山将当选为未来共和政权的总统。会后，许多记者要求采访孙中山，他却悄悄地避开了。

到达华盛顿后，孙中山要求与美国国务卿诺克斯举行私下会见。诺克斯尽管洞悉中国的形势，但因没有实际利益可图，不愿为新生政权助威，于是他傲慢地拒绝了。孙中山深知这些政府一贯歧视东方民族，他不再强求，又匆匆奔赴纽约，在那里搭上一艘去英国的轮船。

在伦敦，孙中山拜访了旧友吴敬恒，并与大军火公司维克斯—马克西姆公司老板特雷弗·道森进行接触。道森出于同新政府做成大批军火生意的期望，答应向英国外交部转达孙中山的意见。但这时英国政府对华方针已经确定，就是坚定地支持清政府新任命的总理大臣袁世凯。他们看不起孙中山，认为他不过是一门空“大炮”，成不了什么大事。孙中山的顾问、美国人荷马李审时度势，他向英国人说明，如果英国不采取有力行动，野心很大的日本就可能操纵未来中国的局面，必然对英国的利益构成威胁。最后，英国外交部长葛雷只向孙中山表示，在这场革命中，英国政府将保持“中立”，令孙中山好不失望。孙中山又赶到法国，会见了总统克莱蒙梭，但仍然一无所获。这时，他已收到宋霭龄发来的好几封催促他回国的电报，于是，他在马赛搭上一艘轮船准备回国。

尽管武昌起义爆发时，孙中山不在国内，尽管孙中山要求西方列强给予支持的努力没有效果，但这并不影响他作为革命的领袖、民族的英雄在人民群众中的形象。轮船到达上海这一天，成千上万的市民和各地涌来的群众早早来到码头，向孙中山表示热烈的欢迎。

1911 年 12 月 25 日，这是一个重要的宗教节日，据说耶稣就诞生在这一天。西方庆祝它的程度不亚于中国人过春节。往年，这一天作为基督教徒的宋查理和宋霭龄也会举行各种仪式，进行庆祝，向亲人和朋友祝福。但是今天不同，他们热切盼望着的孙中山先生今天就要回来了，其他一切都变得微不足道。宋霭龄和父亲宋查理一早就来到码头，翘首以待。

这是上海常见的那种阴湿天气，蒙蒙的雨雾，飕飕的北风，带来一种透骨凉意。但在孙中山预定上岸的金利源码头上却是人头攒动，彩旗飘扬，锣鼓喧天，宋霭龄和每一个前来迎接的人一样，忘却了身边的冷风，只感觉到心中热血翻滚。

沪军都督陈其美为迎接孙中山归来作了精心安排，他专派了一艘“建威”号军舰到吴淞口迎接，总不能让革命的领袖从外国商船上下来与群众见面。但是由于雾大，孙中山乘坐的轮船早就在吴淞口外抛锚等候,“建威”号军舰竟好久没有发现。

孙中山站在甲板上，同样是心潮起伏。16 年了，他第一次作为主人堂堂正正回到自己的祖国。由于从事反清革命，他被作为“粤省首犯”长期被清政府通缉，被迫一直流亡海外。他曾被日本政府“递解出境”，曾在伦敦被清朝使馆诱捕，几乎被押解回国处死。然而,“穷且愈坚，不坠青云之志”，他的革命斗志更坚定。一次次蒙难，反而使他革命家的名声越传越响，在群众中的威望越来越高。十几年中，他曾回国几次，但都是在极为秘密的情况下，还要乔装改扮。今天，他再也无须保密，再也无须乔装，党内的同志在热烈地盼望他，人民群众在盛情地欢迎他。

站在孙中山身边的有胡汉民、廖仲恺和美国人荷马李、日本人宫崎等。他们都分外焦急，奇怪为什么这么长时间还不见迎接的人到来。

还是宋霭龄心细，她忽然想到会不会是因为雾大，双方接不上头。宋查理一听，认为有理，急忙要了一艘汽艇，父女二人疾驰来到吴淞口寻找。

眼尖的宋霭龄终于发现了停泊的轮船，汽艇画了一个漂亮的大弧圈，靠上了轮船右侧，父女二人顺舷梯登上了甲板。

孙中山一眼瞧见留一溜黑密胡子的宋查理，他早已忘记了随行人员一再要他保持矜持的领袖风度的劝告，呼叫了一声“查理”就奔过去，两人热烈地拥抱到了一起。孙中山向随行的人扼要介绍道：“查理，我的老朋友，同盟会的理财人。”胡汉民等人是知道宋查理身份的，而廖仲恺等却根本不知道宋查理是革命党，他们一直以为他是虔诚的传教士和善于经营大发横财的“两栖怪人”。他们看到孙中山与他如此亲热就感到奇怪，听了孙中山的介绍，更是惊奇地瞪大眼睛。孙中山见状哈哈大笑：“查理，我今天能堂堂正正回国，你的秘密身份也该结束了！向天下人亮出你的真实身份吧，让所有的人都知道你对革命的巨大贡献吧！”其他人一一前来与宋查理热情握手，对他做出的重大贡献表示感谢。

直到这时，一直站在一旁的宋霭龄才低低地叫了一声“孙叔叔”，孙中山惊愕地望着这位一身西服、上身还别着一朵漂亮的红宝石胸花的年轻姑娘，不知道该怎样称呼她。

宋查理返身过来，急急地向孙中山介绍说：“这就是你的侄女霭龄……”

孙中山热情地“啊”了一声，向宋霭龄伸出手：“这么大了，没想到，没想到。在我的印象里，你还是那个扎羊角辫、穿灯笼裤的小姑娘呢！”宋霭龄紧握着孙中山温暖的大手，脸红了一下，刚要张口，孙中山又认真地说：“噢，霭龄同志，谢谢你了。这两年就是你在协助查理先生与我联系，你每次提供的情况又准确又生动，每封信和电报都写得像篇优美的散文哩!”宋查理一把拉过孙中山:“小孩子家，不要谬奖了……”

正在这时，远处传来一阵阵隆隆的炮声，众人大惊。宋霭龄却高兴地跳了起来:“是‘建威’号的欢迎礼炮!”

果然，不一会儿又一艘汽艇靠了上来，两个军官爬上甲板向孙中山行礼，他们是从“建威”号上过来的沪军都督府代表，请孙中山换乘军舰再上岸。

孙中山准备动身，宋霭龄过来拉住他的袖子:“孙叔叔，瞧您的衣服……”孙中山低头一看，由于在甲板上站久了，细密的雨雾早把外衣打得湿漉漉、皱巴巴的，孙中山用手拉了一下外衣，苦笑着说:“我就这身衣服，就这样吧。”

宋霭龄娇嗔地看他一眼:“那么多人等着看您……”

宋查理立即接过来说:“对！不能这样上岸。今天不仅有成千上万的中外人士争睹先生风采，更会留下无数照片留传于后世，要穿戴得不失我们领袖的尊严!”

可是到哪儿去找衣服呢？众人由于事先没有准备，一个个急得团团转。宋霭龄很快在人群中扫了一眼，发现了沪军都督府代表的军装，黄呢料、板正、笔挺，倒不失为合适的衣服。况且此时又正与清王朝交战，着军服更有威武的风姿。宋霭龄用手指了一下那军官的衣服，宋查理立即明白了女儿的用意，跑到那军官跟前，让他脱下军装与孙中山交换。

孙中山穿上军装，俨然一位大元帅，众人一看齐声叫好。

“建威”号载着孙中山直向金利源码头驶去。途中，孙中山忽然向宋查理说:“这一回来，我事务必将繁忙，能否为我推荐一位能干的秘书，尤其要精通英文。”

宋查理略一思索:“现在有一位，”用手一指宋霭龄，“她已给我做了两年秘书了，我相信她能干好。”

虽然孙中山刚刚和宋霭龄见面，但已从几个细节认识到她确是思维敏捷，善于观察思考，又心细又泼辣。他满意地一挥手："那，那就挖你墙脚啦！"

宋霭龄听到他们的谈话，马上站到孙中山面前："先生，我现在听您吩咐！"

孙中山想了一下："上岸以后，国内同志给我汇报的情况，你先认真记录下来。"

宋查理插上一句："先生的谈话也要认真记录。"

孙中山向宋查理由衷地赞扬宋霭龄：你推荐的秘书我非常满意，她有美国式的高效率

金利源码头上举行了盛大的欢迎仪式，军乐齐奏，气球飘飞。孙中山在陈其美致欢迎词后发表了讲话，他高度赞扬了武汉军民首义的功勋和大无畏的革命精神，高度评价了上海光复的重要意义。接着话锋一转，对革命面临的形势进行了分析，他坚决反对与清廷议和，主张巩固光复地区，组织军队，以革命武力，统一中国。孙中山最后语调铿锵：

"愿我将士少希望于和谈之可成，急整军旅，北扫鞑虏，以慰国民之热望！"

一批新闻记者涌上来，有的选取各种角度，对孙中山拍照，一时间，镁光闪闪，"咔嚓"声响成一片；有的向孙中山提出各种问题，问题提得急迫、尖刻。忽然一名英国记者挤上前来，大声问道："孙先生，您一直在海外筹款，国内同志已光复了半壁河山您才回来，想必带回一笔巨款作为补偿吧？请问，能不能讲一下，您究竟带回来多少钱？"

陈其美感到这样的问题会让孙中山难堪，他开始提示卫兵挡开记者保护孙中山离开。没想到，孙中山对这个问题倒很感兴趣，因为国内不少同志肯定也有这种想法。他微微一笑，说声道："OK，我来回答你。"接着拿起了台上的话筒，向着全场大声说：

"刚才英国记者问我这次从海外带回来多少钱，我可以公开地告诉所有关心这个问题的人，我这次回来是一文不名，带回来的只有彻底的革命精神！"

宋霭龄为孙中山坦荡巧妙的回答所激动，禁不住挥手喊了一句："革命精神万岁！"顿时，会场上响起了连天的口号声……

欢迎仪式结束后，孙中山住进了法国租界内的宝昌路408号。这是一座法式三层洋楼，除陈其美派出的卫队外，法国人也在附近增设了军警。法国人看到孙中山所受到的热烈欢迎，才真正意识到他在国内的地位，特意做出讨好的姿态。

到了住处，宋霭龄就分外忙碌起来。同盟会的重要人物黄兴、汪精卫、李平书、陈其美，一个个来向孙中山汇报情况，宋霭龄静静地坐在一边，飞快地做着记录。稍有间歇，她就去翻阅各地发来的电报，分门别类归拢好，然后摘录要点，把最重要的事情整理清楚，送交孙中山过目，再按他的指示草拟出回电，交人发出。除了向孙中山汇报情况和听取他的指示，宋霭龄对其他人大都一言不发，即使党内的重要干部，也只是点点头，算是打招呼。仅仅过了几个钟头，孙中山刚回国时那种百事挠心、忙乱无序的心情就有了好转，感到事情虽然繁杂，但经宋霭龄协调，已经可以提纲挈领，抓其大要了。晚上休息之前，宋查理来安排警卫事宜，孙中山向宋查理由衷地赞扬宋霭龄："你推荐的秘书我非常满意，她有美国式的高效率！"

孙中山一回国，原先关于最高领导者的纷争顿时归于平静。因为一切其他的选择都显得相形见绌，不仅是广大的同盟会员、各种各样的派别，就是原先参与竞争的领导者本人也对孙中山心悦诚服。1911年12月29日，全国17省代表集会南京，重新协商光复后全国最高领导者的人选，会议决定光复后国家名称为“中华民国”，在北方清朝力量没有被彻底摧毁之前，设中华民国临时大总统。17省代表内部统一意见后，按每省一票进行选举。结果黄兴得一票，孙中山得16票，以接近全票当选，这时距孙中山回国刚刚四天。虽然革命爆发时，他本人并不在现场，但他早已是众人心目中当然的领袖。

孙中山当选大总统，不仅使革命阵营有了统一的核心，也象征着一个新的中国的诞生，宣告了尚在苟延残喘的清朝皇帝实际上已被废黜，延续了两千多年的封建制度将被共和体制所代替。选举结果一公布，南京城里首先一片沸腾，热烈的程度胜过以往任何一个盛大的节日。

第二十四章

铁路狂想曲

宋查理说：跟孙先生干下去，他将是振兴中国经济的功臣

当了几个月中华民国临时大总统的孙中山履行诺言，让位给了袁世凯。卸下总统重担，孙中山顿觉一身轻松。他与黄兴约定，自己搞铁路，黄兴去搞大西北的开发，共同把民生主义推向一个实际实施的新阶段。

1912 年 4 月 14 日，孙中山从南京出发，准备南下广东，考察铁路建设。宋霭龄犹豫不决，自己是继续在下了台的总统身边工作还是回到父亲那里，她想和父亲仔细谈谈这个问题，孙中山也想见见宋查理，他们便乘坐“联鲸”号军舰悄悄停在了江南制造局码头。

宋查理事先接到通知，已在码头等候。船靠岸后，他登上了军舰，两个老朋友一见面，就对铁路问题谈上了瘾，宋查理非常支持孙中山的弃政修路方针，他说，美国的富强，就是从兴修铁路开始的，铁路一通，沉睡地下的资源很快开发，国民经济就甩开了大步。他完全赞成孙中山的计划，并已着手在资金上想办法。孙中山更是兴致勃勃，两个人越谈越上劲，两个小时过去了，都还意犹未尽。宋霭龄在一旁根本插不上话，也没有机会同父亲谈自己的事。天色已晚，孙中山欣然接受邀请，住进了宋查理家中。

吃过晚饭，孙中山又站在了 1894 年的那幅全国地图前，他兴奋地对着宋查理全家说：“从第一次勾出全国的铁路线，我就为它激动不已。可是那时候若不首先进行革命，铁路就根本无法修建。现在好了，共和革命已经完成，我可以专心致志来实现它了！”

孙中山边说边在地图上用红笔画着：铁路建设的第一步是沟通

全国三大干线。第一条，从广东南海起，经广西，上贵州，进云南，出四川，入西藏，最后北上新疆天山；第二条，从上海出发，过江苏、安徽、河南，经陕西、甘肃，从河西走廊进入新疆，到达伊犁；第三条，起于秦皇岛，穿越山海关进入辽宁，再向西折入内蒙，北穿外蒙古，到达乌拉海。他说，这些铁路完全修起来，每年仅运输收入就可以达到十万万元，很快就可使中国进入世界强国之列……

宋查理一家人听得情绪激动，为孙中山的宏伟蓝图所鼓舞，他们为孙中山描绘的光明前景所陶醉，忘情地鼓起掌来。尤其宋霭龄听到铁路能赚这么多钱的时候，眼睛里闪出了多少天来少有的光芒，她已经对这项工作大有好感了。

宋霭龄拉父亲到了另一间房里，就自己的去向征询父亲的意见。宋查理并没有看出女儿的心思，他毫不犹豫地说："跟孙先生干下去！孙先生已经以中华民国的第一位开国总统名垂青史。他有更大的作为，百年之后更为人们所肯定，他将是振兴中国经济的功臣。你想想看，一位既率领人民推翻封建王朝，又使一个贫弱的民族发展成为世界强国的，全球迄今能有几人？"

宋霭龄欲言又止，吞吞吐吐。宋查理进一步说："我知道你心里想的事了，你是对他不当总统有看法，对吧？你应该看到，孙先生是主动让位，不是竞选下台，不是被人赶下台的。他是中华民国的'国父'，这已成定论。现在功成身退，去搞他更有兴趣的事业，这在争权夺利成风的国度里，是一种伟大的品格和人格，将更会受到人民的敬仰和尊重。当初我们进行革命，是因为不革命就无法进行建设，那是不得已而为之。说到底，革命不过是一种手段，而通过建设使国家富强起来才是我们当初投身革命的本意。1894 年，我们共同绘制那幅全国铁路图的时候，我就看出了他真正倾心的是国家建设。但为了推翻那个阻碍国家富强的腐败政府，他不得不先压制自己的兴趣，先完成革命。应该说现在建设铁路的工作才更符合他的兴趣和愿望，你不应该对他有过多的责难。”

宋霭龄显然已被父亲说动，但她又提出了自己的另外一种担心：“万一袁世凯……”

“噢，这个问题我也有过考虑。不过可以这样想：袁世凯现在还是表示完全拥护共和的，对孙先生也很尊敬。孙先生还是同盟会的总理，今后进行国会选举，同盟会广泛的社会基础必将为他赢得多数，共和制的根本权力在国会。国会通不过的事情，他总统想干也不行。再说万一袁世凯一意孤行，要搞独裁，革命党完全可以把他打倒。从前，清廷驱逐孙中山，他仍能领导民众把一个三百多年的帝国摧垮。现在他的威望更高，社会影响更大，袁世凯胆敢践踏共和，孙中山振臂一呼，岂不是应者云集？我的孩子，这些问题革命党内部已讨论过多次了，你不必疑虑太多，好好跟定孙先生，你会前途远大的。”

宋查理的一席话，像一阵清风吹开了宋霭龄眼前的云雾。孙中山虽然卸下了总统职务，可他在人们心目中仍然是开国总统，仍然是当今中国最伟大的人物之一。她向父亲表示，自己一定跟孙先生走！

这年的7月22日，孙中山被选举为中华民国铁道协会会长。8月，他来到北京，袁世凯以接待国家元首的礼节接待了孙中山。袁世凯对孙中山竭力恭维奉承，对他的话几乎是言听计从。

孙中山也对袁世凯失去了警惕，接受了“全国铁路督办”的委任。孙中山诚恳地对袁世凯说：“今后我们二人分工合作，十年之内，你练精兵百万，我筑铁路20万里，共同使中国走向富强。”

宋查理担任了全国铁路督办司库，与孙中山一起奏响了铁路狂想曲。

宋霭龄直言不讳地向孙中山袒露心迹，结果却使宋霭龄大失所望

宋霭龄随孙中山继续考察，他们一起拜访了铁路工程师詹天佑，向他请教了许多技术上的问题，然后又参观了中国人自己设计施工的京张铁路。

就在孙中山和黄兴热心于“兴实业”，以“奠定中华民国百年根基”的时候，宋教仁等同盟会领导人却在热心于走议会政治的道路，他们接受了章士钊提出的“毁党建党”的主张，积极着手同盟会的改组工作。宋教仁想通过“新旧合作”，建立合法的中国第一大党，进而争取国会选举的胜利，组织责任内阁，以分享袁世凯的政治权力。经过几个月的努力后，同盟会联合了统一共和党、国民公党会以及共和实进会等，在 1912 年 8 月 25 日正式成立国民党。孙中山出席大会并被选为理事长，但他明确表示不行使实际职务，一切党务工作都由宋教仁负责。

10 月，孙中山在上海开办了中国铁路总公司，自任公司总理。宋霭龄又多了一个职务：总理秘书。但她越来越多地流露出“督办夫人”、“总理夫人”的倾向。她处理各种事务时的精明干练令人佩服，但有时过于专断却招致了非议。

1913 年 2 月，宋查理也随孙中山东渡日本考察铁路并筹措资金。一年多来他第一次和女儿朝夕相处，看到宋霭龄在铁路方面的知识大有长进，她已不再只是给孙中山准备资料。在和日本铁路专家谈判时，她往往能抓住实质，提出最需要了解的情况，还不时插话，根据中国的实际情况修正日本专家的建议。宋查理为此感到很满意。但他也发现了宋霭龄的秘密，那就是她对孙中山的其他随员不时流

露出的颐指气使，以及在孙中山谈话、工作时她那毫无顾忌的含情脉脉的注视。凭他的经验，他知道女儿可能已坠入情网。而从孙中山有意无意的躲避中，他知道这仅仅是女儿的单相思。以他回国以来对中国社会的了解，他感到这会损害孙中山和自己以及女儿的名声，徒招非议而妨害正在进行的大业。他感到有必要及早斩断她的情丝，使她能够正常地生活和工作。

在横滨海滩上，宋查理和宋霭龄一边欣赏海边的风光，一边进行着一场艰难的谈话。宋查理装作非常轻松的样子，逐渐把话题引了过来。

“霭龄，看到你这一年来的进步，我非常高兴。现在你都快成半个铁路专家了。”

“是吗？谢谢爸爸的夸奖！”

“很热爱这项事业，是吧？”

“爸爸，我愿意为孙先生的铁路宏图献出我的一切！”

宋查理凝望着远处的海浪，似乎若有所思：“你年岁不小了。除了事业，也该考虑一下自己的终身大事了。”

“爸爸……”宋霭龄有些迷惘。

“告诉爸爸，是不是有了心上人了？”

“这……”宋霭龄犹豫不决。

“噢，出发前有人给我介绍一位刚从美国留学归来的博士，人我已经见过，我和你妈都感到还不错……”

“不！我不要！”

“为什么呢？”

宋霭龄低下头，憋了半天，猛地抬起头来，两眼放出坚定的光芒：“我要嫁给孙先生！”

宋查理迎着宋霭龄的目光，定定地望着。

宋霭龄没有一丝退缩。她的心激烈地跳动，脸上发烫。她早想过了，这事可能会在家中掀起轩然大波，爱激动的父亲也许会跳起来。但她自幼形成的坚毅性格，以及对孙中山越来越强烈的情感，使她有信心承受一切。

宋查理的反应出乎宋霭龄的意外。他并没有发怒和暴跳，而是先笑一声，宋霭龄听出这笑声有些干涩，但她决心不去理会，静等父亲的下文。

宋查理平心静气，不温不火地说："这真是你的想法吗？"

"是的。"

"嗯，你有没有想过，他的年龄跟你父亲一样大……"

"年龄从来不是爱情的鸿沟。"

"他有妻室……"

"我只知道我爱他，别的事不属于我的考虑范围。"

"他是我们家的老朋友，你一直是称呼他叔叔的……"

"在我遇到的所有男人中，他是这个世界上的最强者！我别无选择。"

"那你向他表示过这个意思吗？他的态度怎样呢？"

"我已经多次向他传递过爱情的信息，我相信他会接受的。"

"你凭什么认为他会有和你一样的想法呢？"

"他正在进行一项伟大、艰难的事业。一位哲人说过，每一个成功的男人背后，都有一位伟大的女性。我不敢自命伟大，但是我年轻，受过良好教育，对他有一片赤诚忠心。我的工作受到许多人的称赞，他对我的工作一直十分满意。我认为他要完成他的事业，非常需要我和他一起并肩奋斗。"

"霭龄，现在你来听我说。你崇拜他，喜欢他，这不难理解。四五十岁的男人是最美的，这一点与女人决然不同，四五十岁的男人还不显衰老，且又经历丰富，事业有成，还会疼爱体贴别人，与毛头小伙相比，自然透露出一种成熟之美，但这能否说得上是爱情还要具体分析。你知道，爱情是两个人站在完全平等的地位上，互相吸引，互相爱慕，既不是一个人对另一个人的投靠和占有，也不掺杂任何功利的目的。你现在对他是崇拜呢还是……”

“我就是爱他，爱他，非他不嫁！”

“你现在陷入了一种感情的盲点，你只看见自己，并没有看清对方，也没有看清环境。革命打倒了皇帝，可人们的观念并没有多少改变，老夫少妻在世俗观念中是大受非议的。即使他也同样喜欢你，注意，我说的是即使，而事实上据我观察，他还没有这个意思。即使你们都愿意结合在一起，那么人们也会说，是他欺骗和引诱了你，在他的道德品质上抹上难以消除的污点，使他难于抬头，难于做人；反过来，人们也会说，你是因为贪图他的地位和名声，而牺牲自己的青春。总之这件事的结果，不是有助于他的事业，不是对你勇于献身的高尚情操给予赞扬，而完全会招致一种无谓的非议。你们会被流言蜚语所包围，会被好事者的唾沫所淹死。这不仅坏了我们宋家的名声，也坏了孙先生的大事业。孩子，及早回头，重理思绪，你年轻的生命途中应该是鲜花铺路，而不应该是荆棘横道……”

“爸爸，你的道理也许是对的。但是任何责难和非议都不能使我有丝毫动摇和犹豫！要我打消念头，除非是……”

“除非什么？”

“除非是孙先生亲口对我说他不喜欢我，不需要我！此外，没有别的力量能扭转我的决心。”

“啊，上帝！愿全知全能的上帝拯救你！你迟早会面临一场痛苦而一无所得。”

宋霭龄和父亲这次谈话后的第三天，国内传来了一个令所有人震惊的消息：国民党在国会选举中大获全胜，取得多数席位。就在踌躇满志的宋教仁从上海出发，准备到北京组织内阁与袁世凯分庭抗礼的时候，袁世凯派出刺客于1913年3月20日在上海车站向宋教仁连发两枪，一位革命精英在经历了整整两天的巨大痛苦之后，含恨辞世。

孙中山经历了铭心刻骨的悲怆。但是他还不相信谋刺宋教仁是袁世凯下的手。袁世凯在他面前的卑顺表演还历历在目，他把这件事交给“法律”去解决，自己仍潜心于铁路建设。几年后他彻底放下了这项计划，因为没有一个外国资本家真心实意为他朝思暮想的铁路提供资金。唯一同他签订了合同的是一家英国公司，而这家公司自始至终所做的也没有超出勘测阶段。

宋霭龄直言不讳地向孙中山袒露了心迹，愿意为他的事业献身，为自己崇拜的英雄捧出一片冰心。但这次谈话的结果使她大失所望。她无法忍受这种爱而不得的痛苦，从日本一回来，她就辞去了孙中山秘书的职务，回到上海的家中。

第二十五章

谈钱得婿

傍晚时分流亡日本

当袁世凯动手一个一个解除国民党占据的各省都督职务时，孙中山终于醒悟了。他重新披挂上阵，发动了讨伐袁世凯的“二次革命”。

1913 年 7 月，江西都督李烈钧首先宣布该省独立，接着黄兴在江苏、陈炯明在广东、许崇智在福建、蒋翊武在湖南，都宣布独立。他们发布了讨袁檄文，组成讨袁军，与袁世凯展开了生死对抗。早已部署好大军的袁世凯乘机进攻，匆忙起事、内部涣散的讨袁军不到两个月就土崩瓦解。孙中山只好再度流亡，到了日本。

革命后跟孙中山公开在一起活动的宋查理，再也无法充当秘密同党了，巨大的危险降临到全家头上。

一天傍晚，匆匆忙忙的陈其美跑来通知宋查理和宋霭龄迅速转移。他一进门却被刚刚从美国完成学业归来的宋庆龄的高雅美丽迷住了，他痴痴地盯着宋庆龄竟半天没开口。宋霭龄一拳擂过去：“这是我妹妹，您这么盯着想打什么鬼主意？”

陈其美自觉失态，急忙说：“消息不好，讨袁军据守的最后一个炮台已经失守，孙先生、黄先生已经东渡日本，你们最好马上转移，免生意外。”

“是中山先生告诉的？”

“是的。”

宋霭龄不满地问：“转移？往哪儿转，怎么转？”

宋庆龄接过来说：“既然孙先生已经到了日本，我们当然还是也到日本，在那里会合。”

宋霭龄嘟囔道：“那倒不一定。”

第二十五章
谈钱得婿

宋查理说：“唉，当初要依我的意见，早跟袁世凯摊牌，绝不至于输得这么惨。事已至此，说什么也没用了，我们马上动身，去见孙先生，到那里聚集力量，重整旗鼓，把革命彻底完成。”

陈其美说：“那好，那好！既然定下来，就越快越好，免生不测。”说完就想告辞。

宋霭龄把腰一叉：“大总长，您这就走啊？”

陈其美又转回来：“宋秘……宋，宋大小姐，你还有什么吩咐吗？”

宋霭龄仰着头，眼睛往上翻着，口气阴阳怪调：“噢，革命胜利了，您一会儿都督，一会儿总长，近来又当了总司令，风光得很哪！失败了，您说一声让我们快走就完了？我们这一家人，到日本走大路还是走小路？坐炮弹还是坐电报？您也该有个交代吧？”

陈其美晃晃脑袋：“瞧我这脑筋！一切都安排好了。你们何时走，找一下王竹卿，船已经准备妥了，没有问题。”

宋霭龄头一偏：“哟！您安排他呀？他不是和小蒋替您暗杀陶成章的刺客之一吗？可别到了海上，打我们的黑枪哟？”

陈其美急得满面通红：“哎呀，我的姑奶奶，你今天这是怎么了，你，你……”

宋霭龄扑哧一笑：“好了好了，我是瞧您今天的落魄样儿有点可笑。昔日‘天生冒险家’的风姿哪儿去了？用得着这么心慌吗？好！感谢您来通知我们，又做了周密安排，咱们日本再会。拜拜——”

陈其美好生尴尬，赶忙说：“拜拜，拜拜。我先走了啊。”说完急忙夺门而去。

看着陈其美狼狈而去的样子，宋霭龄拊掌大笑。宋庆龄看着姐姐诚恳地说：“姐，人家好心来通知我们，你怎么尽出人家洋相。这好吗？”

宋霭龄牙一咬：“你瞧他色眯眯小样儿！进了门就直顾瞧

美人……”

宋庆龄脸一红：“姐，瞧你！”母亲倪桂珍拍了一下宋霭龄的肩膀：“亲姐妹间，也没个正经！”说完转向宋查理，“快说说看，都是谁走，怎么安排？”

宋查理坚决地说：“都走都走！留下谁，袁世凯都不会放过。马上整理东西，只带最重要的，然后把家封了。今晚就出发！”

当晚，宋宅遭到乱兵枪击，玻璃全被打碎。但这时宋查理全家人已经登上了青帮的大木船，趁着黑夜悄悄驶离了长江口。

宋查理全家在日本神户上岸。为与东京的孙中山近一些，他们又移居横滨，租了海滨山上的一幢楼房。从这里可以俯瞰东京湾，这里是外侨中上流人士居住的地区。孙中山摒弃了“十年不过问政治”的宣言，宋查理恢复了昔日和孙中山的密谋，他们共商反袁大计，制定新的建党纲领。孙中山的寓所成了当然的流亡者总部，每日来聚会的革命者络绎不绝。看到孙中山忙碌不堪的情景，宋查理要求宋霭龄重新回到孙中山身边，继续担任秘书。宋霭龄推说不适应这里的气候，身体不太舒服，要等几天看看再说。

宋庆龄参加了流亡者总部的工作，她思路清楚，眼光敏锐，剖析事理直中鹄心，不为表面现象所迷惑。她没有个人企图，一心一意做好流亡者的组织工作。她文静、谦让，善与人处，很快博得众口一致的称赞。

孙中山听从宋查理的劝告，亲手写了一张条子，对宋霭龄的身体健康表示慰问，并请她康复以后，能尽快回到自己那里工作，他需要她协调处理那些繁杂的具体事务。

两天以后，宋霭龄神采奕奕地出现在孙中山面前。孙中山热情地同她握手，表示在她离开的日子里，许多事情都显得乱糟糟的，希望她能帮助他尽快恢复以往有条不紊的工作秩序。

宋霭龄满怀信心，在孙中山办公室一角安下了她的小桌，并以她的干练很快把孙中山从文牍纸堆中解放出来，使他有时间和精力考虑比较重要的事情。

孙中山顿显轻松。

宋查理请客，谈钱得婿

一天上午，日本友人犬养毅来孙中山处访问，两人就中国国内局势密谈之后，换了一个轻松的话题。

犬养毅说："让我就几个问题提问一下，你要从自己的真心出发，迅速回答我，不要犹豫，不要拖泥带水，是什么就直接说什么，行吗？"

孙中山点头应允。

犬养毅问："你最喜爱的菜肴？"

孙中山答："广东客家菜。"

"你最喜爱的事业？"

"铁路建设。"

"你最喜爱的品格？"

"坦诚无欺。"

两人问答的速度越来越快。

"你最喜爱的事物？"

"女人。"

"其次呢？"

"革命。"

"再次呢？"

"书籍。"

犬养毅狂放大笑："孙博士，你的确是位直来直去的可爱的大炮，我原以为你会像其他政治家一样，把革命放在第一位。没想到你不仅承认了喜欢女人，而且把她放在革命之前。好，我尊重你的隐私，绝不把此话外传。"

宋霭龄开始听他们对话的时候，并没有在意。听到后来，也来了兴趣，坐到了他们旁边。当她听到孙中山说最喜欢女人的时候，不禁一股春潮涌上心头：经历了二次革命的失败，孙中山先生的心情是否有所变化？他把自己重新召回身边，除了工作上的需要，是否又有了别的考虑？犬养毅大笑并且说那一番话的时候，宋霭龄立即接了过来，对犬养毅说：

"这有什么奇怪？人都有七情六欲，即使伟大的人物也不例外。难道一旦当了政治家，除了革命别的就不能想，非得做禁欲主义的苦行僧吗？连中国古书上都说'好色不乱乃英豪'呢！"

"不！"孙中山站了起来，"你们都把我的意思领会错了。我刚才讲的是'WOMEN'，她既包括姑娘、少女，也包括母亲。我想，千百年来，女人总是男人的附属品或玩物，充其量做个贤内助。然而我认为，她应该和母亲是同义语。当妈妈把她身上最有营养的乳汁喂给自己的孩子的时候，当妻子把她真诚的爱献给丈夫的时候，她们的牺牲是那样无私和高尚，这难道不值得爱吗？可惜，我们好多人却不珍惜这种爱，践踏这种爱。"

孙中山的一席话，说得犬养毅连连点头，它显出了孙中山作为一个革命者的情操和胸怀，激起了他对孙中山的敬佩。孙中山这样说明自己的"爱女人"，无论如何，要比局限于男女私情的"爱女人"高尚和伟大。

犬养毅默然称是。宋霭龄默默地离开了他们坐着的榻榻米，回到了工作台前。这次谈话彻底打消了宋霭龄的一切幻想，她把精力都用到实际工作中，扎扎实实做自己分内的事。

转眼到了 1914 年春天。

第二十五章
谈钱得婿

黄昏，料峭西风，潇潇暮雨，街道上稀疏的行人缩起了脖子，脚步匆匆。海滨山上的宋家楼房里，灯火通明，壁炉的火光一闪一闪，把整个房间烘得暖洋洋的。宋庆龄兴致勃勃地同妈咪谈着，她对孙中山流亡海外，仍坚定不移地进行他理想的革命事业，表现出由衷的敬佩。两个小弟弟子安、子良也在专注地听着。大姐宋霭龄却有些心躁，不时朝门外望去。下午她接到父亲的通知，要她早点回家，说是有一位重要的客人来与全家共进晚餐。她猜不准会是一位什么样的客人，与自己有什么关系。

宋查理终于出现在客厅门口，相随而来的是一位慈眉善目、身材微胖，约有三十四五岁的男子。宋查理扫视了一眼家人，大声而略带激动地介绍道："这位是孔子第75代孙、山西首富孔祥熙先生。"

"Hello！"宋霭龄热情地同客人握手，表示了她的欢迎。

宋庆龄身子没动，只故作惊讶地大声说道："噢，圣人！"

就因为宋庆龄随口而出的这一句，孔祥熙在宋家终生得了"圣人"的绰号。孔祥熙脸上微微发了一下红。宋查理对宋庆龄的举动很不满意，但也只白了她一眼，没有再说什么。

宋霭龄这时已经25岁，她对在孙中山身边整日处理那些烦琐的事务有些厌倦，正想物色一名有作为的男子完成自己的婚姻大事。宋查理这天带孔祥熙参加家宴，就是基于这种考虑。

孔祥熙出生于山西太谷县城西的程家庄，他的曾祖父曾和一位姓孟的秀才争夺拔贡失败，气得咯血而死。临终立下遗嘱，不许子孙再进考场，孔家从此弃儒经商，居然发了起来，银号、当铺开到了太原、北京、广州，一度成为山西首富。但孔祥熙的父亲孔繁慈后来吸上了鸦片，到孔祥熙1880年出生的时候，一大份家业已在烟雾中飘散得差不多了。孔祥熙所谓"山西首富"的家门，其实已是隔辈的神话了。

孔祥熙的祖居院中因有一口水井，村里人呼之为井儿院。孔祥熙就出生在井儿院西厢房的土炕上。他 3 岁时母亲死去，六七岁时就流着两股清鼻涕，蓬头垢面地和村里的孩子一起到县城捡煤核（山西产煤炭，太谷一带却无煤矿），后来在叔叔的坚持下才进了学堂。

太谷虽然是一个交通不便的内陆小县，但外国传教士已在这里扎下了根基，教会扶助教育，给人治病，千方百计拉人信教。孔祥熙在教会医院治过一次病后，也信奉了基督教。他是在极端秘密状态下加入基督教的，因为当时大多数中国人对教会没有好感，信教者有被孤立和遭人另眼相看的危险。但是后来情况表明，孔祥熙信教一事给他带来一生享用不尽的好处。

孔祥熙在北京协和书院学习时，协和书院有不少外国学生，孔祥熙因为信教的原因，和这些外国同学来往较多，这成为他鸿运来临的契机。1900 年义和团兴起时，山西有 159 名外国传教士被杀。孔祥熙在太谷基督教福音院也险些做了义和团的刀下鬼。他因为熟悉地形，得以逃脱。后来八国联军攻进北京，进行疯狂报复。孔祥熙为避免家乡遭受兵燹之灾，利用与外国学生的关系，在山西政府和联军指挥官之间牵线搭桥，进行斡旋，从而达成了一项秘密协议，避免了外国军队在山西的烧杀掳掠，也使急于发财的外国财团打开了山西的门户。孔祥熙处理教案的立场和才能，受到清政府和基督教会两方面的赏识。清政府为此授予他一枚龙图勋章，基督教华北卫理公会向他发出了到美国留学的邀请。他没等完成协和书院的学业，即由美国基督教会邀请、清政府公派，到美国留学。在美国，他先后获得奥柏林大学文学学士和耶鲁大学经济学硕士学位。

孔祥熙在美国读书期间向美国人说明，以前所以发生外国传教士被杀事件，是因为中国下层人民愚昧无知，他要求美国人提供帮助，兴办学校。他说如果中国人有了文化，就会认识到外国传教士到中国完全是为了拯救中国人的灵魂，就会高高兴兴地和美国人拜倒在同一个基督面前。美国人拨出了中国庚子赔款中的75万元，在太谷建立了奥柏林大学分校，孔祥熙把它命名为铭贤学校，出任校长，博得了很大名声。

辛亥革命爆发时，孔祥熙积极响应，组织了巡防队和学生军，守护县城。孔祥熙知道自己的才能不在领兵打仗上。后来清军进犯山西，在娘子关前线，他把军队交给了山西都督阎锡山，自己做了阎锡山的经济顾问。

孔祥熙在家乡时曾娶了教会中一位温柔漂亮的韩女士，生活温馨甜蜜，不料几年后韩女士因肺病死去，加上袁世凯到处迫害革命党人，孔祥熙心情沮丧，也离开山西，加入了东渡日本的“自由主义者联盟”，经王正廷推荐担任了华人基督教青年会总干事。

宋查理就是在拜访基督教青年会时见到孔祥熙的。这时的孔祥熙身上，早没了那个捡煤核小男孩的痕迹。孔门家学和西洋文化的熏陶，使他显得学识渊博，谈吐不凡。孔祥熙信奉基督教和在革命中的表现成为宋查理特别赏识的两大要素。摸着了宋查理的脾气，孔祥熙已在进入宋家门之前，把这些经历添油加醋地刻在了宋查理心上。宋查理认为他是一个精明的、有实干精神的青年，日后大有造化。他把孔祥熙带进家门，希望大女儿能够慧眼识人。

餐桌上，宋查理安排孔祥熙和宋霭龄分坐在自己左右。当一道道中国菜摆上来的时候，这些流亡异国的人渐渐忘记了屋外的凄风苦雨，沉浸在一种乡音乡风的欢乐之中。

孔祥熙虽在美留学多年，英语说得很地道，可一说起中国话来，就总变不了那股老陈醋味儿。他家乡话中有爱用重叠词语的习惯，一些字奇怪的发音，让听惯了上海“洋泾浜”的宋家人感到好奇和新鲜。不一会儿，宋子良、宋子安就学会了好些。他们一会儿喊“拿过酒壶壶，俄来满”，一会儿说“一槐人一个花碗碗”，“俄吃不了这底些，马刻拿走”，倪桂珍怕孔祥熙难堪，申斥他们，孔祥熙却并不着恼，这些佐料的加入，反倒增加了家宴乐融融的气氛。

这一晚，宋霭龄显得特别活跃。晚宴开始不久，她忽然记起在美国的一次华人聚会上，曾和孔祥熙有过一面之交。他们两人都不是那种在公众场合能引人注目的富有魅力的人物，当时彼此印象不深，但在今天家宴上重提这件事，却使两人谈话如同炭炉浇进了煤油，分外热烈起来。他们以故知旧友的身份叙谈，成了宴会的中心。

在宋霭龄的询问下，孔祥熙谦恭地介绍了自己的家世。虽然刚才受到宋庆龄的抢白，他还是在委婉含蓄的措辞里，首先证明自己确实是孔子的直系后裔：明朝万历年间，孔子第62代孙孔宏问宦游三晋，曾任太谷县令。因相中太谷这块风水宝地，告老之后，未回山东，在太谷定居下来。孔门这一支从此在那里繁衍生息，至今族谱不乱。宋查理对这一点非常看重。他过去游历曲阜时曾在孔府大门上看到这样一副对联：

与国咸休安富尊荣公府第
同天并老文章道德圣人家

这副对联给宋查理留下了深刻印象。他认为在中国，还没有哪个家族可以和孔家相比。孔子创立的儒家学说是对世界文明的一个贡献，在中国几千年来一直处于独尊的地位，历代帝王都要举行祭孔大典。孔子的后裔不论散落何地，一直保持着纹丝不乱的排辈，这是中国一个古老、神圣的家族。自己出身寒微，子女受的都是西洋教育，对中国传统、中国文化都缺乏很深的了解，如果能有一位出自圣族名门的乘龙快婿，宋家就会比较容易为传统观念很深的国人接受。同时，这种结合，中西合璧，不仅形成一个具有巨大优势的家庭，还会孕育出既有传统文化，又有现代观念的优秀子女，对未来的中国产生重大影响。

孔祥熙对家世的介绍隐去了幼年贫穷的历史，说成是一直在山西首富的优越环境中长大。他终生也从未透露过家道中落的那一段历史。他认为不论什么原因，贫穷都是一种耻辱，必然招致别人的鄙视。

宋霭龄对孔祥熙感兴趣的倒不是他是孔子的第几十几代孙，而是他的“山西首富”地位。她对孔祥熙第一印象良好。尽管孔祥熙比自己大了十岁，但毕竟还处于人生的黄金时期，比原来朝思暮想的孙中山朝气蓬勃得多；孔祥熙虽没有孙中山的名声显赫，但他有财富，而且善于使用这些财富；再说孔祥熙在美国受过教育，有相当才能而又性格随和，便于驾驭，日后对自己必定是言听计从，这一点非常重要！

家宴结束后，宋霭龄把孔祥熙留在了客厅，继续进行愉快的长谈。

第二十六章

孙宋连理起波澜

孙中山与宋庆龄相爱

孔祥熙参加宋家家宴后没几天，宋霭龄就正式向孙中山提出了辞职。孙中山舍不得失去这样一位好助手，沉默了好一会儿才开口。他语调沉缓，高度评价了宋霭龄几年来的工作，赞扬了她的精神、办事能力和负责态度，并对宋霭龄做了诚恳挽留。孙中山说，如果准备结婚，以后可以多留一些时间处理家务，每天只要能来两三个小时，帮他处理一下最重要的事务，他都将非常感激。

宋霭龄突然发现孙中山好像苍老了许多。辛亥革命给历尽千年黑暗的中国带来一线曙光，结果袁世凯的独裁统治又把国家投入黑暗之中。这对革命者来说实在是一段非常困难的时期，人民的失望情绪达到了极点，孙中山自己也同样心情沮丧。二次革命失败的打击，自身面临的危险和党内的涣散状况使他心力交瘁。他正着手做国民党的改组工作，以使党能够统一意志，坚强有力地承担起倒袁、重建共和的重任。孙中山要求所有党员都要在誓词中写明“服从孙先生”，并加盖指模。这一条遭到党内不少人反对。一些多年的战友，包括黄兴等，几乎为此闹翻。孙中山需要一种依靠，特别是需要身边有一个忠实能干的秘书。宋霭龄这时候离开，他心中自然不忍。为孙中山至诚感染，宋霭龄差点答应留下来。但她忍住了，沉默了一会儿，终于决心彻底离开。她向孙中山推荐了妹妹宋庆龄来接替秘书工作。她介绍说，宋庆龄非常崇拜先生，热情高，意志坚定，是一位凡事务求完美的理想主义者，她在各个方面都比自己更强，肯定能干得更好。孙中山默默地点了点头。

这一天，两人没再说话。宋霭龄处理了手头紧急的事务，把其他的案卷作了清理，未完的事情都加了说明性的文字，为宋庆龄能很快进入角色开展工作做了准备。

宋霭龄下午离开的时候，孙中山中断了和党内干部的谈话，亲自送出门外，握手道别后，又一直目送她的车子远去。

樱花烂漫时节，宋霭龄和孔祥熙以闪电般的速度定下了他们的婚事。4 月的一天，他们的婚礼如期举行。横滨市一所小教堂里就传出悠扬的《婚礼进行曲》。和十几年后蒋介石、宋美龄在上海举行的婚礼相比，孔祥熙、宋霭龄的这个婚礼简直是太简朴、太寒酸了。但是简朴的婚礼却产生了强大的动力，孔、宋的结合创造了中国首屈一指的家族财富奇迹。

宋庆龄接任秘书后，她不仅在工作上帮助了孙中山，更在精神上支持了孙中山。她对革命的赤诚炽烈之心，如同一支火炬照亮了孙中山一度灰暗的心。现在他精神焕发，信心倍增，浑身都流淌着青春般的血液，改造国民党的大业进行得卓有成效。

1914 年 7 月 8 日，孙中山创立的新党——中华革命党在日本正式成立。

孙中山真切地感受到了宋庆龄对他事业的重要和精神上的支持。要真正完成他的革命大业，他的身边不能没有宋庆龄，她是他精神的太阳，宋庆龄也由衷地爱着孙中山，愿意为他和他的事业献出自己的一切。他们尽力保守着这个秘密，但是一年之后，宋庆龄和孙中山相爱的消息仍传了出来。宋霭龄是宋家第一个听到消息的人，也是感到刺激最大的人。

宋查理感到全家人忽然都成了哲学家：宋庆龄是理想主义，宋霭龄是实用主义，自己是“违心”主义，妈咪呢，好像是虚无主义

宋霭龄先向父亲谈了这件事。宋查理不相信这会是真的，他跟

孙中山接触频繁，也经常见到宋庆龄，并没有发现过任何蛛丝马迹。但宋霭龄保证这事千真万确。她说，尽管他们的相爱极其秘密，可我有最最可靠的情报。宋查理要宋霭龄不要激动，让自己认真想一想。宋霭龄说，好的，我等着您的意见。

宋查理屏退宋霭龄，独自在房间里走来走去，最后他歪倒在榻榻米上，陷入了沉思。

自己和孙中山刚刚认识的时候，霭龄 4 岁，庆龄 1 岁。多年来，不论孩子们在国内还是在万里之外的美国读书，自己一直在给她们讲孙中山的伟大品格和革命思想，希望她们能像自己一样，追随孙先生的革命事业，为国家的新生和富强而努力奋斗。自己一直把孙中山看作家族中的一员。没有什么事情对孙中山隐讳，也同样没有对孩子隐讳。她们也一直称孙中山为叔叔——这是妥当而放心的称呼。但是没有想到她们一到成年，不仅把聪明才智献给孙中山领导的事业，而且还要把爱情献给孙中山。先是霭龄，爱得那么痴迷，幸亏自己及时点拨，她才抽身，没有给自己和孙中山的友谊投下阴影，现在庆龄也陷入了这个误区。究竟是自己给她们灌输的东西出了偏差还是另有他因？他苦苦思索，检讨自己多年来的一言一行，没有什么不妥当的地方。可究竟为什么呢？对，一定又是青春期崇拜。女孩子到了青春期必然会对异性产生了解、爱慕的渴望，而首先吸引她们的自然是她们接触到的活生生的男人。她们会在诸多异性中比较、选择，而能让她们倾心的对象当然是其中的最优秀者。她们只管把自己的感情向这个男子倾注，并不管对方的身份、家庭、年龄等状况，不考虑实际可行性。她们会把这个人神化美化，想象得完美无缺，然后做出在成年人看来不可思议的事情。比如一个未成年的女孩子会向一个电影、戏剧里的男人写去肉麻的求爱信，一个丑陋的山里女人会把自己想象成为皇上的妃子。说到底，这只不过是她的偶像而已。对此要给予适当引导，不可以听之任之——随着她们的成熟，她们自然会放弃这种幼稚可笑的行动，用不着大惊小怪，压力过甚反而容易产生心理障碍，弄出悲剧。

宋查理把自己考虑的结果讲出来的时候，宋霭龄大叫起来：“不！完全不是这样。庆龄留过洋，受过高等教育，她不是你说的那种无知无欲的女孩子，而且她已经20岁了，也过了那种发痴呆的年龄。如果不采取措施，她会把这变成事实的！”

宋查理惊住了，是的，霭龄说得完全正确。自己刚才是想偏了，庆龄是一个有思想、有抱负的大姑娘了，她不会再陷入那种误区。天啊，先是霭龄有这种想法，阻止了霭龄，现在又出来个庆龄。阻止了庆龄，下面还有个美龄呢？难道冥冥中真有一种叫做命运的东西，注定宋家的一个女儿要和这位自己多年的朋友结合吗？如果真是那样，莫不如尊重庆龄的选择？宋查理语调沉缓：

“既然庆龄是一个有责任有能力的大姑娘了，那么她在爱情的选择上应该是自由的，我们不能多加干涉了。”

宋霭龄本来要跳起来了，但她很快控制了自己。反应过分造成和父亲对立，反而可能促成这件事。请将不如激将，何不从反面激一激，看父亲的反应再说。

“爸爸，这是您的真实想法吗？当初你怎么对我说的来着？什么年龄的悬殊，教义的约束，家庭的丑闻，社会的影响……那么振振有词，那么理由充分，今天怎么全变了呢？难道您受到什么压力，向谁屈服了吗？难道为了什么好处，要出卖自己的女儿吗？”

“你，你胡说什么？”宋查理果然大怒了。

“既然如此，您为什么不阻止这桩蠢事呢？”

“这件事有些不妥，我们可以对庆龄提出忠告，让她自己处理。在一个新型的家庭里，恐怕不能采取硬性措施。那样这件事的传播范围会扩大，对她不好，对我们其他人的形象也不好。”

“忠告是没有用的，爸爸！必须采取行动。如果这成为事实，那将比采取过头的行动更难堪。”宋霭龄寸步不让。

“这得让我再想想。”

“我已经想了！现在国内的危险已经不大，我和祥熙也准备回去，到他说的那个‘中国华尔街’去看看。我们全家都乘船返回国内，这样就理所当然把庆龄也带走了，没有任何影响，不会引起任何猜测和动荡，这是最体面也是最有效的方式了。”

“我跟庆龄谈谈再作决定吧。”宋查理已经有些松动了。

“不要谈，这事要做就得干净利索。把船备好，叫上她就走，否则，谈过之后，她不同意走怎么办，采取强制办法吗？她嘴上不说，躲起来怎么办，兴师动众去搜查寻找吗？岂不反而搞得满城风雨了？”

“我们跟孙先生怎么讲，他对这样做怎么看？几十年的友谊难道就这样打碎了吗？”

“这样做正是为了维护我们之间真正的友谊。假如事情发生了，不仅损害我们宋家门风，也对孙先生非常不利。我们这样做他会理解的。”

“依你说来我们只好这样了？”宋查理仍有些犹豫。

“我们别无选择！爸爸。为了您呕心沥血建立起来的这个家，为了孙先生的革命大业，我们只能如此。”

宋查理长叹一声：“好吧，只是这样做我总感到对不起孙先生，也委屈了庆龄……”

“爸爸，您把公务上的事处理一下，家事我来安排，我现在正好没多少事，可以为爸爸分忧。”宋霭龄说完带着一脸的刚毅果决告辞了。

“分忧？谁知道是分忧还是添忧呢？”宋查理望着宋霭龄的背影喃喃自语。

1915年春天，宋查理突然宣布全家结束流亡生活，返回上海。

宋庆龄表示反对，她要求继续留在孙中山身边工作，因为改造党的工作非常紧张，她已熟悉情况，突然走开影响整个进程。但是她的意见没人理睬，一切都安排好了，她没有时间也没有办法再和孙中山联系，便被带上船，连夜驶回国内。

在此之前，宋查理已经在上海霞飞路新购了一所砖结构的房子。他知道危险并没有过去，单独住进虹口的老家，难逃袁世凯的迫害。而这所房子在法租界之内，袁世凯不能在这里肆无忌惮地行动，更重要的是宋霭龄认为这里能受到青帮的保护。她通过陈其美已经和黄金荣、杜月笙建立了密切的关系，黄麻皮是法租界内的警探头子，杜大耳朵手下喽啰成群，抢、绑、杀、偷无所不为。他们的威慑力足以使想对宋家下手的人心存后顾之忧。

回国的船上，宋庆龄一直在猜测。她在家庭中从没有受到如此对待，没有人愿意听自己的意见，甚至不允许自己发表意见，实际上变成了被裹挟而去。她已预感到是因为自己和孙中山相爱的事情。她不急不恼，决心和父亲敞开谈谈。她有充分理由，爱情是不以年龄、贵贱、贫富、种族、肤色而被隔绝的，真正的爱情是心灵的沟通，是摒弃一切利害关系的超凡脱俗的两性间的相互吸引，古来多少父母干出过棒打鸳鸯的蠢事，结果不仅毁了子女的幸福，也造成了终生的悔恨。扼杀爱情，是旧世界最落后最不人道的行为，一个革命者怎么可以走这样的老路呢？父亲在美国生活过，中国旧式的不人道的理学观念应该很少，怎么突然变得像个封建卫道士一样了呢？她认为这中间一定发生了某种误会，或者中了不安好心的人的诡计。她相信自己可以说服父亲，父亲最终会支持自己，尊重自己的人生选择的。

这一路宋查理内心也十分矛盾，他不敢面对庆龄，怕看她那双眼睛，也怕听她的理由，他知道自己拿不出充分的道理去说服女儿。一旦交谈，投降的可能就是自己。宋查理采取了躲避的办法，一路上一直和霭龄待在一起，不给庆龄这个机会。

回到上海后，杜月笙拜访了宋查理，实际上主要是拜访宋霭龄。宋霭龄通过陈其美已经和杜月笙相处得火热了，这次回来还带了陈其美给杜月笙的信和一些小礼品。杜月笙来的时候，前面是一车保镖，后面又是一车保镖，他自己坐的车则在中间，旁边还有贴身保驾的。别看杜月笙在上海滩上威风凛凛，又比宋霭龄年长，但在宋霭龄面前却很谦恭随和。宋霭龄招待他的时候，杜月笙反而亲自给孔祥熙和宋霭龄各削了一只苹果——孔祥熙第一次看见有人可以把削水果变成一门艺术：杜月笙左手一下抓了两只苹果，右手水果刀上下翻飞，眨眼之间，两条绿绸子般的苹果皮就抖了起来，两只苹果晶莹剔透，浑圆之态不减于带皮之时。原来杜月笙曾是上海跑马场前卖水果的，后来投到青帮门下。他最善于揣摩人心，能把人捧得心里痒绒绒的舒坦而又不露故意捧人之嫌，因此在青帮中地位迅速上升，渐渐地连他最初投靠的黄金荣也不得不让他几分。当然，现在他远没有达到他的巅峰时期，不过，他已看出宋霭龄的心计将会使她成为一个举足轻重的人物。他现在就要巴结讨好她，在这个时候为她提供安全保障，将是最好的感情投资。当杜月笙表示随时听从差遣的时候，宋霭龄认为现在当务之急是防止宋庆龄和孙中山的婚姻成为事实，但现在还用不着杜月笙的流氓打手，她自己完全有办法对付这件事。宋霭龄托人介绍了一位名门子弟，匆匆来家见了一面，即由宋查理宣布了宋庆龄订婚的消息。

宋庆龄真急了，她大声抗议：在这样的家庭里，还出现包办婚姻，什么打倒封建，什么实现民主自由，都是假的，口口声声谈论革命，都是假革命！宋查理听后十分痛苦，他回顾自己一生走过的道路，追求民主平等，主张个性解放，为什么到了自己家庭的问题上，反而成了封建卫道士的角色，为什么要剥夺女儿的自由？她有爱和被爱的权利呀！还有由此带来的和孙中山的关系问题，该怎么处理才好？

但是宋霭龄希望父亲支持自己，这样宋庆龄自然会回心转意。她对父亲说：“庆龄会找到新的爱情，将那段梦幻般的经历忘掉。我们并没有得罪孙中山先生，他没有正式向庆龄求婚，没有向宋家的家长表示过这个意思，我们当然不知道他有过什么想法。一切都会悄悄平息。事后大家都会装得像没有发生任何事情一样，根本用不着顾虑。”宋霭龄还建议父亲，为防止出现不测，应该把庆龄看管起来，在结婚之前不能让她随便活动。宋查理惊叫一声：“这不跟山野村夫封建顽固们的做法一样了吗？我们新式文明家庭里怎可以做出这样的事？”宋霭龄微微一笑：“是的，这做法是陈旧了一点，但过去那么多人家采用它，就说明它有效、管用，有效管用的就是好的，就不要再瞻前顾后。譬如我们的革命也是这样，要从袁世凯手中夺回权力，什么办法管用就用什么办法，通过国会选举能牵制他，就谋求在选举中取胜；武力可以打倒他，就动用武力。我们办事都是先考虑效果，而不是先考虑手段，只要能达到目的，什么办法都可以用……”

宋查理又征求妈咪的意见。妈咪是家庭中的铁腕人物，对孩子们要求素来严厉。宋查理没想到妈咪并没有比宋霭龄的态度更激烈（宋查理没有想到霭龄的态度是掺杂了个人情感因素的，如果想到这一层，他也许早就能站在庆龄的立场上慎重地考虑）。妈咪只说了一句：“基督保佑！”宋查理感到全家人忽然都成了哲学家，宋庆龄是理想主义，宋霭龄是实用主义，自己是“违心”主义，妈咪呢，好像是虚无主义，她说的更像一句禅语，让自己一时猜不透。基督保佑，保佑什么？保佑对庆龄采取软禁吗？保佑庆龄的追求实现吗？宋查理实在犯难了。

宋查理来晚一步，宋庆龄和孙中山已经在日本著名律师和田瑞的主持下举行了简朴的婚礼，迎接他的是一对新人幸福的笑脸

事实上，宋庆龄被软禁起来了。现在她完全失去了自由，被关在房子里，由女仆看着，不许离开房间半步，不许和外界接触，只等着成亲的日子。宋庆龄悄悄地给孙中山写了信，问他现在是否还需要她，自己应该待在家里还是仍回他身边去。负责看管她的女仆同情她的境遇，站在宋庆龄一边，把这封信秘密带出去送到了邮局。

孙中山很快回了信。假使没有女仆的聪明机智，这封信可能就落在了别人的手里，那样历史也许就要重写了。孙中山在信中鼓励宋庆龄立即回到他身边，在感情和事业上他都非常需要她。宋庆龄受到鼓励，她不再孤单，她有了精神上的援军，有了回归的大本营。她决定逃脱家庭的樊笼，到日本去和他相会。

宋庆龄再一次得到女仆的帮助。女仆在楼梯上望风，宋庆龄打开后窗，利用撕开的床单，从二楼下到了地面，然后赶往港口，乘上了一艘开往日本的轮船。

发现庆龄离家出走，宋家上下乱成一团。妈咪担心庆龄安全。宋霭龄大嚷着："私奔，私奔！一个姑娘家做出这种事，丢尽了全家的脸面。"她主张派人去把宋庆龄追回——她是完全能做得到的。宋查理否定了宋霭龄的意见，宋家的事只能由宋家的人自己处理，绝不能动用外人，更不允许青帮插手。宋霭龄知道宋庆龄这一去，事情已无可挽回，父亲又是这种态度，于是立即又变了口气，反过来劝宋查理别生气，顺水推舟成全他们好了。宋霭龄说："这一来，以前一直和您称兄道弟的前大总统孙中山，就自动降了辈，成了您的

女婿，今后再见面，您就是他的岳父大人了。”这大大刺激了宋查理，他对宋霭龄大发脾气：“先前主张采取激烈措施的是你，但你只出主意不出面；现在弄成了这个样子，又反过来装好人，说风凉话，好像一切都是我这做父亲的不是。”宋查理带着一肚子怒气匆匆赶往日本。

宋查理在神户上岸后又换乘火车赶往横滨，他本是想来阻止这桩婚事的，但是却来晚了一步。他一路风尘赶到的时候，宋庆龄和孙中山已经在日本著名律师和田瑞的主持下举行了简朴的婚礼，迎接他的是一对新人幸福的笑脸。

爱激动的宋查理还是向两人发泄了一通不满。孙中山一言不发，宋庆龄向父亲作了解释：这一切均出自自己本心，父亲应为他们祝福而不是发怒。她拿出了两人订立的婚姻誓约书给父亲过目。誓约书已经律师公证并由当事人签字生效。

木已成舟，一切都无可挽回。宋查理怀着复杂的心情默默返回上海。他告知家人说：“庆龄已经和孙中山正式结合了。”

尾　声

辉煌永驻

史家把宋庆龄的婚波说成宋氏家族的第一次分裂，不无一定道理。应该说这是一次感情的分裂，抑或说是与传统习俗的决裂，这种决裂是寓在情理之中的。不是吗？自从宋查理发誓要与清廷为敌，要把三姐妹、三兄弟送到西方留学之时，已埋下了种子。“革命”一词，含义深奥，它不光包括革皇帝老儿的命，同时也包括荡涤一切千年封建礼俗、婚俗。宋庆龄与孙中山的结合，应该说是与革命的结合，应该说宋查理是这“革命”结合中的红娘，不管宋查理接受不接受这个现实。宋查理之所以对此想不通，主要是出于革命之外的常人之情。如今革命革到他自己头上来了，他不能不反思。直到他认定这是革命之理时，他才从痛苦中解脱出来，与孙中山握手言和。不过，宋查理在解脱中，也付出了沉痛的代价——他身体急速地垮了下来。

这是一天黎明。

在上海的家中，宋查理一觉醒来，推推倪桂珍道：

“妈咪，我错了。”

“查理，你说什么？”倪桂珍睁开了双眼。

“我是说，我们不该对庆龄那样，我对不住女儿和中山先生。”宋查理说着说着泪水潸潸。

“当初，我们教育女儿的是革命，如今革到我们头上了，我们还想不通。这不是我们的错误吗？”

“一切都是上帝的安排。我早就对你这样说，你偏不信。”

“我们革命，不是要革去女儿，而是要革去千年伦理观念，现在我醒悟了。”

“醒悟了就好。”倪桂珍道，“昨天我从报纸上看到袁世凯要在北京称帝，把中华民国改制为中华帝国，以 1916 年为洪宪元年，并定在元旦举行中华帝国皇帝登基大典。”

“这个该死的袁世凯，我与他势不两立。”宋查理挥拳坐了起来，“中国革命非中山不能力挽狂澜！中山，你在哪里？”

这是宋查理对孙中山的召唤，也是反思后对革命的召唤。

“查理，你不要激动！”倪桂珍提醒丈夫，“你身体一直不好，这样会闹出毛病来的！”

说话间，宋查理喷出了一口鲜血。倪桂珍及时把宋查理送进了医院，大夫确诊为胃癌晚期。

宋查理从昏迷中醒来，告诉妻子道：“妈咪，我们对不起庆龄和中山，快把女儿嫁妆置办一下送去，不然，我心里不会平静的。”

倪桂珍含泪点点头。

在宋查理心里，社会上流传他与孙中山先生关系恶化的流言蜚语太多了。在宋查理的叮嘱下，倪桂珍在租界买了一套精美的家具，故意张张扬扬送给孙中山夫妇。当宋查理得知这一切办妥时，他高兴地说：“我想见见逸仙和庆龄。”

袁世凯称帝不到两个星期，革命形势又有新的变化，南方传来了蔡锷通电独立的消息，反对袁世凯复辟称帝，并组织护国军讨袁。不久，全国纷纷响应，揭竿而起。慑于全国上下的愤怒声讨，黄袍加身的袁世凯登基 83 天后，便一命呜呼。这时，孙中山夫妇为领导全国的反袁运动，从日本回到了上海。宋查理见到了孙中山夫妇，革命重新成了他们言谈的话题。

当两双大手重新握紧时，一场“护法运动”的协议就这样达成了。

护法舰队在宋查理的巨款支持下，从上海起航，开往广东，带去了宋查理对革命一如既往的支持，他盼望着孙中山领导的护法运动旗开得胜。

然而，反动势力太强大了。在南方，桂系、粤系、滇系等各派军阀为了自己的既得利益，演出了暗中排挤孙中山的丑剧，使护法行动备受掣肘，“护法大元帅”徒有虚名，后又从暗中排挤走向公开反对，孙中山几乎成了一块“唐僧肉”，要被他们吃掉。2 月底，支持孙中山的海军总长程光璧被暗杀，恐怖笼罩天下，护法海军第一舰队脱离孙中山返回了上海。孙中山成了手中无权的光杆司令。

护法运动宣告流产。

当宋查理在病榻上听到这个消息时，不啻五雷轰顶，他彻底被击倒了——又是一口鲜血从胸膛中喷出……

事隔两个月，公元 1918 年 5 月 3 日凌晨 3 时，这位与民族同患难、共呼吸的宋查理，在他的好友孙中山重新组织第二次护法运动之初，在革命高潮到来的前夜，终于走完了他为革命慷慨解囊、奋斗不息的一生。

一生不甘寂寞的人，终于寂寞了。

一生轰轰烈烈的人，终于停止了轰轰烈烈。

“我死后不要纪念，让我无声无息地离去!”这句普普通通的遗言带去了他的多少遗憾!

“有钱钱吃亏，没钱人吃亏。护法运动失败了，要钱干吗！冷不靠灯，穷不靠亲，我宋家一块地没有了，还有一个面粉厂，面粉厂没有了，我还有六个儿女！我不愁他们没饭吃，也不愁我们国家不兴旺!”这些临终遗言堂堂正正地道出了一个革命者的伟大胸襟，也道出了他在黑暗中对光明的追求。

“庆龄，爸爸错怪你了，你要照顾好中山先生，他是爸爸的老友，也是国家的希望。”宋庆龄含泪扑到爸爸床前:“爸爸，女儿都记下了，您不要再说了。”

“我一生疼爱孩子，孩子是我心中的牵挂和希望。死后没有别的要求，只有一个心愿，百年后让儿女们都要葬到我的脚旁。”这句牵肠挂肚的儿女情长，道出了中国千千万万父母的心愿。

他去了——他的灵魂升入天堂，他没有留下万贯家产，而留下了“革命”的种子——他的精神和杰出的儿女。

宋查理，倘若你天堂有灵的话，你应感到欣慰！

后　记

面对着这一部部即将付梓、变成墨香的书稿，三十年的漫长艰辛化成一丝快意掠过我的心田。这一丝快意中还带有几分成功的自信。

我与共和国同龄。我的创作与共和国的“改革开放”同步。

严格地说我是一位编书匠，而不是一位职业作家。写作只是我的最爱。因此，三十年的节假日不像别人都花在生活的乐趣中，而我只是穿梭于南北的采访、苦涩的读书和挑灯的写作。确实，我是从平凡中走来，平凡给我梦魇中的崇高；我从饥饿中走来，贫穷给我一生受之不尽的财富；我从军营中走来，军旅给我坚忍不拔、雷厉风行的作风。倘若说我今天“功成名就”的话，那么平凡中做人、饥饿的童年、单调的军旅生涯，当是成功“三要素”，缺一不可。这也是我花甲之年对创作的思索和感悟。

应该说我的这十几部区别于他人的传记，多了些许生活琐碎，摒弃时代留给作者的“高、大、全”的精神桎梏，多了时代性和世间人情人性的描写，多了家庭、婚姻和爱情的描写，多了些故事的好看，多了些个性的刻画。比如说孙中山谈女人，语惊四座。应该说这是还原中山先生的真实。孙中山是人，其次才是伟大的革命家，他有七情六欲，喜怒哀乐。作为男子汉，他有异性追求，同时也追求异性。再如宋氏三姐妹，一个爱钱，一个爱权，一个爱国。爱钱者人为财死，爱权者以身相许，爱国者国比天大。等等，这都是我采访、写作的价值观，抑或是我认为的铁的写作原则……

同时，面对着这一部部即将付梓、变成墨香的书稿，我心底又涌出一股感恩的冲动。应当说这感恩中还带有几分细节的回忆。

感恩自己吗？不，感恩这个阳光的时代。三十年前，我刚从吉林大学毕业，血气方刚。改革开放的阳光政策给死寂的中国带来了一线生机，也给我的创作带来了青春雨露。春华秋实，我是幸运儿，我要感恩这个时代的阳光雨露。

说起这个时代，我还感恩这个时代中的一个平凡的人，他同这个时代一样伟大。他让我刻骨铭心。可以这样说，没有他，今天的故事都不会发生。那是一个落霞的傍晚，我结束采访赶在匆匆回家的路上，被一帮蒙面歹徒“施暴”了，我浑身上下被洗劫得精光，且被歹徒随手推进河中，多亏这位农民工兄弟的相救，使得我创作的生命得以延续。

还应当说我是中国作家中换笔最早的作家。与其说是我换笔的话，不如说是我夫人的换笔。我早期的十多本传记，都是夫人坐在电脑前用王码五笔打出来的。她娴熟的指法，悠扬的键盘声，让我如痴神往。因此，望着这一个个中国方块字，感恩之情油然而生。

用生命拥抱创作，用创作燃烧生命，在今人，包括我的儿女们看来，已成为一个笑谈。然而我那懂事的儿女，为了我的创作，他们尽量地脚步轻而又轻。我的感恩当然也包括他们了。小事不小，让人铭心。

从冬天到春天，从百家到一家。这次我的书能汇册成集，让世人悦目，还应当感恩人民出版社的社长黄书元先生和副总编辑张小平先生。在浩瀚的书海里，能做出个例的选择，我不能不佩服他们的睿智目光；还有为我的传记文集专门作序的原国家新闻出版总署署长于友先先生、中国传记文学学会会长万伯翱先生，这两位都是同行挚友，亦是我的最高长官，在百忙中，都承诺为我的文集作序，让我感动不已。他们的序自然也为我的文集添色增彩。

从冬天到春天，在我的传记文集即将付梓的时刻，我要感恩我的上帝读者，几十年成为我创作的动力源泉，没有他们的掌声和鲜花，我绝不会走到今天，因为我本人也有脆弱。在我这套文集与世人见面之前，不少粉丝读者都是由衷地提了意见的，多数书目作者都做了认真修订。借此出版之际，向所有关心我的人，表示我个人诚挚的问候。倘若你们能从文集中读不出遗憾，或者还能读出像黑格尔说的“未来的真谛”，我也该封笔和聊以自慰了，再回到我原本的平凡。

陈廷一

2008 年 5 月 6 日于北京北城自清斋书屋